长江传

徐刚 著

长江,集支流之大成者

岳麓书社·长沙　海南出版社　博集天卷

新版序言

那是谁的语言呢?

徐 刚

岳麓书社的编辑,要我为新版的《长江传》写几句话,我便一边从记忆中让长江流出来,注满我家乡的大河小沟,一边重读《长江传》。我很有几年没有读这本书了,但它一直在我的念想中:远赴青海的秋日,日月山的树如雕像般站立;青海湖的早晨,霞光被涌动的湖水揉搓,揉来搓去,那彩霞便破碎了,便弥漫在青海湖深处了。在可可西里,那里有真正的大块荒野啊,不知是谁把一个个湖泊,恰如其分地安置在那儿。过往的各种动物除喝水之外,会在湖边看湖中自己的倒影,有哲人说:人与动物都是自恋者。

隐约记得,因为被大地、荒野、长江感动,而写出了一些句子,曾经自己感动着自己。可是,1999年至今,不算太短的时间了,再加上多少有点老年痴呆,我怕记忆有误,便有故乱翻书了:"楚玛尔河是长江源头的北支源流,藏语意为'红水河'。当曲是长江源头的南支源流,藏语意为'沼泽河',蒙古语称'阿克达木河',意为'宽阔的河'。""沱沱河现在是名正言顺的长江正源,藏语称为'玛尔曲',意为'红色的河',蒙古语称'托克托乃乌兰木伦',意为'平静的河'。""各拉丹冬,藏语意为'高

可可西里国家级自然保护区

高尖尖的山峰'"。我想起每当我书写这些名字时，就有一种莫名的激动，因为："这些河流以及山峰的藏语名和蒙古语名字已经告诉我们，在这冰雪源区，最早的发现者是谁了。他们没有留下名字，但可以肯定那是一些寻找天国仙乡的灵魂的漂流者，或者是守望着这片荒野的蒙藏牧民。也许，真正的发现者从来不认为这是什么了不起的发现。他们只是觉得这里天更蓝水更清，而那阳光下的冰雪，更是一种洁白到耀眼的诱惑，这诱惑直逼心灵深处，不是诱使你占有，而是诱使你摆脱。"

如今重读，那些陌生的名字给人的另一种启迪应是：它们似乎更适合这些山峦江河，那些最初的命名者，是在经年累月的注视中，是在有意无意的呼唤中，脱口而出，便有这些名字。如同海德格尔所称，言说不仅是人体生物学意义上的某些器官发出的声音，而且是"人口向着天空开放的花朵"。或许有人会责难："你怎么能断定这不是纸上写下来的文字，而认为它必定是言说而出？"说真的，我非常喜欢这样的发问，康有为在办万木草堂时称之为"献疑"，那是经过思考的、让你必须回到问题原点、做一番审视的发问。我发现了我的疏漏，关于时间的疏漏：那些命名者是古老的藏人和蒙古人，他们并不识字，只有语言，而且是简单的语言。人与人的交流还要伴随着手势、表情等，决不是轻声细语，是大声地喊，对着人喊，对着江喊，对着山喊，喊出了山川的名字。假如有人说，"徐刚你这是胡思乱想，你有证据吗？"我只能沉默，不做辩解，我真的没有任何证据。

我是1998年初秋时到青海玉树藏族自治州的。在此之前，我从来没有见过这么大的冰雪荒野，那荒野呼告却那么简约动人："唵嘛呢叭咪吽——啊！莲座上的圣佛，噢！"我短暂游荡在玉树草原上，毫无目的，人在毫无目的的时候，是最自由且最多发现的时候。草原上有细小的流水，或者漫流，或者是一条小沟，清浅的水里，总有大小不一、刻画也不一样的"玛尼石"——刻着六字真言的石头。有一生都在刻"玛尼石"的人，他们从不说雕刻时光之类的话，他们也不在乎岁月正在一笔一笔的刻画中流逝，倘若时间不是用来"转经"和刻"玛尼石"，时间还有什么意义？

玉树结古镇（今结古街道）的"玛尼堆"，人称世界第一大"玛尼

各拉丹冬雪山

堆"。我曾经为它写了一段文字：这是一个宁可堆砌玛尼堆，而不屑于高楼大厦、灯红酒绿、锦衣玉食的民族。仿佛这是造物主的刻意安排，把这中华民族大家庭中最独特的、为来世而活着的藏族，置放到了长江源区。在他们眼里，这儿的山是圣山，这儿的河是圣河，羌塘高原、玉树草原、可可西里都是神圣之地。在高高的雪山面前要低头走过，在神圣的长江岸畔要放轻脚步，这里的一切不仅供养现世，更是为着来世的。他们的生活宗旨是：怎么能把树砍光呢？怎么能把草挖走呢？怎么能把水抽干呢？怎么能把山掏空呢？现世的日子有吃有穿能得温饱就行了，关键是来世，来世怎么能没有草原、雪山和长江呢？假如不从宗教的意义上探讨，这一种来世哲学，是不是一种更加难能可贵的可持续发展思想呢？因为它对今人现世的要求不是"满足"，人心是永远不会满足的，它要求的是温饱、节俭，并认为奢侈浪费是会触怒神灵的犯罪，唯其如此才会有更好的来世。不必讨论人有没有灵魂、有没有来世，可是我们总有后人后世吧？后人后世难道不就是来世吗？

可可西里是梦幻之地、荒野之地，是青海最富有神秘色彩的一片高原极地，它又是江源之地。江源是以苍茫的荒凉护卫雪山的，"苍茫""荒凉"等词语是专对人类用的，苍茫处、荒凉地，人看似"无"，其实是"有"，是"无中生有"之地。可可西里拒绝人类，却怀抱柔弱的小草与剽悍的野生动物；它荒凉也富有；它原始却保持着大地的完整性；它远离尘世，又充满生命的广大和美丽。各拉丹冬的冰雪融水，不仅孕育了长江，还孕育了注入赤布张错——藏语意为"水桥湖"——的一条名叫曾松曲的河流。那是一条最终没有流出可可西里的河，但曾松曲以自己的存在说：我们都是河。曾松曲以赤布张错为归缩，可可西里多了一个难得的淡水湖。小心翼翼地饮水的藏羚羊，以它们天使般的目光四下张望，不远处野牦牛庞大的身躯正慢慢移动……我又曾朝拜通天河。通天河是中原、青海北部通往青海南部、西藏的天险要渡。不知道有多少汉藏使者、戍边将士、僧侣信徒、商贾旅人，在这里来来往往。这来来往往便是文化的传播与交流，货物的转运和买卖，一族一地与他族他地的碰撞及沟通。过往通天河，冬天靠冰桥，夏天则用羊皮筏子。称多县拉布乡兰达渡口，是通天河上的古渡口，如今还能找到当年叠石

玛尼堆

而成的古码头遗迹。它象征着两岸之间的联结，两岸之间的联结也就是天、地、神、人的联结……

我写《长江传》的时候，有不少笔墨是在叙述，叙述长江寻源的故事，叙述可可西里的湖与草及动物……我想告诉那些20多年过去，仍然没有忘记《长江传》的朋友：叙述永远是书写中最要者，而笔端带着感情的叙述，讲求文字的诗意的叙述，则更是文章的灵魂所在。叙述和描写不是两回事，它们是相互呼应连接的，你甚至可以这样理解：叙述是需要描写的，描写你所叙述的内容是必需的。比如我们从小被语文老师教诲的景物描写——这是涉及大自然、人与自然关系的重要的写作手段，却是从叙述开始：景物是山？是林？是朝霞？是夕照？你都要说清楚，说清楚即叙述。然后是描写，山之高也，山在云雾中也，山上有乔木瀑布等，此即描写，景物描写。我们现在很少读到景物描写，文学便缺失了富含诗性的一大块。《长江传》大多是叙述，叙述中的景物描写。有时也会蹦出一些短句：

"长江非瞬息之作。"

"猜想是亲近本源的一种方式。"

"高原上耸起的都是洁白的雪山冰川，圣洁到冰冷，庄严到沉重，当冰川融水点点滴滴淌下时，一条大江诞生了！"

"当源头确立，流动与接纳便成为一条大河的存在方式。"

"山的剥蚀告诉我们：凡存在之物均处于磨损消耗之中。"

"金沙江的回想就是大地的回想。"

曾经有好友学庄子鱼乐之辩说："尔离金沙江远矣！焉知金沙江？"

答曰："金沙江主流乎？支流乎？"

"支流也。"

"然，其主流若何？"

"长江。"

"余乃崇明岛人也，血管里有长江水，岂能不知金沙江？"

"何来回想？"

"因为我在回想。"

我要赞美支流，支流是大地上的旁逸斜出，支流是散漫的，如果它与主流没有距离，那就不成其为支流。支流的定义应该是：它与主流并非同出一源，它有自己的流程及流向，无论偶然还是必然，它将和主流汇合。没有支流的长江是短江，长江，是集支流之大成者。

　　搁笔之前的困惑是：《长江传》中的语言，那是谁的语言呢？无疑，那是冰川上滴落的、玛尼堆上刻画的、金沙江呼啸的、野牦牛叫唤的声音，"向着天空开放的花朵"，其中有落地者，正好落到我的笔下了，便成了长江入海口崇明岛人徐刚的语言。可乎？亲爱的读者。

　　是为序。

2022年6月11日，于北京一苇斋

目　录

- 001　－　长江序曲——亿万年前的彷徨流水
- 009　－　江源真言
- 023　－　金沙江回想
- 037　－　岷江水利和大佛
- 053　－　巴蜀要冲
- 067　－　漂来重庆
- 087　－　山水经典
- 113　－　楚风余响
- 133　－　从荆江到洞庭湖
- 175　－　赤壁·琴台·神农架
- 201　－　庐山·陶令·鄱阳湖
- 231　－　下游之水

249 — 金陵王气

275 — 长江三楼

299 — 长江水患

349 — 黄浦江：导源太湖的最后支流与上海

371 — 长江尾声

381 — 后　记

长江序曲——亿万年前的彷徨流水

长江非瞬息之作。

猜想是亲近本源的一种方式。

高原上耸起的都是洁白的雪山冰川，圣洁到冰冷，庄严到沉重，当冰川融水点滴滴淌下时，一条大江诞生了！

里 萬

这是一个漫长的序曲，尽管有诸多科学考证为依据，但我仍然要用"猜想"这一字眼，因为我们已不可能完全真实地再现长江形成的过程，有不少细节已经永远丢失了，这多少有点令人惆怅。

可以猜想的是，长江的初始形态也是由一时一地的环境决定的，江河只是大地的一部分，它听命于不可抗拒的地质演变和自然规律，包括它的流程与流向。对于古长江来说，一种有趣的现象是，它也曾经犹豫不决过。

其实，亿万年前的彷徨流水，不过是地球上海陆更替、沧海桑田这一惊心动魄过程中的一个章节。今天的人们可以联想的是，这一切均是为了一个新的纪元——第四纪——亦即人类纪的到来。

海陆分布好了，草木已经茂盛了，野兽和飞鸟成群结队了，鲜花盛开了，人要蹒跚而至了！

大约在距今2.5亿年前的三叠纪时，特提斯海即古地中海的疆域还是如此辽阔，今天长江流域西部均在它蓝色波涛的覆盖之下。西藏、青海南部、云南西部和中部、贵州西部均为茫茫海域。四川盆地和湖北西部，是古地中海向东突出的一个海湾，这一辽阔海湾一直延伸到今天的长江三峡的中部，就连长江中下游的南半部也浸没在海底，唯北部及华北、西北属亚欧古陆的东部，地势较高而尚无淹没之虞。

哪里是历史的回音壁？发生于1.8亿年前的轰隆巨响，后来被地球学家称为印支运动的岁月，于今想来着实教人神往：地球要造山了，地球正在造山。从此有了昆仑山、可可西里山、巴颜喀拉山和横断山脉，秦岭也随即突起，长江中下游南半部隆起成为陆地，古地中海不得不大幅度后退，今西藏、青海南部、川西、黔西、桂西不再受制于汹涌波涛，原始云贵高原形成。

地中海的退出，使其时其地的地理环境为之一变，在横断山脉、秦岭和云贵高原之间，形成了断陷盆地和槽状凹地，遗留下云梦泽、西昌湖、巴蜀湖、滇池等几个水域，这些水域互为呼应、互相串连，经云南西部的南涧海峡流入古地中海。

这就是古长江的雏形，它的流向与今日之长江恰恰相反：由东向西。

显然这仅仅是长江的开始，关于长江的一切，在随后纷至沓来的地质运动中，还会有匪夷所思的调整、组合，而在地质运动的伟力之下，亿万年前的忽高忽低、忽东忽西，也不过就是现今的忽晴忽阴、忽风忽雨那样平常了。

1.4亿年前的燕山运动，是又一次轰轰烈烈的造山运动，唐古拉山脉形成，青藏高原缓缓抬升，形成许多高山深涧、洼地及裂谷，长江中下游的大别山和川鄂间的巫山等山脉隆起，古地中海继续向西大踏步退缩。到白垩纪时，四川盆地上升，云梦、洞庭盆地下沉，湖北西部的古长江逐渐发育，并向四川盆地溯源伸长。到距今3 000多万年前的喜马拉雅运动时，其剧烈莫可形容，青藏高原继续隆起，古地中海消失，整个长江流域普遍间歇上升。其抬升程度，东部和缓，西部急剧，青藏高原和云贵高原已大有高不可攀之势，金沙江两岸高山突起，与此同时新的断陷盆地相继出现，在流水的强烈下切作用下，深幽险峻的峡谷开始形成。

中国西高东低的地形初步有了轮廓；长江的流向改变了，而原来自北往南的水系在盆地和峡谷间相互归并后，也顺势往东流去了。

亲爱的读者，你看见了吗？大地是最初的也是最伟大的因势利导者。

距今300万年前时，喜马拉雅山意犹不足，再一次剧烈隆起，青藏高原及其众多山脉随之抬升，世界屋脊形成。

从中国的地理大势而言，一切都到位了。

随着长江流域西部的进一步隆起抬升，从湖北伸向四川盆地的古长江溯源侵蚀作用的力度更甚、速度也更快，终于切穿巫山造就三峡，接引了四川盆地的一盆大水之后，东西古长江合流贯通，一路东流而去直奔大海。

对于中华大地而言，今日长江之形成是实在难以忘怀的，是我们以及我们的子孙后代都应该刻骨铭心的。

这哗哗流水声在呼唤什么？因着这万里长江之水而葱郁的森林，又在期待什么？还有云贵高原的台地、长江下游的荒野，那是何等美妙的发祥之地，那是何等辽阔的游牧舞台啊！

这些简短的引自地理、地质学家的叙述，已经告诉我们：长江非瞬息之作。

创造长江的过程可谓一波三折，但细想之下，一切却均是有序进行的。如果没有古地中海，古长江就没有最初的水源与沟通；如果不是青藏高原一次又一次的抬升，长江就不会向东流入大海，对于造物主的运筹帷幄除了慨叹其神机妙算外，夫复何言？

长江真是很老很老的了。

从古长江的雏形算起，大约1.8亿年，今日长江的形成也已经有了300万年。在既定的方向之下，看似漫无目的的流动，却是这一大片原始大地的生机所在。我们当然有理由这样认为：长江是华夏先民史前地理大发现中最最辉煌的发现，也可以说因着长江涛声的吸引、流水的涌动，他们才聚居江畔，从此有了不再缺水的安定感。人与江的初始碰撞大有相见恨晚之慨，由此便开始了一个族群的生存历程、文明走向。

人是怎样找到古长江的呢？

不妨说，从总体上看这也是天作之合。

那时，地球的一次冰期使覆盖欧洲的冰雪一直延伸到泰晤士河、德国中部及俄罗斯一带；法国与不列颠之间并无海峡阻隔；白令海峡是宽阔的大陆桥。旧石器时代的晚期之初，欧洲和亚洲发生了最后一次史前人类大迁徙，或者说最后完成了史前地理大发现。除了南极洲以外，人类始祖已经踏遍了地球的各个角落。的确，他们有足够的时间而且自由自在，但此种迁徙的艰难已经无法想象，我们的始祖并非完全盲目地流窜，而是寻寻觅觅。

在这一次大迁徙中，澳大利亚北部首次被人类占领，第一批大洋洲人南迁至澳大利亚的斯旺河谷地以及芒戈湖一带。《第四纪环境》进而认为，"这样的迁移意味着在亚洲大陆和澳大利亚北部之间的沿海先民，已经开始人类史上最早的海上航行了"。

我们可以想见：文明在开始之初便不仅如诗如画，也有血有肉。文明在克服野蛮的同时，又在制造着新的野蛮。文明既与劳动和沉思冥想分不开，也常常与杀戮同行。

文明的内容之中肯定有不文明。

文明的另一种解释是泥沙俱下。

"天地不仁，以万物为刍狗"。长江一如往昔地奔突、咆哮、义无反顾，在既定的航程上走着绵绵无尽的不归之路。

长江水肯定淹死过人。

长江浪肯定颠覆过船。

长江全然不在乎这些，颂歌诗吟不在乎，悲苦哀哭不在乎，它的流动的大使命将会把这一切都带进汪洋大海，而在华夏大地的一大片疆土上，长江及其支流将要像网络一样使之湿润，并且稳固，使大地成为完整的集合。人只居其一，人早就纷至沓来了，人类文明中确有辉煌的篇章，但不是一本书的全部。

面对群山矗立的庄严，面对森林绿色的神圣，面对草木柔弱的枯荣，长江在其间流过，涛声在山壁轰响，水珠在草叶上滚动，人啊，你作何感想？

长江序曲已经在亿万年前便流动了，并且延展到现在。

我曾不止一次地从长江入海口溯流而上，南京、汉口、宜昌、三峡、重庆……从下游到上游，私心希望能分出几部乐章。后来我知道了，我无法折叠长江的波涛，我们听到的也许永远只是长江序曲的若干片段。

这多少有点遗憾，却又在情理之中。我们这些至今还活着并有幸目睹"唯见长江天际流"的人们，应该醒悟了：江河的历史不知要比人类的历史丰富、悠久多少！没有河流的以往又哪来人类短暂的过去呢？当生命在一滴水珠中闪现时，生命才是美好的；当人类和山川草木一起集合于完整的大地时，人类才是有希望的。

亲爱的读者，现在我要向着长江上游走去，靠近它的源头。中午，在直射的阳光下，天空格外高远而且蔚蓝。

高原上耸起的都是洁白的雪山冰川，圣洁到冰冷，庄严到沉重，当冰川融水点点滴滴淌下时，一条大江诞生了！

江源真言

那回荡在长江源区的呼喊、吟唱,或多或少总是经过巴塘河,融入通天河,汇进长江里了。在美好的心灵里,一切美好都可以期待。

賜甲戌進士文林郎禮科都給事中
賜一品服吳興張寧繫古時天順七年
秋九月也

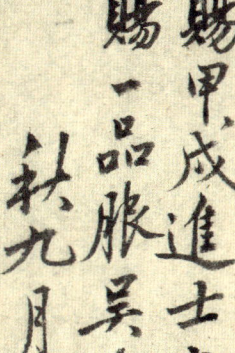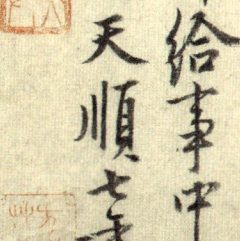

长江万里，江源何处？

长江的源头究竟在哪里？

这个问题直到20世纪的70年代才有了答案。千古之谜得以解开，错误记述得以纠正，是在1976年和1978年，长江流域规划办公室两次组织江源考察队，深入长江源区，进行实地勘察的结果。

长江上源伸入唐古拉山和昆仑山之间，这里有大大小小十几条河流，较大的有三条，即楚玛尔河、沱沱河、当曲。这三条河的比较是，楚玛尔河水量不大，冬季常常干涸，不可能是长江的正源。当曲的流域面积与水量虽然最大，但根据"河源唯远"这一原则，确定：水量比当曲小而长度比当曲长18千米的沱沱河为长江正源。再沿沱沱河上溯，至最上源，沱沱河有东西二支，东支发源于唐古拉山主峰各拉丹冬雪山的西南侧，海拔6 621米；西支源出尕恰迪如岗雪山西侧，海拔6 513米。东支较西支略长，故长江的最初源头应是唐古拉山主峰各拉丹冬雪山。

各拉丹冬雪山上段是一条巨大冰川，名为姜根迪如冰川，冰川融水形成的涓涓滴滴，便是万里长江的初始流出。

1978年1月13日，新华社向全世界公布了这一江源考察的新成果：长江究竟有多长？源头在哪里？经长江流域规划办公室组织查勘的结果表明：长江的源头不在巴颜喀拉山南麓，而是在唐古拉山脉主峰各拉丹冬雪山西南侧的沱沱河；长江全长不止5 800千米，而是6 300千米，比美国的密西西比河还要长，仅次于南美洲的亚马孙河和非洲的尼罗河。1978年1月14日，美联社从日本东京发出的一则电讯称：长江取代了密西西比河，成为世界第三长的河流。

沱沱河发源于各拉丹冬雪山姜根迪如冰川，它的东西两支汇合后叫纳钦曲，这是一股冰川融水汇聚而成的小溪流，水面宽3米，水深0.2米左右，由南向北在谷地中缓缓流淌，与切苏美曲合流后始称沱沱河。沱沱河继续往北，这个时候它已经不是纳钦曲这样的小溪了，但依然很难使人想到这是奔腾咆哮的万里长江之初。它的初露锋芒应该是在北流途中，切穿了祖尔肯乌拉山，形成长数千米的峡谷，河岸陡峭壁立，高出数十米。至葫芦湖东南，接纳江塔曲后向东流去。沱沱河流经沱沱河沿时，河床宽阔，流速缓慢，多散流、漫流、汊流，为宽谷流荡型河流，又因沙洲随起，汊道时分时合而被称为"辫状水系"。最大水深约3米，宽20~60米，测得多年平均流量为每秒29.1立方米，最大流量可达每秒750立方米。再向东，流至囊极巴陇与当曲汇合，由此开始就叫通天河了。

沱沱河长375千米，流域面积1.69万平方千米。

沱沱河沿为万里长江第一镇，海拔4 700米，千百年来这里荒无人烟，只有沱沱河水留下的涛声，却也一概没入高原的沉寂与荒凉。1954年，青藏公路建成通车，这里才有了固定的帐篷，现在是唐古拉山镇驻地，青藏线上的要冲，常住人口千余人。1987年，新的沱沱河大桥落成，桥长324米，宽11米，是为万里长江第一桥。

从地理学的角度说，长江源头是一个比较宽阔的自然区域，它包括楚玛尔河、沱沱河、当曲的流域范围，东西长约400千米，南北宽300千米，面积为10万平方千米。这里平均海拔4 400~4 700米，年平均气温在-5℃~-4℃之间。7月份气温最高，应该说是源头的夏天了，为5℃~7℃。1月份多在-20℃以下，年降水量200~400毫米，冻土层广泛分布，冰川地貌发育。

楚玛尔河是长江源头的北支源流，藏语意为"红水河"。

沱沱河大桥

当曲是长江源头的南支源流，藏语意为"沼泽河"，蒙古语称"阿克达木河"，意为"宽阔的河"。上游有大片沼泽，支流多，流量大。其一级支流布曲又称"牦牛河""拜渡河"，布曲支流尕尔曲曾被称为"木鲁乌苏河"。

沱沱河现在是名正言顺的长江正源，藏语称为"玛尔曲"，意为"红色的河"，蒙古语称"托克托乃乌兰木伦"，意为"平静的河"。

各拉丹冬，藏语意为"高高尖尖的山峰"，海拔6 621米，在南北长50千米，东西宽15～20千米的区域内，海拔6 000米以上的雪山有40多座，冰雪覆盖面积近600平方千米，发育有105条现代冰川。

当笔者叙述以上有关长江源头的大致情形时，这些河流以及山峰的藏语名和蒙古语名字已经告诉我们，在这冰雪源区，最早的发现者是谁了。

他们没有留下名字，但可以肯定那是一些寻找天国仙乡的灵魂的漂流者，或者是守望着这片荒野的蒙藏牧民。

也许，真正的发现者从来不认为这是什么了不起的发现。他们只是觉得这里天更蓝水更清，而那阳光下的冰雪，更是一种洁白到耀眼的诱惑，这诱惑直逼心灵深处，不是诱使你占有，而是诱使你摆脱。

看似平静的冰川其实并不平静。在冰川本身的重力和气候等外力作用下，巨大的冰川也在流动中，或者甚至可以这样说，由冰川融水孕育的长江，点点滴滴都含有流动的天性，在流出之前就已经流动着了。当然冰川的流动是不事声张的，每年以数米或者数十米的速度向下滑动，到雪线以下，气温不断升高，冰川下缘开始融化，其末尾称为冰舌，冰川的流动会带来断裂，而且总是昼融夜冻，于是便在长长的冰舌部分形成了神奇壮观的冰塔林世界。长江源的冰塔林展示着一种真正伟大的创造、自然的神性的创造，一切都是随意的，一切又都是精雕细琢的。如万笏朝天，又似玉乳连绵，是古典的宝塔，也是现代的庞然大物。冰塔林之间有冰川湖，在这里看湖光塔影，恍若天上人间。冰塔林中还有冰针、冰芽、冰蘑菇、冰钟乳和冰亭、冰廊、冰桥……所有这一切的名字都是人取的，是人为这个冰雪造物处留下的注解，其实它们什么都是，也什么都不是。对于冰川来说，坠落是使命，它们在坠落中随遇而安，时融时冻。它们将要把此种坠落的精神注入冰雪融水，成为长江的精神。而冰塔林的蔚为奇观，正是这坠落过程的千变万化的记录，鬼斧神工的略施小技。

人当然可以想象。

置身江源的冰雪晶莹中，如果我们的想象不再玲珑剔透，那么对于人类而言真是无可救药了。

冰雪的创造就是水的创造。当涓涓滴滴的初始流出之后，长江水便要以坠落的精神去孕育、化生万物了。所有这冰塔林的奇观，你都能在人世间找到相应的景物：江边山崖，万木森森；岸上人家，小桥流水；连绵湖泊，亭台楼阁；川江号子的粗犷雄迈；嘉陵江畔姑娘的明眸流盼；还有棉花和大米的雪白……

这一切，我们可以称之为长江流水滋润并连接成整体的家园风光。

长江这一江名的变迁及其别称，也是长江之长及其所穿流的各种地形之复杂多样的一种解释。

长江，古称"江"，如同"河"指黄河一样，在上古时代，"江"是个专用名词，特指长江。已经发现的称"江"的最早文献是《诗经·周南·汉广》："江之永矣，不可方思。"汉魏时代，文人思维活跃，称"江"意犹不足，人们开始称之为"大江"。西汉司马相如的《子虚赋》中谓："缘以大江，限以巫山。"从此，"大江"之称广为人们接受，一个"大"字既贴切也传神，并且在众多传世的诗歌名篇中出现，如苏东坡的《念奴娇·赤壁怀古》，开首便是："大江东去，浪淘尽，千古风流人物。"

随着对长江地理知识的了解逐步加深，古人发现"江"或者"大江"还不能完全表达其源远流长的特征，所以又有了沿用至今、更为普遍的名称："长江"——极言其长也。

摄影爱好者在冰川冰面上拍摄日晕

"长江"之称始于东汉末年,《三国志·周瑜传》写道:"其年(建安十三年,208年,笔者附注)九月,曹公入荆州,刘琮举众降……权延见群下,问以计策。议者咸曰:'……将军大势,可以拒操者,长江也。'"这是说孙权部属议论军事,认为可以凭长江之险而和曹操抗争。同书的《鲁肃传》《吕蒙传》中也有"长江"的记载,由此推测——如果没有新的史料佐证——在东汉末年、三国之初,"长江"之名已经在沿用,得名之年当更早。晋朝以后,称"长江"者渐渐多起来,西晋陆机在《辨亡论》中有"东负沧海,西阻险塞,长江制其区宇,峻山带其封域"的传世妙语。到唐朝,"长江"一词似已家喻户晓,王勃《山中》诗云"长江悲已滞,万里念将归",李白诗云"孤帆远影碧空尽,唯见长江天际流",杜甫诗云"无边落木萧萧下,不尽长江滚滚来",等等。

长江入诗,诗入长江,诗因长江而得,长江因诗而远播其名,自有中国诗歌以来,长江便成了久远的源头活水之地。

需要说明的是,约定俗成1 000多年,"长江"这个某种意义上象征着中华民族的称谓,却不是哪一个皇帝"钦定"的,而是自然沿革、创造而成的。舞文弄墨的文人在其中起了推动作用,但很可能不是最初的创造者。

　　推想中最初的创造者,是一些渔人或猎人,他们沿江而下逐水草而居时,忽然心生感慨道:"大哉,江也;长哉,江也!"
　　是的,谁能比他们更了解长江呢?
　　后来,从口语的流传成为文字的记录,这些千古无名者便很快被人们忘却了。

长江太长,古代的交通又往往被阻隔,要想让古人认识长江全貌,是不可能的。于是,某一江段的居住者、劳动者便给此一江段随意取个名字,就形成了很多分段别称。这些别称或取自古时地名,或从这一江段的某些特征中得来,极富乡土地理特色。

通天河的河床海拔高达三四千米,传说江源直达天庭,通天河由此而得名。

通天河流入四川、西藏交界处时，又有了"金沙江"之名。金沙江古称"绳水""泸水"。早在战国时韩非子就说过，"丽水之中生金"。明末宋应星在《天工开物》中说，金沙江"回环五百余里，出金者有数截"。南宋以后就称之为金沙江了。

金沙江在川滇边界辗转迂回拐了七个大弯，于宜宾附近接纳岷江后始称"长江"。从四川宜宾到湖北宜昌之间，长1 020千米，因大部分流程在四川境内，所以又称"川江"。在重庆以上江津区附近，长江河道弯曲成"几"字形，这一段川江又被称为"几江"。川江纳沱江、赤水河、嘉陵江、乌江等支流为一体，水量骤然增加一倍以上，浩浩荡荡、前呼后拥冲入三峡，因为三峡两岸奇崖陡壁，三峡河道滩峡相间，这一段江水又被形象地别称为"峡江"。

长江过宜昌后江面宽阔，进入两湖平原，因流经古荆州地区，又称"荆江"。荆江全长约404千米，以藕池口为界，分为上荆江、下荆江。这里流水宣泄不畅，时有溃堤决口，所谓"长江万里长，最险在荆江"，实为不虚，是有史可查的长江水患重灾区。

长江在岳阳、武汉接纳了洞庭湖水系和汉水后，继续东流至白居易《琵琶行》中"浔阳江头夜送客，枫叶荻花秋瑟瑟"之地了：那是浔阳，今江西九江市，因水分九脉故称"九江"，又因九江在唐代曾置为浔阳郡，也称"浔阳江"。

长江接下来的流程会使我们想起李白和他的《望天门山》诗："天门中断楚江开，碧水东流至此回。两岸青山相对出，孤帆一片日边来。"诗中所说的楚江，是指长江接纳了鄱阳湖水系后，流经安徽境内的河段，因安徽古时曾属楚国，故有此名。天门山是今安徽当涂县的东梁山与和县的西梁山的合称，两山夹江相望相峙。

长江进入江苏境内仪征、扬州附近时，其别称便是驰名中外的"扬子江"了。扬子江得名于隋朝，其时扬州城南7.5千米处有长江北岸的一个重要渡口名扬子津，隋炀帝驾临江都时又建造了扬子宫，这一段长江便被称作

弯曲成"几"字形的长江河道

"扬子江"了。隋炀帝时的秘书监柳䛒很可能是最早使用了扬子江这一称呼的人，他因写有《奉和晚日扬子江应制》《奉和晚日扬子江应教》两首诗而名噪一时。隋而唐，扬子江之称也在唐诗中大量出现，直至宋、元、明、清，皆被不时引用，如宋杨万里的《过扬子江二首》、元吴莱《风雨渡扬子江》、明王鏊《过扬子江》、清毛奇龄《早渡扬子》等。诗人笔下的扬子江一般指扬州城南瓜洲至镇江间的长江河段，也有以扬子江指代长江的，笔下灵感所至以偏概全，却不能算作错误。

把扬子江作为整个长江的名称，是在鸦片战争以后，清廷日见衰落，什么关口也把守不住了，外国轮船纷纷驶入长江沿岸港口，但均得从吴淞驶入，首先要经过的江段便是扬子江，因此外国的船长和水手们将长江更名了。长江的英文旧译名便是Yangtze King。扬子江的另一种写法是"洋子江"，也有外国人望文生义将洋子江翻译为"海洋的儿子"，即Son of the Sea或Child of the Ocean。

  不敢揣度长江有没有悲哀，倘有，便一定是大悲哀。几千年来靠着长江繁衍生息的人们，不知江源何处，然后又把名称弄得颠倒混乱，直到洋船洋舰上的洋枪洋炮，轰毁两岸城镇乡村。
  长江的悲哀从来就是民族的悲哀。

1949年，中华人民共和国成立后，我国正式用"长江"这一名称取代了"扬子江"。

我们要记住这个为长江正名的日子，它与中华民族的自强自立于当今世界民族之林分不开。

长江流经我国最大的城市上海，接纳最后一条支流黄浦江。黄浦江古名黄浦，长江右岸临近出海口的支流，相传为楚时春申君黄歇所开，故又名"黄歇浦""春申江"，明初称"大黄浦"。源出太湖，东流经淀山湖，出湖称"拦路港"，汇圆泄泾及大泖港后称"黄浦江"。

至此，长6 300千米的流程已经进入尾声了。它还会留下一点什么以为入海的留念？但长江是肯定要涌进茫茫大海了。

亲爱的读者，在这一章里写到的长江的若干河段及其别称，只是万里长江的几朵浪花，长江水系像是一棵根深叶茂的参天大树，干枝交错、根茎相连、叶脉纵横，仅一级支流就有700多条。如果把这些河流的名字通通列出，那就是一部名副其实的《长江辞典》。

华夏先人在四海漫游的日子里，有没有到达过长江源区？这是一个无论对考古学还是人类学而言，都激动人心的话题。即便在科技昌明的今天，长江源区所属的青海仍被人们视为高原与荒凉的畏途，贫困和落后的典型，仍然笼罩着神秘的面纱，何况几万年前的远古时代。

从地质学的观点看，青藏高原由于形成较晚，所以它还是年轻的，尽管它是地球上最高的高原并拥有世界最高峰。它还是极为寒冷的，雪山、冰川、冻土广布，在平均海拔4 500米的长江源区，植物的生长期只有3个月左右，土壤还有待进一步成熟，生态环境十分脆弱，年平均降水量200～400毫米，85%以上的降水集中在5月到9月，以降雪为主，沱沱河沿多年平均降雪期，从8月16日开始至第二年的8月1日结束，长达350天！

7月，当长江中下游笼罩在滂沱大雨中时，沱沱河沿却下着鹅毛大雪，并且已经持续了300多天。

金沙江回想

当源头确立,流动与接纳便成为一条大河的存在方式。

山的剥蚀告诉我们:凡存在之物均处于磨损消耗之中。

金沙江的回想就是大地的回想。

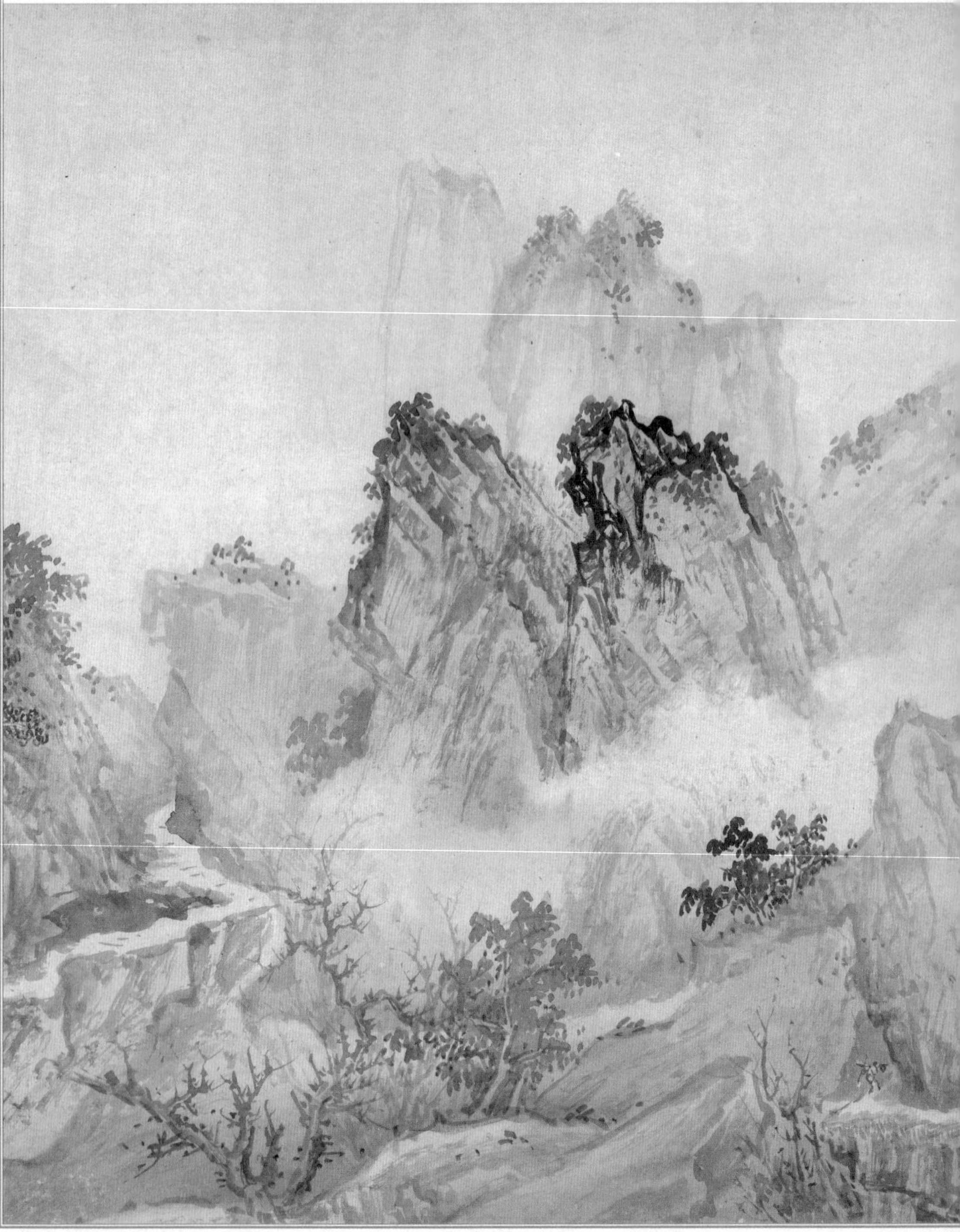

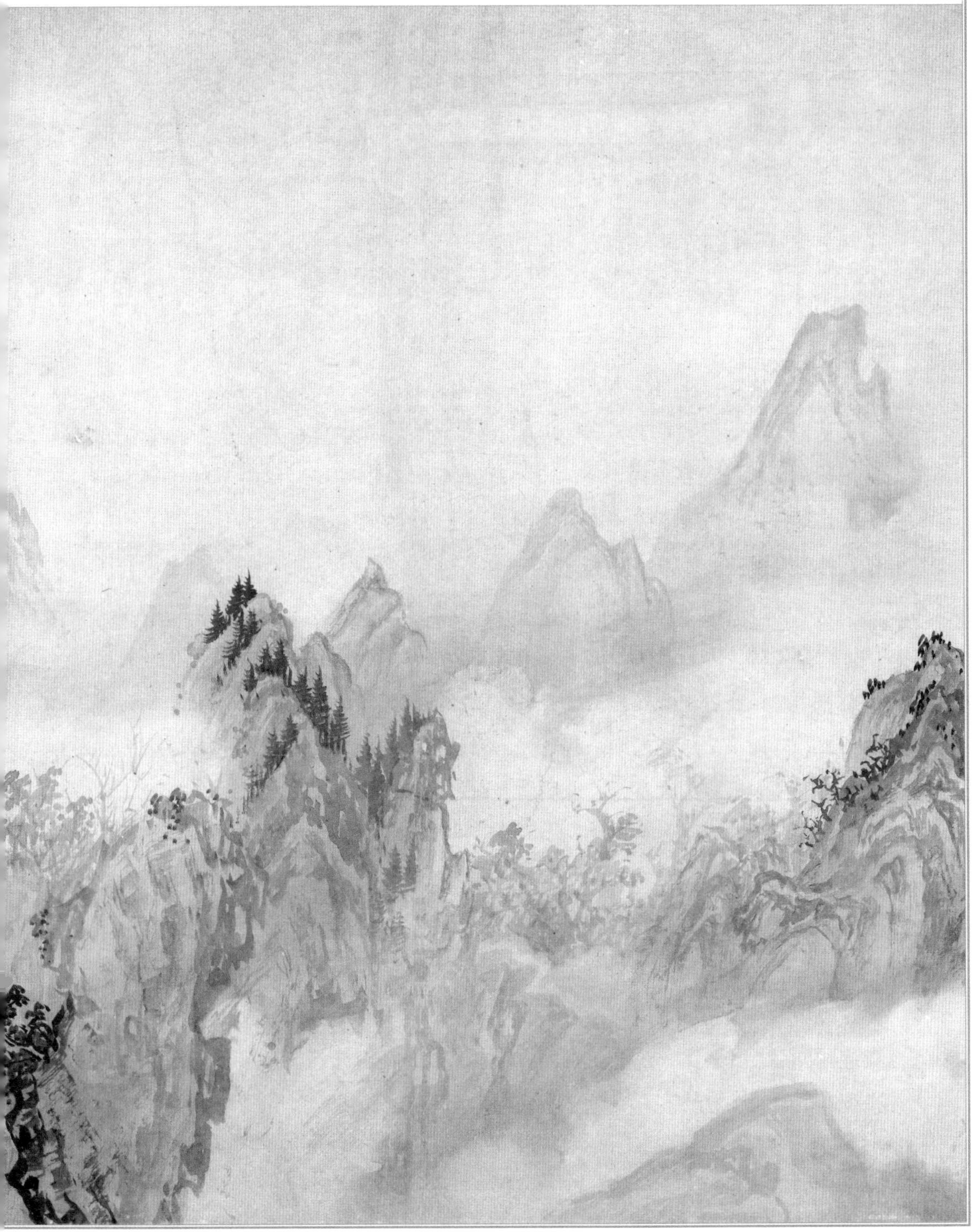

当源头确立，流动与接纳便成为一条大河的存在方式。

从源头涓滴开始的375千米的沱沱河的流程，似乎没有多少非凡之处，转眼便是囊极巴陇到玉树巴塘河口的通天河了，这一河段为813千米。从巴塘河口下行2 308千米则为金沙江，面对别出心裁的横断山脉，书上说："金沙江将要穿山劈岭、夺路而去。"

长江面对的山和我们通常所说的山，是大异其趣的。

严格地说，人视野所及的是一个或几个山峰，而远远不是山的整体——山脉。山总是连着山，峰总是接着峰，孤峰插天其实是以山脉为根基的，孤而不独，广而不平，高大则一起高大，绵延则一起绵延。青藏高原便成了中国一系列高大山脉的大本营，地质学上称之为"山原"，山之原。山之原，也是冰雪之源、江河之源。

中国的山脉大多呈东西走向，而横断山脉则是由一系列南北走向的高大山岭组成，海拔在2 000米乃至6 000米以上，绵亘不绝。广及金沙江流经的川、藏、滇交界地区，这些山岭曾经使中国和外国的地理学家惊讶，其排列独特的众山齐骈、纵贯横切，不知何以名之。"横断"一词，源自我国早期地理教科书，其含义未见专门解释，对东西走向的山脉而言——这是中国乃至亚洲山脉的一般特点——它无疑是横而断之了。

横断山区的范围及地理形势大致如下：在怒江、澜沧江和长江上游金沙江之间，山系平行绵延于一狭窄地带，高山峡谷相间，形势十分险要，处处皆是畏途，属于地质学上的"三江褶皱带"，这便是一般所指的狭义的横断山区。广义的横断山区还包括以下两个部分：东北部，自金沙江以东至大渡河、岷江之间；东南部，自怒江以东至元江之间，并行山脉有向南散开之势。无论东北部还是东南部，南北走向之势仍相当明显。在这一范围内，主要有六大山系和六大河流：

> 伯舒拉岭—高黎贡山，
> 怒江（萨尔温江）；
> 他念他翁山—怒山，
> 澜沧江（湄公河）；
> 宁静山—云岭—无量山—哀牢山，
> 金沙江、把边江、元江；
> 沙鲁里山，
> 雅砻江；
> 大雪山—贡嘎山，
> 大渡河；
> 岷山—邛崃山—大凉山，
> 岷江。

金沙江除了强势深切之外，已经别无他途了。

沱沱河与通天河在高原上各地宽坦的蜿蜒曲流，从此告一段落，邓柯[①]以下，金沙江的河流形态为之一变，属深切峡谷，相对高度达1 000～1 500米，只是在某些地段出现宽谷。金沙江主流的海拔从邓柯的3 340米降至巴塘的3 140米，到西藏与云南交界处已是2 280米。这一河段支沟众多，呈羽毛

---

① 旧县名。在四川省西北部，邻接西藏自治区。1978年撤销，并入石渠、德格两县。

状排列；支沟下游切割也很深，为峡谷或嶂谷，沿江地貌陡峻而破碎。

这陡峻与破碎是金沙江一路切割的过程残迹，是以天下之至柔碰撞天下之至坚后的默默回想。无意间的散落零碎并不想说明什么，而只是为大地留下一点痕迹——这里曾经发生了什么。

金沙江正在横跨中国地形的两个阶梯。

曲麻莱与宜宾之间，是第一至第二阶梯的过渡地段。地形的突变，使大江顿时爆发出无法比拟的激情，激活了每一个水分子的想象力，飞跃、奔突、坠落、切割，面对着横断山脉竟毫无惧色，如斧如锯，如齿如刃，把山岩劈开、锯裂、咬碎，然后奔流，嵌进深沉幽暗的山谷石壁，闪烁着流动的光。横断山北高南低，急骤倾斜，金沙江在仅仅650千米的距离内下跌了1 400米之多，平均每千米跌落2米多。

金沙江的千钧之力，便来自这巨大的落差，涛声裂石，浪花怒放，那震撼山野之声说：落差是美丽的。

到云南丽江市玉龙纳西族自治县石鼓镇，金沙江突发奇想来了个100多度的大转弯，由东南折向西北，至水落河口（三江口）再转向西南，直到金沙江附近才又向东流去。这一长达370千米的弯曲，便是"万里长江第一湾"，其直线距离只有36千米。

长江第一湾是深切峡谷，弯曲总是与力量和深刻度相辅相成的。在玉龙雪山与哈巴雪山之间，有一罕见的大峡谷，是为"虎跳峡"。峡长约16千米，江面仅宽60～80米，从江面到两岸山峰，相对高差达2 500～3 000米，有连续的7处跌水陡坎，巨石露出江面，相传有猛虎一跃而过，因此得名。

神话与传说其实最有人情味，它源自自然环境，所包含的想象力让后人惊讶，在自由挥洒中已经蕴含了科学：金沙江的方向。或许丁

虎跳峡

长江第一湾

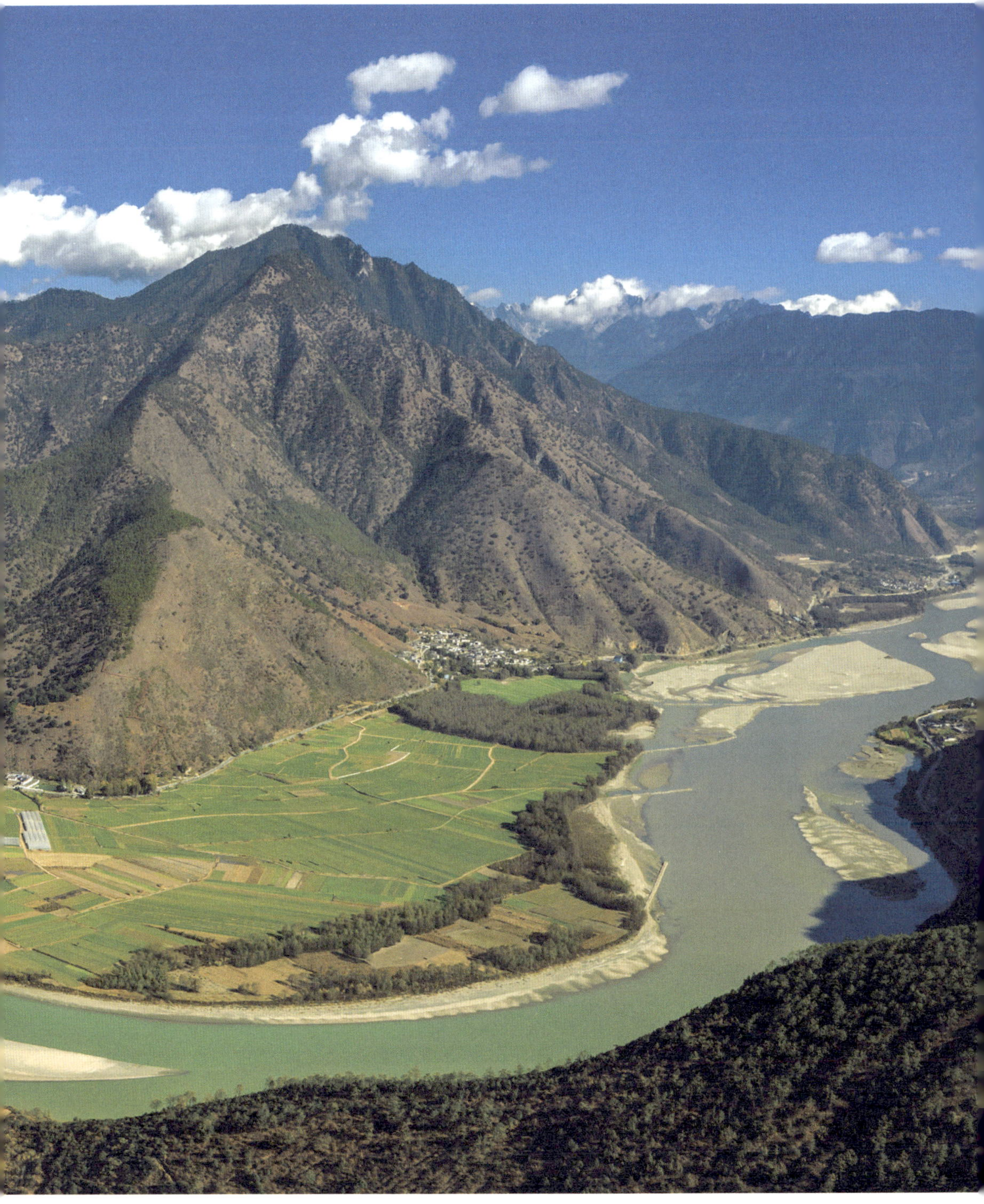

文江的袭夺说正是由此而得到启发的，不过这已经难以考证了。

绕过玉龙雪山，金沙江南下受鸡足山之阻而折向东去，使人不解的是，金沙江为什么不再于鸡足山开山劈岭深切出一条峡谷来呢？我们只能说，至此，它东流的使命已经展开，纵然再有弯弯曲曲，鸡足山却是可以保全的了。

继续东流的金沙江，在四川渡口三堆子接纳了雅砻江后急转南下，至云南元谋县北才又转而东流。

沙鲁里山是金沙江与雅砻江的分水岭，主脉起自邓柯以南的雀儿山，自东南至甘孜附近称"素龙山"，继而向南称"沙鲁里山"。沙鲁里山是山顶面起伏缓和的山体，在横断山区骈驰骁勇的山脉形势中，颇有不争的况味，可以看作是高原的延伸，有完整的夷平面，使人想起巨大冰川曾经缓慢而庄严地移动，所过之处扫荡夷平一目了然。

雅砻江是金沙江的最大支流，源出巴颜喀拉山南麓，在青海省境内称"清水河"，又称"扎曲"，流到四川省内后始称"雅砻江"，于攀枝花市注入金沙江，全长1 571千米。雅砻江与金沙江并行南下，穿行于川西山地的纵谷之间。在很多方面，雅砻江与金沙江有着相似之处：落差大，水流湍急，多深切峡谷，其水资源蕴藏量达2 000万千瓦。雅砻江至洼里乡河道有一个拐弯，形状酷似长江第一湾。古长江的溯源伸长之袭夺，并不是孤立的事件，而是一连串的行动，在地质运动的一定阶段，它不失时机地见机而行，发动了一次又一次袭夺，谁知道这是使命使然还是偶然巧合呢？

雅砻江深切河谷的谷坡坡度大多为30°～50°，也有壁立的陡崖，谷坡上部有多级剥蚀面，以谷肩形态出现，有村落与农田分布。

山的剥蚀告诉我们：凡存在之物均处于磨损消耗之中。没有山的剥蚀就没有土壤，人就没有立足之地。壁立的崖上只有飞鸟可以立足，还有几丛荒草、荆棘，伸出其中的一枝两枝，抖动着，面对太阳，开小黄花。

大雪山是雅砻江与大渡河的分水岭，连绵400千米，海拔4 000~5 000米，贡嘎山为最高，也是横断山区的最高峰，海拔7 556米，位于康定市南。贡嘎山附近海拔6 000米以上的山峰有45座之多，有大小冰川159条，集中在主峰而向四周放射。森林线以上为冰缘地形，分布着石河、石海、雪野和冻胀丘，均是天工开物，造化之作。

冰缘与绿色为邻。

森林和高寒同在。

金沙江过元谋县在东川区接纳了小江后，又奔腾北去。

小江，金沙江右岸支流，上段称"响水河"，中间称"大白河"，下游河段称"小江"，源出云南寻甸东湖，北流入东川区汇入金沙江，全长140千米。长江数以千计的大小支流中，也许这是最小的支流之一，却以泥石流著称于世。因而写长江的人不能不记。

金沙江古称"绳水""泸水"，藏族称"布垒河"或"布列楚河"，因产金而得今名。东汉《汉书·沟洫志》与《汉书·地理志》中，略有金沙江水系的记述。横断山区的高远险峻，使金沙江一直深藏不露，人世间对长江、江源的片面认识与金沙江毫不相干。它只是流动着，凿通着，开辟着，在坚硬中、落差中、弯曲中汇合积聚。如果长江缺少了这样的上游，怎么会有中游以下直向东海的雷霆万钧之力呢？

这是一条江的上游，这是一个民族的上游，这里也是原始森林广布、生物多样化的上游。

上游当然是一番胜境，却又绵延着高旷、严寒乃至冰雪的环境，在一般人视为畏途之地蛰伏、孕育、化生。

温暖并非来自温暖。

宽阔并非源于宽阔。

金沙江是不同寻常的江。

金沙江全长2 308千米，占长江全长的1/3以上，而河流下切形成的峡谷

贡嘎山

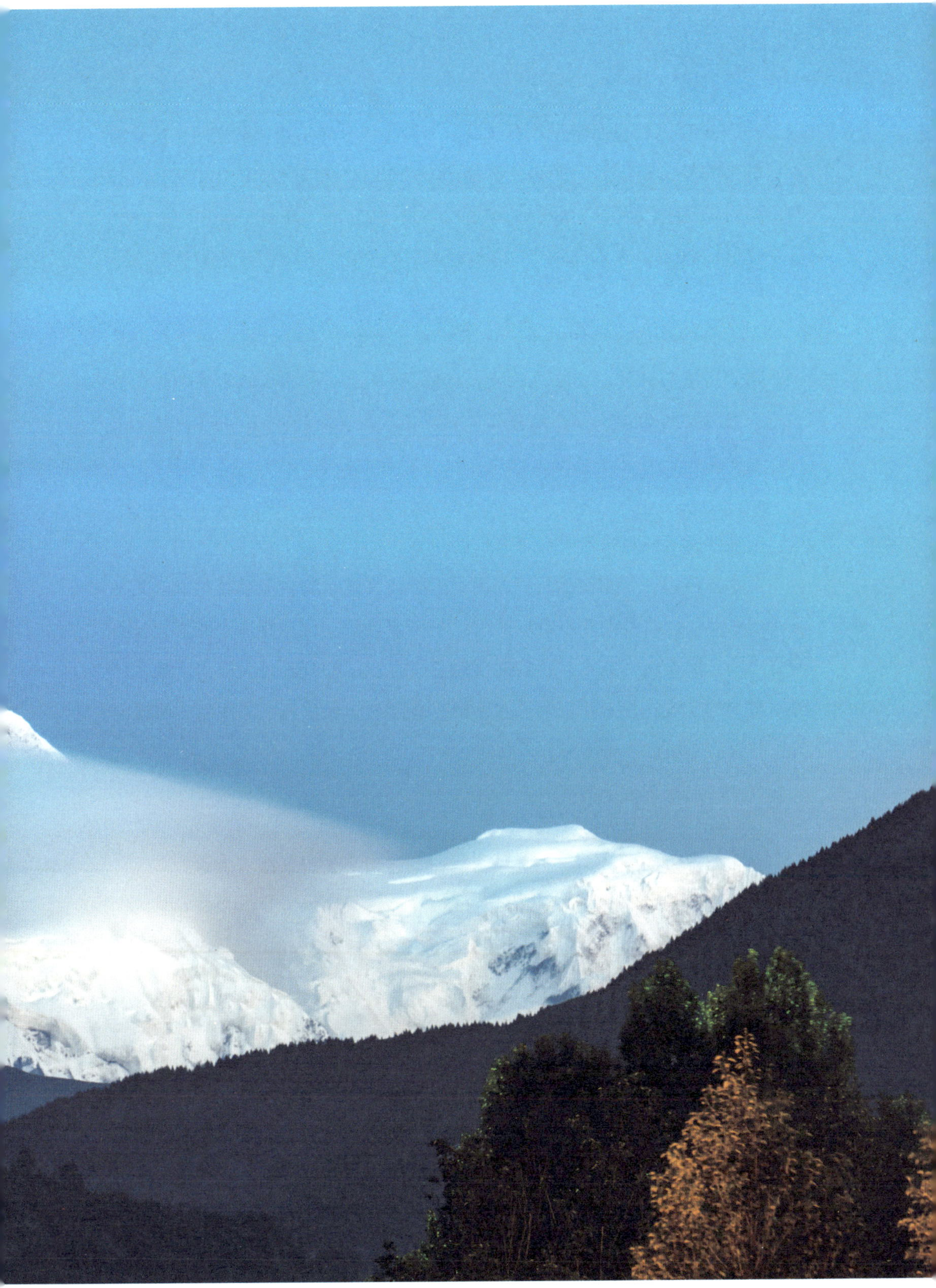

河道达2 000千米，世所罕见。石鼓以上河段大部分介于川、藏之间，被横断山区的沙鲁里山和宁静山夹峙，谷宽100～200米，窄处仅50～100米，河谷与山峰的高差达1 000～2 000米，峡谷险峻呈"V"形，江面高程由海拔3 500多米降至1 800米。进入虎跳峡，谷峰高差为3 000米，自然落差200余米。

  我们要记住：1986年，中国的长江漂流者，他们献出的生命以及他们留下的壮歌。就在虎跳峡，1986年9月，一个落水的漂流者在顽石如犬牙交错的滩头，已经挣扎了4天4夜。是当地的5个山民连接起60米长的绳梯，在悬崖绝壁上挽救了一个勇士的生命……

金沙江就这样折来弯去，弯来折去。

至水落河口，江水突然折而向南，至金江又复东流，经攀枝花市至蒙姑又转向东北。从石鼓到四川新市镇约1 220千米河段，江水穿流于四川、云南两省之间，河面或宽或窄，涛声时缓时急，金沙江除开其最大的支流雅砻江外，重要的支流左岸有松麦河、水落河、普隆河、鲹鱼河、黑水河、西溪河等，右岸有龙川江、普渡河、以礼河、牛栏江、横江等。

金沙江，流着金子的江。

金沙江，一路袭夺的江。

金沙江，嵌进山岩的江。

金沙江，曲折拐弯的江。

金沙江，沉思默想的江。

岷江水利和大佛

过去的科学,有的已成为宗教,或被视为迷信;古代的真实,有的已被当作神话,或者竟已失传。有水之时,有福之年。虽有智慧,因势利导。

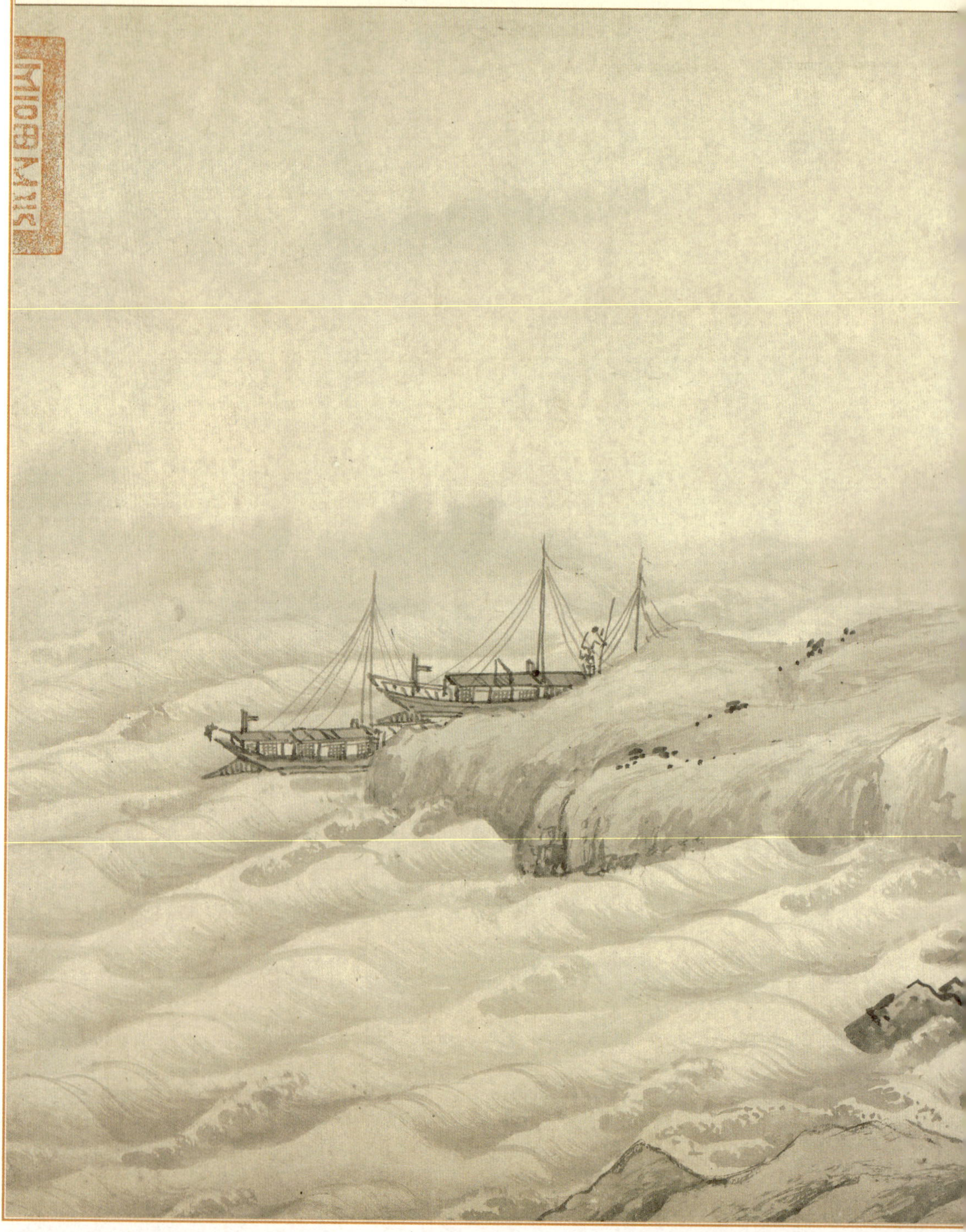

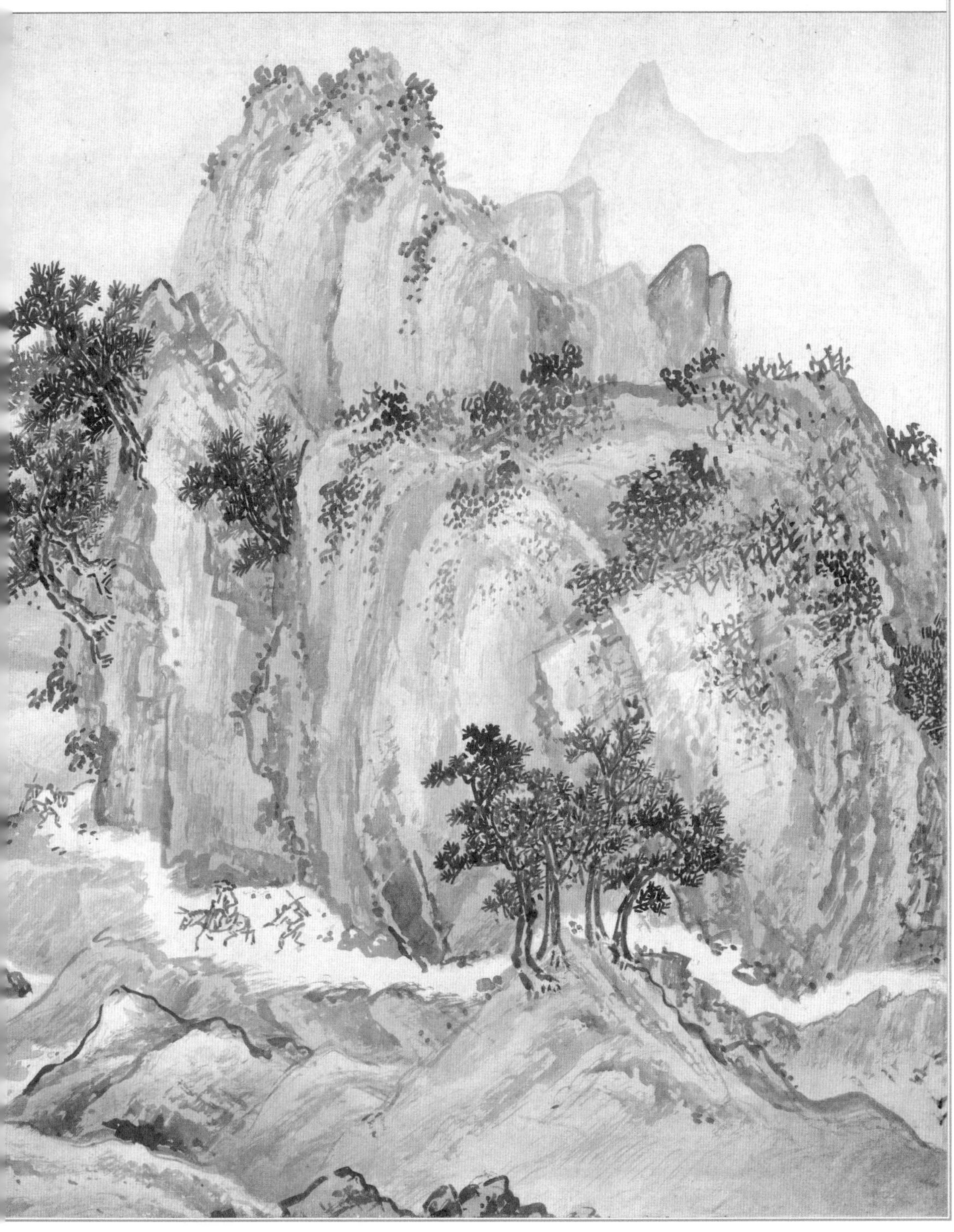

浑浊的金沙江和碧清的岷江，在四川宜宾附近汇合，始称长江。

岷江是长江最大的支流之一，也是长江水系中被误解最深的一条江。从《禹贡》所称"岷山导江"起，古代一直视岷江为长江正源，直到明朝末年由徐霞客明确指正：金沙江才是长江的上源。但和者甚寡，反对者太多。直到江源认定，岷江才从长江源流的位置上退下来，岷江也由原先的"江""大江""江水"正名为"岷江"。在这之前，"岷江"只是别称。对岷江的误会其实并没有结束，作为岷江干流的乐山市以上段岷江，无论长度、年径流量还是流域面积，远不及大渡河，只是因为大渡河如金沙江一样穿行于万山峡谷，存而不露，大而不显，不为人知，大渡河便被当作岷江的支流，一直沿用至今。

传统与习惯在久而久之后，人们就不辨真伪了。

确切地说，根据"河源唯远"的原则，岷江应是大渡河的支流。

岷江发源于岷山南麓，全长711千米，流域面积13.57万平方千米。南行，被邛崃山与茶坪山夹持，青城山挡住其去路，东行至今都江堰市，复往南流。奔突于岷山脚下的岷江水量和水力资源在长江各支流中均首屈一指。

这是一片格外湿润的土地，川西一带是全国著名的多雨中心，素有"巴山夜雨""西蜀漏天"之说，峨眉山一带的年降水量竟达2 000毫米以上，你看那里的小草总是嫩绿欲滴，那里的土壤能捏出水来就明白了。岷江得到大量的雨水补给，年均径流量达868亿立方米，居长江各大支流之首，其充盈富足可想而知。可是当岷江进入成都平原，江面骤宽，流速急减，泥沙沉积，淤塞河道，或者泛滥，或者干旱，这又是岷江的另一面了。

大渡河发源于四川和青海交界的巴颜喀拉山支脉果洛山，在乐山市注入岷江，全长1 155千米。

1996年深秋的蒙蒙细雨中，我第二次踏访都江堰。

都江堰渠首工程选择在都江堰市西南玉垒山下，岷江出山后的一个弯道处，正好是成都平原三角洲头，至今已有2 200多年历史的古堰，依然灌溉着44个市、县，1 000多万亩[①]农田，为成都市提供工业用水和生活用水，为岷江上游提供木材漂送通道。李冰造都江堰的过程以及都江堰造福天府之国的悠久历史，无不透露着自然哲学的神妙和人的智慧，波涛流水是天人合一的和谐之曲。

都江堰是2 000多年前的古人设计创造的一个系统工程，当分水、飞沙、宝瓶口成为一个系统之后，在互为依存、互相关联、互助协作之下，便产生了超过各自本身的整体功能。都江堰告诉后人：

一个工程系统的最根本的结构原则，应是工程与自然环境的一致性，然后是工程各部分的一致性，始能成功地既不破坏自然，又能造福人类。

李冰不会想到，近现代百年间中外水利专家纷至沓来，面对都江堰无不感慨莫名，勘查、测量、计算、论证之下，后来便总结出正面取水、侧面排沙、二级排沙、动力平衡原理等科技含量很高的经验，从而达到"使引水与排沙在时间上统一，在空间上分开"。显然李冰及都江堰的建设者们，至少在理论上并不了解这一切，他们遵循的是乘岷江之势而利导，"深淘滩，低作堰"，"逢正抽心，遇弯截角"等简单的道理，用的也是简单的结构和竹

---

① 1亩为0.0667公顷。

都江堰

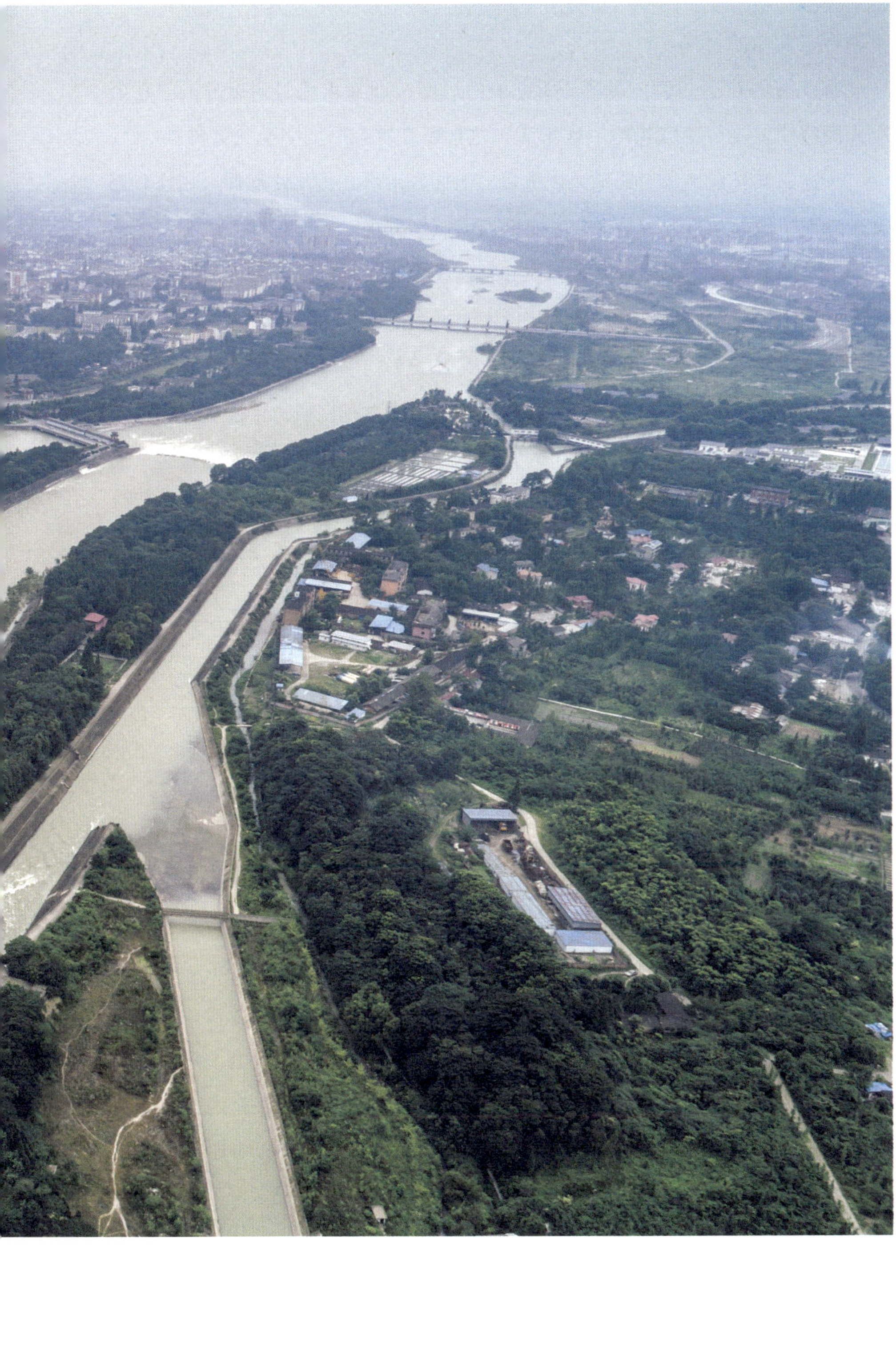

篓卵石等简单的材料。

都江堰的建造初衷，司马迁所记最为可信，即除水患、利行舟，"有余则用溉浸"。不少论家忽略了这句话，尤其是"有余"二字至关重要。

李冰深知长江诸水对蜀地无比重要，治蜀先治水，得水便得蜀。在修造都江堰之前，他的动员方式是先造三座祠庙，以祭蜀神，从而得蜀人之心。扬雄《蜀王本纪》谓："李冰以秦时为蜀守，谓汶山为天彭阙，号曰天彭门，云亡者悉过其中，鬼神精灵数见。"这是说古时蜀人的一支由岷山下迁，沿岷江之水而行至川西平原定居，死后魂归岷山，途经天彭门。李冰踏访都江堰水文地质时，宣称自己"仿佛若见神"，接着下令在江边立祠三所，百姓欢呼。秦灭六国天下一统后，曾经令负责祭祀的官员将各地名山大川之鬼神编排入册，上奏朝廷，统一规定祭祀的规格级别，当时全国46郡，经朝廷议定通过的只有18座，蜀郡独占2座。即：渎山，蜀之汶山；江水，祠蜀。这便是李冰所立三祀之二，一祭山神，二祭江神；另一祀为望帝祠，祭蜀王杜宇。

过去的科学，有的已成为宗教，或被视为迷信；古代的真实，有的已被当作神话，或者竟已失传。

都江堰西南16千米处的青城山本名清城山，唐开元十八年，即730年，去水旁为青城山。大概是因为满山青翠、林木幽深，诸峰环绕之下又状若城郭而得名。又据传说，黄帝曾封青城山为"五岳丈人"，故又名"丈人山"。东汉时，五斗米道创始人张道陵曾在山中修炼，道家便称青城山为"第五洞天"。明清以降，青城山香火最盛时，有道观和景点百处，杜甫在《丈人山》诗中写道："自为青城客，不唾青城地。为爱丈人山，丹梯近幽意。"四川人酷爱巴蜀的山山水水，他们会用极富想象力和夸张的方言、语调告诉你：峨眉向佛，青城得道，峨眉向佛时可见天下之秀，青城得道后心怀天下之幽，先上峨眉还是先去青城，大路小路你慢点儿走。

都江堰水系如同一张错落有致的水网，彭山区江口街道则是水网的一个结扣。内江、外江之水在这里汇合，岷江继续以其清澈的浪潮南下，浸润两

青城山秀丽风景

岸沃土。北宋文学家苏洵、苏轼、苏辙父子的故里就在岷江西岸的眉山市。三苏故居在眉山市的西南角,明洪武元年,即1368年改建为三苏祠,明末颓败,清康熙四年(1665年)重修再造。有三苏塑像、三苏著作的各种版本及手迹碑帖。祠内有茶室,可饮盖碗香茶。祠中翠竹夹道,娟秀清新,会使人想起东坡名句:不可居无竹。

岷江过嘉州小三峡——犁头峡、背峨峡、平羌峡——至乐山接纳大渡河、青衣江。青衣江古称"平羌江",因为青年李白买舟而过信手写下的《峨眉山月歌》而脍炙人口,诗云:

　　峨眉山月半轮秋,影入平羌江水流。
　　夜发清溪向三峡,思君不见下渝州。

峨眉山位于峨眉山市西南,与五台山、普陀山、九华山并称为"中国佛教四大名山"。游客通常所指的是峨眉山之大峨山,其实它由大峨、二峨、三峨、四峨四座大山组成。"峨眉"之名最早见于左思《蜀都赋》,北魏郦道元在《水经注》中写道:"去成都千里,然秋日澄清,望见两山相对如峨眉焉。"这是说,大峨、二峨相对而出,千娇百媚如美女的一对修长的眉毛,山因而得名。也有人这样解释:峨者言其高峻,眉者喻其秀色。

乐山大佛在岷江东岸的凌云山西壁,栖鸾峰断崖处凿成一尊弥勒造像,因而又称"凌云大佛"。查嘉州地方志,大佛为唐开元元年即713年,由和尚海通创建。初衷是凌云山前江水滚滚,樯倾楫摧者有之,水患常常殃及民生。海通和尚倡议凿山造佛以为镇水之宝,苦于经费无着,便奔走大江南北到处化缘,居然化得不少银子。回乐山,筹建凿山时,却有贪官将海通传到堂上令其交出银子。海通和尚先是不发一语,再伸出双手自己把两只眼珠从眼眶里抠出,血淋淋地置于盘中,说:双目奉上,银子要修大佛。从此,贪官不敢染指。凿山造像还未完工,海通辞世,诗人、剑南西川节度使韦皋继续海通未竟之业,于唐贞元十九年即803年完成,前后斧凿90年。大佛头部与山顶等高,背靠陡岩,脚下江流,以微笑、慈祥泰然面对岷江、大渡河、

乐山大佛

青衣江汇合后的汹涌澎湃。

大佛通高71米。其中头高14.7米，头宽10米，肩宽24米，眼睛长3.3米，鼻长5.33米，耳长6.72米，头上共有发髻1 021个，耳孔可并立2人，头顶能置一大圆桌，脚背上可容100人坐而论道，堪称世界上石刻佛像的最大者，真个是：山为一尊佛，佛乃一座山。大佛凿成后通身彩绘，并建有13层楼阁，名"大像阁"，宋时称"天宁阁"，毁于明末战火，而大佛无恙。大佛身后，古人还建有一套缜密的排水体系，使之虽经千百年风雨剥蚀而依然强健生动。1986年，我国测绘专家对大佛做精确测量，测得从头到脚高58.7米，较之通高乐山大佛矮了12.3米，不过文物界认为，乐山大佛整个坐像的高度应包括现已不复存在的莲花宝座在内。

现在我们再来看看岷江骄子——古城成都。

四川是一个由群山包围的盆地，唯盆地西北有一片约9 100平方千米的平川，这就是中国西南地区面积最大、最为富庶的川西平原，也叫成都平原。因有岷江之水溉浸，这个平原、这一条大江便孕育了成都这座城市。早在春秋战国时，蜀人便在这里开垦种植，并出现了最早的城邑，成都是蜀国的都城。《太平寰宇记》记载了成都何以得名："……一年成邑，三年成都，因之名曰'成都'。"《水经注》则写道："江水又东，径成都县，县以汉武帝元鼎二年立。"前316年，秦惠王灭蜀国，设蜀郡。前311年，张仪在蜀国旧城的基础上，按照秦都咸阳的规制造城周12里、城高7丈[①]的"张仪城"。相传筑城的城墙屡立屡倒，忽有神龟从江中爬出，缓缓而行，其迹可寻，于是沿神龟之路掘土夯基，城墙便岿岿而立，成都——张仪城——亦称"龟城"。城分东西，东为大城，蜀郡太守官衙所在地；西为少城，有盐铁机构，为商业居民区。

后来，李冰修都江堰，又"穿二江成都之中"。考古资料证实，早在商周时代，成都的西南边缘就有河流且能航船。司马迁笔下的"穿"字实乃"穿凿疏浚开流"之意，而不是平地插锹。李冰疏导成都郫、检二江，又建

---

① 1里为500米，1丈为3.3333米。

七星桥，按北斗七星的布局建造，并以"七星"名之。

二江既通，七桥落成，更有都江堰水口宝瓶口的清水常流，蜀地果然兴旺，天下太平，民生安乐。

自此，成都平原吮吸着岷江甘泉，成为千里沃野。而成都自前311年张仪筑城以来，其名称与城址均无变化，这在中国城市史上也是绝无仅有的。

西汉时，成都有城门18座，最著名的是少城西门宣明门。据说张仪沿神龟之迹筑城时，城势少偏，故作门楼以定南北而匡方位，高百尺[①]，人称"张仪楼"，屹立至唐朝。岑参游蜀地，诗以记之："传是秦时楼，巍巍至今在。楼南两江水，千古长不改。"东汉时，城南建有锦官城和车官城，分营丝绸织造及车器制作，织锦作坊和工匠驻地造有围墙，类似城堡，又称"锦官城"，流经城南的府河也被时人称作"锦江"。因蜀锦华美，远销中原，成都也就被称为"锦官城"了，杜甫有诗云"晓看红湿处，花重锦官城"。至于车官城的车器制作，大约不是蜀人之所长，技术含量不足，名不见经传，后来连车官城的名字一起，均由锦官城取而代之了。

唐朝时，成都在中国已有举足轻重的地位，除有运河之利的扬州外，其他城市很难与之匹敌。李白诗云："九天开出一成都，万户千门入画图。草树云山如锦绣，秦川得及此间无。"杜甫有"城中十万户"之句，其时成都、华阳两县人口约为58万之众，占当时成都全府16个县总人口的70%。

成都七桥中最著名的是万里桥——今南门大桥，是古时乘舟东航的起点，从桥下扬帆可至江陵、安庆、金陵、扬州。三国时费祎出使东吴，诸葛亮在桥上为其饯行，费祎举杯叹道："万里之行，始于此桥。"万里桥由此得名。

唐代女诗人薛涛家住万里桥附近，她自制红色诗笺，称"万里桥畔女校书"。明初，有人取城东南玉女津——今望江楼公园——之水仿制薛涛笺，后人遂把玉女津当作薛涛汲水制笺旧迹，谓之"薛涛井"，井边还有清康熙三年（1664年）所刻的"薛涛井"石碑。

[①] 1尺为0.3333米。

薛涛井

这就是后人诉说历史的困难,因为历史是最雍容大度者,历史并不到场,历史决不会和你争论。

唯其如此,历史可敬而可畏。

位于成都西南郊的武侯祠,是纪念诸葛亮的祠堂,诸葛亮生前为武乡侯,死后追封忠武侯,故名。诸葛亮为振兴蜀汉曾六出祁山,奈何大势所趋,天不遂人,应了他自己所言,空怀神机妙算而"鞠躬尽瘁,死而后已"。

唐朝乾元二年(759年)冬日,朔风凛冽中,杜甫避安史之乱到成都,客居四年,在西郊浣花溪畔造了一座草堂,清贫惨淡,咬文嚼字。杜甫流传至今的1 400多首诗中,有247首是在浣花溪畔写下的。有怀古之作如《蜀相》,"出师未捷身先死,长使英雄泪满襟",已成失意者的绝唱。而以自己之贫念及天下众生的《茅屋为秋风所破歌》,作于761年,杜甫到成都两年后,浣花溪畔草堂当是刚落成不久,忽遇秋风秋雨。

五代前蜀词人韦庄为纪念杜甫,在草堂旧址重造茅屋,北宋元丰年间又改建为工部祠。今为草堂公园。

江水又东……

巴蜀要冲

所有的传说都在「很早很早以前」,
当人类对「很早很早以前」苦思冥想的时候,
人类是聪敏而谨慎的;
当人类对「很久很久以后」放言狂语的时候,
人类是愚昧而大胆的。

也卷後有錢惟善張寧陸橞聲諸人題跋其巾艱寶頗多如錢惟善張寧跋皆明言宋京口趙戲畫而張跋後又云不遇達人發跋玄其姓氏其呀嗽者將指錢維善跋肉之展武某家耶抑指趙戲題欵耶如云鑒藏之展武某家至有云何足輕重古來名蹟剖玄題跋者甚多吳獨此一人耶若指趙戲則至歎固存來殿堂後人補乃去耶又陸橞聲時云將東絹寫戚圉此卷直條紙本吾目共睹戒知歎為後人偽作耶此卷舊入石渠寶笈編輯時未經捡

萬里長圖一氣扶瀾艙西
蜀委東吳晦明天地雜形
状出渡江山下有岳錢跋
張書家疑案趙名陸詠混
真待眼前紙絹猶不足紀
載由來車是証
按是圖欵署原品題嶽作
紙本長三丈餘而盡煙

嘉陵江古称"阆水""潜水""渝水"，长江上游左岸支流，有东西两源。东源是正源，源出陕西凤县东北嘉陵谷。西源名西汉水，源出甘肃省天水市平南川。两源汇合于陕西略阳县两河口，南流经阳平关，于广元市大滩镇入四川省境。沿四川盆地的北部斜面，自北向南流动，至广元昭化镇纳右岸支流白龙江，复向南经苍溪、阆中、蓬安、南充、武胜等市县，于合川纳渠江、涪江，至重庆汇入长江。

嘉陵江是汉水、雅砻江之后的长江第三大支流，全长1 120千米。

嘉陵江是一条复杂的江。

嘉陵江流域位于大巴山和巫山山脉的西北"雨影"区，年降水量不足1 000毫米，流域内分布大面积红色砂页岩，雨水不易下渗。当渠江与涪江流入嘉陵江之后，便有了洪峰高、洪水量大、枯水期较少的径流特征，是长江上游洪水的主要来源之一。嘉陵江的上游河段深切于崇山峻岭之中，水流湍急，多激流险滩。昭化至合川的中游段，为四川盆地丘陵区，江面顿时宽阔，河川发育而水流较为平缓。合川以下的下游段，嘉陵江横切华蓥山支脉，形成"V"形峡谷，是为著名的嘉陵江小三峡，即沥鼻峡、温塘峡、观音峡。嘉陵江还是长江流域的多沙河流，尤以其支流西汉水为甚，今天嘉陵江的年输沙量已远远超出以往。

任何一条江的流出，通常而言都是平平淡淡的，它的穿凿、回流，在峡谷中的奔突或者坠落时的飞流瀑布，其实是地形地势使然。

嘉陵江相对平静地从一处古城的三面徐徐流淌时，便更加充分地显示了水的无为潇洒、悠游自在。它的滋润是千年万载的，它的簇拥是源源不断的，它的拍岸涛声、蒙蒙水汽，一定会化作江上风帆、山中碧绿。

这个地方有福了。

它就是嘉陵江中游的阆中。

中国古人类在史前地理大发现的跋涉、搜寻中，便发现了阆中这个地方，它依山傍水、气候温和，无疑是人类生息的家园之地。从最初的择穴而居，到后来的窝棚、木屋，进而成为一个渔村小镇，均在群山环抱、江水三面流过的一处小盆地上。在殷商时称为"巴方"，周时为"巴子国"，战国之末曾一度是巴国国都。前314年秦惠王置阆中县起，阆中之名除避隋文帝父杨忠讳一度改称"阆内县"外，2 300多年相沿不辍，是中国独一无二的历史文化名城。

"秦蜀孔道""巴蜀要冲"的地理位置及水陆之便，使阆中至今犹存浙江、江西、陕西、广东、两湖等地的会馆与码头、驿站，古迹斑驳却又生机盎然，充溢浓浓的商业气息。

凡家园之地也必定是争战之地、商贾之地、文化之地。因而它或者被毁灭或者被保存，毁灭之后还会重建，但如阆中一样保存如此完好的，实在是天下奇迹了。

嘉陵江水环绕阆中，北有蟠龙山，南是锦屏山，东为白塔山，中间为盆地，田畴阡陌，桑麻荡漾。踏访嘉陵江畔时会生出这样的感觉：曾经怒吼还将奔突的江水，流经阆中时却格外温柔，与山与石与地与城，无不依依，大有不忍离去之意。山间无水，石也枯干，江边无山，水也寂寥，而如阆中

阆中古城

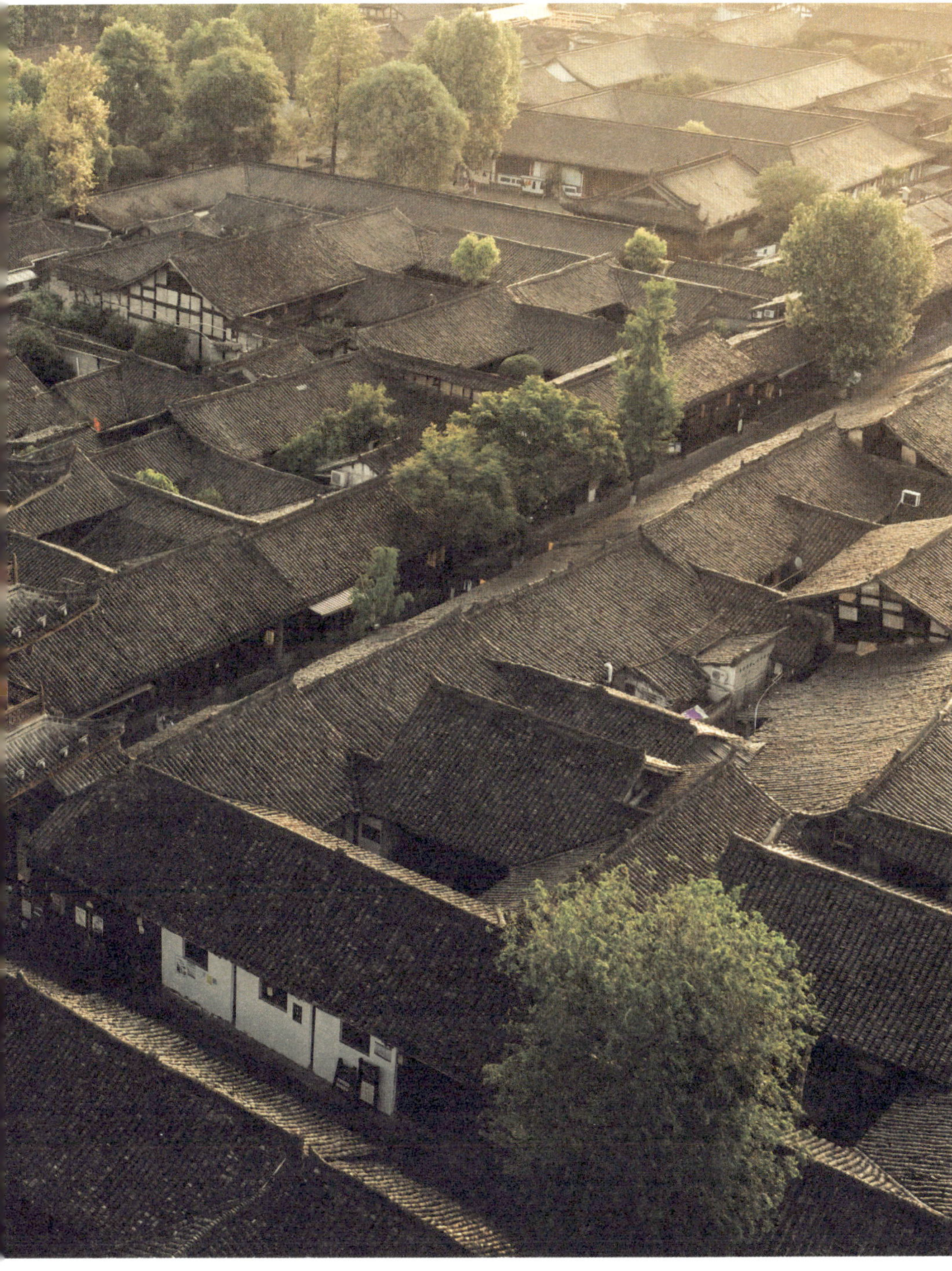

这样山、水、城的格局恰到好处，动中有静，小处见深，历史悠久，人文荟萃，妙到绝无遗珠之憾之地步的，可谓万里长江，阆中独秀了。

阆中人习惯性地称嘉陵江为阆水。

当江水从阆中西北11千米处滴水关下的涧溪口进入阆中境内，江面渐次展开，水流顿时舒缓，经石子、沙溪、江南镇从西、南、东境绕阆中市下行，沿五马、河溪等镇流入四川南部县。阆水全长88千米，江面在120～300米之间，流速为每秒0.5～3.5米，航道宽10～15米，深2米以上。

笔者踏访长江中上游而在阆中小住时，正值深秋，阆水平阔，江波粼粼间有燕尾小船驶往夕照深处。就连江风也是从容恬静的，令人情不自禁地想起杜甫的《阆水歌》，颠沛流离中的诗圣以难得轻盈美妙的心境写道：

嘉陵江色何所似？石黛碧玉相因依。
正怜日破浪花出，更复春从沙际归。
巴童荡桨欹侧过，水鸡衔鱼来去飞。
阆中胜事可肠断，阆州城南天下稀。

阆中妇孺皆说杜甫，且至少能背出这首七律中的一句：石黛碧玉相因依。还会加上一个小注："这就是我们阆中！"

杜甫两次到阆中客居半年。元稹在唐元和十年（815年）谪任通州司马，过阆中游开元寺，于寺壁书写白居易的诗，并有七绝相寄：

忆君无计写君诗，写尽千行说向谁？
题在阆州东寺壁，几时知是见君时？

陆游、苏轼父子都曾来过阆中。北宋画家文同去汉中经阆中，为开元寺竹轩动情而流连忘返，并与开元寺僧泽师有交游。在《寄题阆州开元寺泽师竹轩》的题画诗中，文同写竹已经出神入化："香飞常入佛座上，叶落不到经窗前。"

汉唐时期，阆中还是我国古代的民间天文研究中心，这也实在是奇特的。为什么阆中人如此喜欢夜观星象，并出现了落下闳这样的人物？他参与创制的《太初历》对世界天文史具有不可估量的意义。

落下闳之后，阆中又有奇人出现，任文孙、任文公父子测气象，报天文，预测风雨、旱涝，阆中农人无不视之为神仙。到三国，又有周舒、周群、周巨祖孙三代建造了一个观察天象的高台，无论寒暑，细心观察，是任氏父子之后又一天文世家。相比之下，诸葛亮的"掐算阴阳"不过尔尔了。当时阆中的云台山、蟠龙山、文成山都是人们观察星象之地，观星望月一时成为阆中风气。

> 当代科学界有所谓"李约瑟之谜"，其实阆中才是真正的谜，阆中之谜美丽得教人困惑，阆中之谜中山水灵智互相浸润交织。约略言之，也只能这样说：阆中人在历史上更接近精神和星空。

阆中之谜，何以为解？

从隋唐开科取士到清末废除科举，1 300多年间，四川共出过19个状元，阆中就占了4个，即唐代的尹枢、尹极；宋代的陈尧叟、陈尧咨。更让人惊讶莫名的是这两对状元均为兄弟，各出一家。而文武进士有94个，举人数百，如苏东坡所言：阆苑千葩映玉宸。此外，三国大将马忠，谋士程畿，南宋抗金名将张宪，明花木兰式女英雄韩娥等均出生于阆中。当代的还有红军时期的9位将军，书画家赵蕴玉，数学家张鼎铭，皮影大师王文坤等，均为阆中人。

阆中1 800多平方千米的土地上古典名胜比比皆是，有始建于唐重修于元的永安寺建筑群、五龙庙、佛都观音寺建筑群、张飞庙、佛身衣纹为凸纹的唐释迦牟尼石窟及唐宋碑刻，有始建于唐重建于明的过街市楼华光楼、张宪祠、杜工部祠、魁星楼、清代考棚等数百处。其古城格局，旧街老巷，数十栋、数百栋连片成群的明清两代遗留下的保存完好的民居之外，现存有2处元代建筑，4处明代建筑，12处清朝的殿堂建筑。阆中市内117条街巷的

阆中状元坊

1/5仍为唐宋年代的风貌格局。

唐街宋巷，瓦屋长檐，那长檐如此之长，是其时阆中风也多雨也多吗？瓦屋不高，缓缓地从屋脊倾斜，把长檐伸出，那滴水之声从青石板路上便"滴滴答答"地传开去了。

从唐时小街走进宋时古院，那是由唐及宋吗？从宋时古院踏上唐时小街，那是由宋及唐吗？

时间仿佛在一个同属古代的空间凝固了。

"嘉陵江有三百里，阆中名苑十二楼"，华光楼是第一楼。

登斯楼也，江上清风徐来，周遭山色如黛，把酒临风心旌摇荡自不必说，或者风尘未洗匆匆登临，只需放眼望去便也一样神驰情醉。

阆中古庭院的对称、秀丽、清新以及规整紧凑的素朴、厚重，使人有理由做出这样的推测：由于阆中所处的水陆码头的地理位置，长江里不仅漂动着货物，也漂动着文化，当具有楚文化特色的两湖会馆、富有江南园林气息的浙江会馆等相继落成，一方面它们便成了阆中文化的一部分，另一方面在默默无言的比较中，巴蜀与中原、与南北的文化交流也已经开始。但，为阆中的山水环境所制约，面对唐宋旧城的敬畏，所有这些后来的建筑即便纯属商业行为，却也不敢有丝毫财大气粗的样子。相反，它们先是小心翼翼地以阆中本地建筑为榜样，同时又掺入若干自己的特色。一种约定俗成的规矩是：不能高过古牌楼，不能和庙宇争风水，和谐相融，和睦相邻。

阆中庭院及其他古建筑以玲珑剔透、变化多端的雕刻装饰，自高而下，从屋顶、屋檐而门而窗，使人目不暇接。今之工匠为它的工艺及千种之多的图案叹服，而让我为之惊心动魄的却是建造者的想象力。

阆中古民居的窗花雕饰多种多样，达100种以上，千变万化而只是在每一个窗户的框架内完成，自由与限制、创造和分寸的把握，已经到了运筹自如的地步。

走出蒲家古院时，阆中下起了1996年的第一场秋雨。

华光楼

赶到东园时，一阵紧似一阵的秋雨中，阆山、阆城都已经湿漉漉的了。载雨而去的嘉陵江涛声鼓荡，在东园之南浩浩东流。

东园成为学校，大约是230多年前的事了。明嘉靖年间，太守张思聪在锦屏山创建锦屏书院，清乾隆二十三年（1758年）知府庄学和将锦屏书院迁往东园，清末更名为公共学堂。抗战时期国立四中迁入，1946年为省立阆中中学，1950年为川北区阆中中学，60年代更名为东风中学。东园除了1932年被川军占据过外，始终是读书人可以读书的清净之地。

阆中的朋友告诉我，这所古老的阆中学府自成为中学堂以来，走出了旧制毕业的中学生1 600多人，1949年后从东园走向全国高等学府的就有1 000多人。

  要让孩子们读书，把风水宝地还给学校。有多少莘莘学子，便有多少栋梁之材。

信步走在这深秋的东园雨夜，风也不止，雨也不歇，我只能感觉，感觉着陌生而又亲近的春华秋实。

我还在寻访一支歌："锦屏苍苍，树拂星光；嘉陵泱泱，润我土壤。天远地阔，山高水长……"

漂来重庆

一堆火,两堆火,三堆火……
语言诞生了。
港口出现了。
重庆是嘉陵江漂来的。
啊!长江,我们的荣耀是你赐予的……

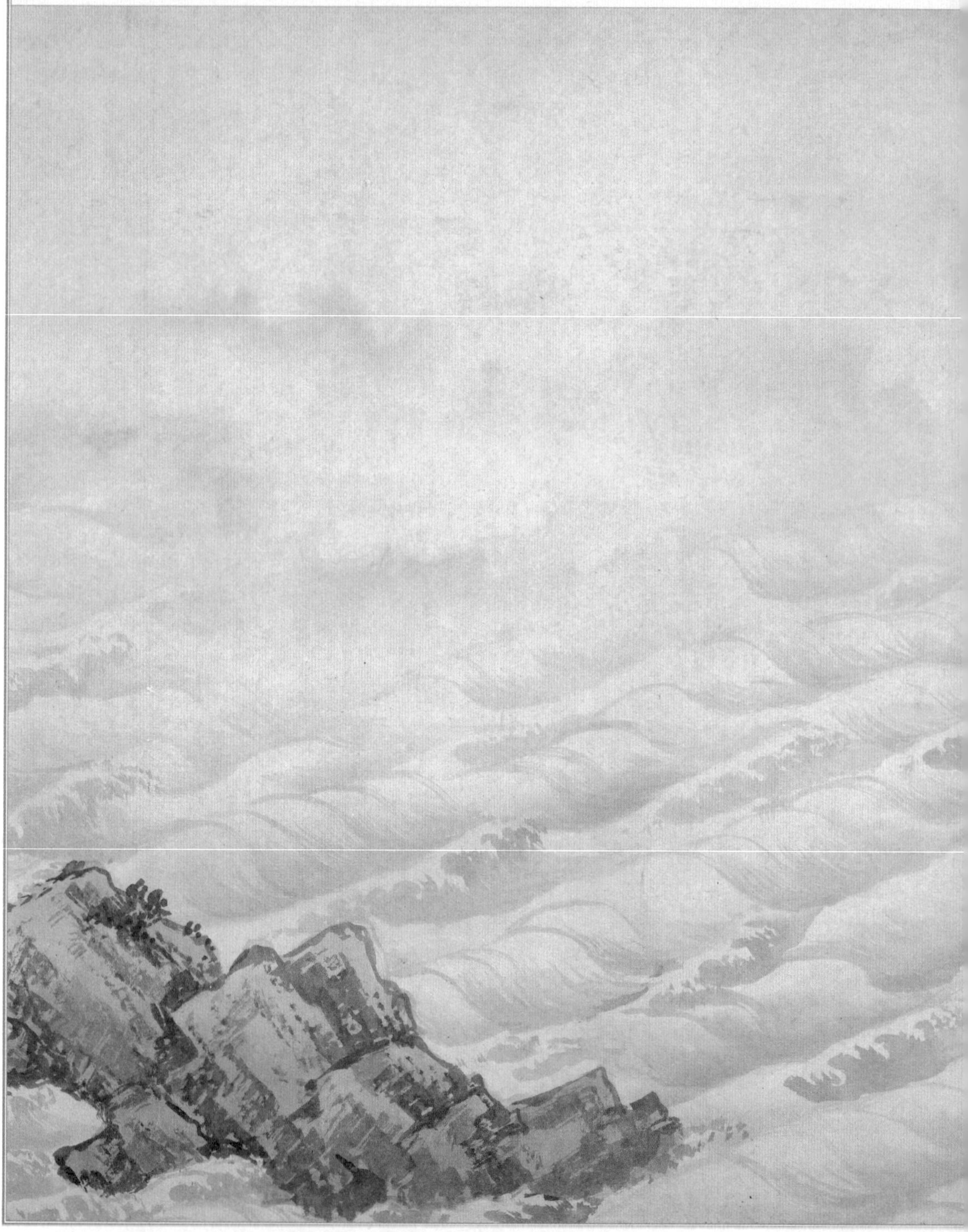

點及此卷幾馀渡加展
閱見其筆墨精妙因為
題句并辨其訛附識如
右以石渠餘鑑寶證之
石渠寶笈書已錄入四
庫全書則姑仍其舊云
壬寅小春御筆

金沙江与岷江汇流而称为长江后，接纳的第一条支流便是四川宜宾地区的南广河，珙县城南麻塘坝是南广河的上游，这里并没有险峻入云、攀日望月的高山，却有着诸多突兀峥嵘的悬崖峭壁，壁上悬棺错列，森然之气扑面而来。

这些棺材被称为"僰人悬棺"。"僰人"是我国古代生活在川、滇、黔三省交界地带的一个少数民族，《吕氏春秋》记载说，春秋时有僰侯国，有秦一代修筑了通往西南地区的五尺道，汉武帝建元六年即公元前135年开凿山道2 000里。僰人是靠着封闭自立为国的，一旦把路修到了家门口，便只有亡国了。僰人之地设"道"级政府，南朝梁时改为僰道县。中国古人类学家认为，秦汉时的僰人就是魏晋南北朝的濮人，也就是唐宋时的僚人。也有论者认为，今之傣族、白族很可能是僰人之后。

查《四川通志》，有记载说：珙县南有棺木山，"昔为僰蛮所居，尝于崖端凿石拯钉，置棺其上，以为吉"。四川省博物馆于1974年在麻塘坝清理了10具悬棺，发现2件分别是明朝正德、嘉靖年间的青花瓷器，色泽依然鲜艳。由此推算，其中有的棺木已经高悬山壁足有400年了。麻塘坝邻近的曹营镇苏麻湾的危崖高壁上，也是悬棺稳坐。另外长江沿岸重庆市黔江区东南官渡峡、奉节东边的风箱峡也都有悬棺。

真正遗憾的是我们一点也不知道僰人死亡的仪式和祭祀，所有的记录都丢失了，这个从来没有侵犯伤害过他族的小小族群，只是以悬棺默默地保留着自己的形象，使山水之间的依恋从生延续到死。悬棺多有作船形的，这漂泊的形状很容易叫人想起漂泊的形态，可以推断这是一些与长江之水极其亲近的灵魂，也可以说这是未亡之人的心态独白：他们随时准备乘浮槎于海。

长江不会停滞下来告诉我们僰人往事，在它流经酒香飘溢的"泸州大曲"的产地泸州市后，波涛前方便是影影绰绰的山城重庆了。

长江进入三峡以前在四川盆地的流动，已经多少有点区别于金沙江的袭夺穿凿、怒涛拍天了。从遥远而高峻重叠的中国地形最高一级阶梯奔突、穿凿、迂回而下，落差之大、峡谷之险俱往矣。纳百川，汇细流，浩然之势既成，王者气概初露，在四川盆地的奔腾不息，已是雍容大度、成竹在胸了。

四川盆地的周围环绕着海拔1 000～3 000米的高山和高原，盆地底部则是绵延起伏的丘陵、低山、小块平原的混杂与镶嵌。远古年代一系列地质运动中演变而成的这个盆地，既是长江上游及中游之水的集散地，又是人类可以得天独厚地建立家园繁衍生息的所在。它有那么多的水，它离长江太近了，那是可以世世代代滋润田园的生命之水，因而，巴蜀源流产生出来如此之多的神话、传说以及文化遗存，便不足为奇了。人们很难言说盆地边缘各支流的神奇的流动，有的从容，有的急迫，有的浑浊，有的清澈，后来都向着盆地底部汇聚。众多的支流使长江水量猛然增加两倍多，于是才有"众水会涪万"之说。

长江之水的巨大的集结，那波涛汹涌中必然要发生新的故事，这故事是大地与生命的创造，是刚柔之间的交响。

因此，我们先要赞美支流。

支流是大地之上的旁逸斜出。

支流是散漫的，如果它与主流没有距离，那就不能称为支流。支流的定义应该是：它与主流并非同出一源，它有自己的流程及流向，无论偶然还是必然，它将和主流汇合。没有支流的长江是短江。

长江——集支流之大成者。

那些位于长江支流汇合口的家园地下，如果有思者在冥想中掘进，沿着根的踪迹曲折盘绕，就会发现：那太古的废墟仍然是温热的，温热着我们今天的某种思想和文字，托举着现代人的全部荣耀，使之成为长江沿岸明珠一般璀璨的城市群落和郊外的乡村田野。它们是：雅砻江口的渡口，岷江口的宜宾，沱江口的泸州，赤水河口的合江，嘉陵江口的重庆，乌江口的涪陵等。

我们的先民最早为了生存和排遣孤独而聚居的江河汇流之处，在催生了文化、发明了船只、沟通了航运、拉断了无数根纤绳、颤抖了无数的川江号子之后，便从简单的渡口成为港口，进而成为城市，成为地域经济和政治中心，象征着繁华与权力。同时还体现了中国城市化道路的一种特色：以江河为依托，以沿着水草跋涉的人类最初的脚印为奠基。这是一些并不以帝王将相为自豪的城市，它们更接近自然，更向往自由，更能陶冶性情，对商品及其流通也有着更早、更为丰富的认识。

  当古城的面目还没有被今天现代化的色彩全部涂抹之前，只要你在大街小巷里慢慢地走、慢慢地看、慢慢地听，在那些看似凝固的土木建筑上，你都能看见水的波动和颜色，你都能听见水的涨落与涛声。

  这些城市的某个角落像一幅山水画。

  雨水落在青石板路上溅起的水花，是永远的韵味。

重庆是嘉陵江漂来的。

重庆位于四川盆地的东南部，向有"山城""雾都"之称，城区坐落在长江与嘉陵江之间狭长的半岛型丘陵间。群山怀抱之中，三面倚江而立，市内冈峦重叠，房屋错落起伏，街道曲折迂回。仰望是屋，俯瞰是街，涛声拍击，不知是在天上地上还是江上。夏季炎热，秋季多雾，重庆与武汉、南京并称为长江沿岸的"三大火炉"。到深秋之后，暑气消退雾气又来，冬日中每5天就有4天是雾日或阴天。每年平均有雾之日为93天半，最高纪录为一年

365天中有205天雾日。茫茫浓雾笼罩一切，终日不散，连续几天不见太阳。但山城百姓依然唱歌、饮酒、吃麻辣火锅。

"会川蜀之众水"——重庆也是众水之城。

"控瞿塘之上游"——重庆还是上游之城。

传说中治水的大禹似乎总是穿梭于巴蜀之间，娶涂山氏为妻，涂山也在重庆，南山公园内的石壁至今仍刻有醒目的意在提醒后人的两个大字：涂山。

  长江是中华大地上最伟大的凿通者，处于四川盆地的巴蜀先人既因着长江而有了与中原的水上沟通之便，也得到了石可穿凿、岭能辟道的启示。

  最晚在殷代，巴蜀先民便在盆地北边开辟了险峻的但是人能来往、物可流通的秦蜀小道了。

  有一条小道就会积淀并沟通文化，荒野依旧是荒野，但人间会出现新气象。

考古发现证明，成都出土的龟甲、兽骨制品与中原出土的占卜器完全相同；广汉出土的玉璧、玉圭、玉璋、玉琮与中原玉器如出一人之手。到春秋战国，联系更为密切，影响也日趋深远。带有"巴蜀图语"的典型的巴蜀铜器铜矛、虎钮錞于曾在汉中出土，涪陵出土的14枚错金编钟与错银钟架，均与中原同类器物相似。山水相隔，文化传播，器物先行。这里所说的器物可以追溯到人之初的一根木棍、一块石片；然后才是语言，至于文字更在后来了，当文化可以传播的时候，道路的艰难已经只是诗人的怀古咏叹，很少有人因路而问道了。

  可是，我们怎么能小视所有的、从古到今的道路呢？尤其是科技昌明的今天，更应让孩子们知道：真正的路是凿出来的，走出来的。

  已经荒芜的道路，才是真正伟大的道路。

战国时，从四川往中原已经有了千百年间才凿通、开辟的多条通道。从四川盆地向北穿越米仓山、大巴山一线到汉中盆地的有三条通道：米仓道、金牛道（又称石牛道）、阴平道（又称左担道）；由汉中穿过秦岭到关中平原也有三道：子午道、傥骆道、褒斜道。其中以金牛道和褒斜道最著名，即从今广元朝天驿北走，穿金牛峡，越七盘关，到陕西的宁强、勉县，再经褒城，入褒水流经的褒谷，翻过秦岭山脉和分水岭，经斜水流过的斜谷到达渭水南边的眉县。

蜀道难！行路的人在蜀道既成之后慨叹行路难，但毕竟可以"细雨骑驴入剑门"了，那些修路的人呢？

巴蜀文化中除了治水的传说以外，所多的还有开山的神话，在艰苦卓绝的穿凿蜀道的岁月里，巴蜀先民还留下了不少如"五丁移山""石牛开道""武都担土""山分五岭"等传奇故事，《华阳国志·蜀志》中有详细记载，所有这些神话传奇，虽然变幻莫测，光怪陆离，其核心却是悲壮，发源于开石凿道的无奈，由此而希望天助神助，便衍生出了奇特大胆的想象。

> 我们或许可以这样说：自有人类以后的人类所有活动均有可能创造人类文化。但当人类面临生存绝境，或者为了生存而不得不负起不堪之重负的无奈、无助时，却能生出更加瑰丽的想象，从而也是更加瑰丽的文化来。

就在张骞通西域，西部丝绸之路开辟之前，巴蜀先民在开辟秦蜀通道的同时，也着力于川滇之路的凿通了。一条是利用横断山脉南北走向的峡谷与河谷开辟而成的西夷道，或称"邛笮道"。其路线是从成都出发向西，经过今邛崃、天全折而向南，经雅安、荥经、汉源沿越西河谷与安宁河谷，由越西、西昌、会理渡金沙江抵达云南的晋宁或大理。另一条是南夷道，又称"五尺道""僰道""石门道""朱提道"，从今宜宾出发，经高县、豆沙关，进入云南，经昭通、曲靖到达昆明或大理。这就是史书所称的"西南丝绸之路"。

巴蜀扬名中原的时间还要更早些。

殷朝之末，武王兴兵伐纣王，便有巴蜀兵勇且是成建制的，并立有战功。据《华阳国志·巴志》载："周武王伐纣，实行巴蜀之师……巴师勇锐，歌舞以凌殷人，倒戈，故世称之曰'武王伐纣，前歌后舞也'。"所谓"歌舞以凌殷人"的歌舞，想来不是宫廷乐舞，很可能是巴地的一种民俗，击鼓呐喊而壮军威，伴以勇猛剽悍的跳跃、进击动作。

战国后期，秦国日益强盛，如何统一中国在战略上曾有先伐韩以临二周城下，或西取巴蜀再夺中原的两种设想。司马错力主后者，秦王采纳之，先灭蜀国再占巴地，巴蜀既得，治船、积粟、练兵，浮江而下攻打楚国，"得蜀则得楚，楚亡而天下并矣"！

前316年，张仪、司马错领兵伐蜀，然后灭巴国。张仪筑巴城，城不大，包括现在重庆的大梁子、小梁子、小什字一带，为嘉陵江与长江汇合口的山嘴部分。因城近江边，西汉时称"江州"。蜀汉时，重庆守将李严嫌张仪旧城太小，"更作大城，周围十六里"。城址已扩展到今天的通远门、打枪坝了。《水经注》说，重庆"地势侧险，皆重屋累居，数有火害，又不相容，结舫水居者五百余家。承二江之会，夏水增盛，坏散颠没，死者无数"。当时重庆人口已经密集，并时有洪灾之虞。李严曾试图"穿城后山（指鹅项岭，笔者注，下同），自汶江（即长江）通水入巴江（嘉陵江），使城为州"。这一计划因工程浩大，战事又频，没有被诸葛亮批准。鹅项岭西麓，据说还有李严凿山的痕迹可寻。

隋文帝时，因嘉陵江古称渝水，便改江州为渝州，此名历时500多年，重庆之简称"渝"即渊源于此。1102年，重庆地方官借山水之利图谋叛乱，被宋徽宗命人拿获斩首，改渝州为恭州，要巴人学得恭顺一点。南宋时宋孝宗之子赵惇封地在恭州，为恭王，后承帝位即宋光宗。先封王，后登极，双重之庆，1189年改恭州为重庆。除此之外另外至少还有两种说法。一是光宗继位时，太上皇和太上皇太后均健在，并亲临庆典，故称"重庆"；二是重庆介于绍庆——今彭水和黔江——今南充市之间，因而得名。

唐宋以后，长江水运日益发达，重庆已是长江上游和嘉陵江流域的物资集散地，与长江中下游商业往来尤为密切，生意之盛已不是四川别的城市可以相比的了。明洪武初，戴鼎将重庆城墙改砌石城，"高十丈，周长十八里"。清光绪二年，即1876年，清政府和美国签订《烟台条约》，准许美国派员到重庆筹划通商事宜。光绪十六年再订《烟台条约续增专条》，将重庆正式辟为商埠。光绪二十一年，中日《马关条约》又同意重庆成为通商口岸。

1879年，宜昌到重庆间的轮船通航成功，川江只走木船的历史宣告结束。

长江将要走向世界。

长江自东流入海之日的那一时刻起，便早已走向世界了。

帝国主义对海洋的开发与瓜分，在炫耀武力和积聚资本的驱动下，英国人、日本人显然是为了自身的利益，要来开发长江了。历史学家不得不面对着这样的历史困惑：长江水运兴隆繁忙地进入近代和现代之际，经济也有明显发展之时，却正是中华民族陷入危机的蒙羞年代的开始！

"众水会涪万"的"涪"是涪陵，"万"即万县（今为重庆市万州区，以下仍称万县）。

涪陵位于乌江汇入长江之口的西侧，产涪陵榨菜，是川东重镇。涪陵城上游约1千米的长江江心，有一道狭窄的天然石梁，名为"白鹤梁"。

长江上游河道中，可以说石梁遍布，这是太古年代地质运动或是长江穿凿时的遗存，是河道不必太干净、只要无碍畅通而水击卵石别有妙处的证据，属普通之物。涪陵白鹤梁的不同凡响处，在于它是古代留下的一个水文站，它告诉我们：在唐朝时，便有人在这里观察水文，记录水则了。

白鹤梁东西长1 600多米，南北宽仅10～16米，坚而硬的砂岩为表层，整个石梁岩面平整，是流水千百万年的打磨之功，与江流并行，呈14.5°倾角向江心斜出。石梁背高出低水位仅2米，常年沉浸江水，只是在最低水位时才显露真容。其时，长江主槽在白鹤梁之北，水深流急，浪迴峰危；而石

工人们正在为白鹤梁保护工程做准备（王景春）

梁之南却水如明镜之平，人称"鉴湖"，渔翁停船弄笛，旅人泛舟望鹤，古有"鉴湖渔笛"之称，或曰"白鹤时鸣"，为涪陵八景之一。

涪陵白鹤梁之所以必须载入长江传记，却是因为它的石鱼和题刻，或者说这是1 200年来，我们的先人以远胜今日语言的符号，镌刻大江波涛的史诗片段。

不仅是曾经观测长江，曾经记录长江，更重要的是：它以几乎完全隐没的方式提示着，一条江和两岸人类社会以及大地完整性的关系。

白鹤梁上已知的石刻鱼图共有14尾，石刻题记164则，其中既有鱼图、鹤图、观音像，也有诗词、题记，是世界上堪称无匹的古代水文杰作宝库。在石刻鱼图中，除一尾为立体浮雕外，其余13尾均是平面线刻，大者长1.5米，小者为0.3米，最古老的一尾刻于唐广德元年即763年前。双鱼图为南宋时杰作，清康熙时涪州知州萧星拱重刻。双鱼首尾相随，溯江而上，各有姿态。游在前面的一尾长100厘米，宽28厘米，全身36片鱼鳞，口衔莲花，习惯称之为"莲花鱼"；游在后面的一尾长105厘米，宽27厘米，也是36片鱼鳞，口衔灵芝，人称"灵芝鱼"。经过水文科学家反复实测：双鱼之鱼眼睛所处水位在海拔137.91米处，唐代石鱼鱼腹高度为海拔137.86米，这两则数据与现在涪陵水文站选用的"水尺零点"高度十分接近，如果不是对每年最低水位做长时期观察研究、分析比较，就不可能把石鱼水位标志刻定得如此精确。

就水文科学而言，我国古代的水准已经非同一般，最难能可贵的是石梁刻鱼的表达方式，梁在江中，鱼刻石上，流水游鱼，息息相关。使自然科学知识腾跃于涛声浪花中的丰富想象，更教人叹为观止！

这三尾作为水文标志的石鱼，均刻于白鹤梁中段靠近平均最低水位处，露出水面的机会甚少，轻易不以真面目示人。当地民间有"石鱼出水兆丰年"之说。南宋《舆地纪胜》卷174记载说：石鱼"三五年或十年方一出，出必丰年"。此种说法有没有道理,远的很难求证,仅以1953年、1963年、1973年、1983年、1993年的石鱼现身,五谷丰登的现实而言却可以为证。因而,每逢此时,农民便奔走相告,江边人群如潮。这一年,算是丰收在握了。至于为什么,人们很难说得清楚。古人也聪明,只是实录而不加发挥,便有了石鱼出水日期、尺度、情景的诗文题刻。唐宋元明清历代皆有,纵横交错于石梁上,共164则,宋代最多,约100则,总字数约在3万。如北宋吴缜"元丰九年(1086年,笔者注,下同)岁次丙寅二月七日,江水至此鱼下五尺",黄庭坚"元符庚辰(1100年)涪翁来"等。题刻之人皆非等闲之辈,倘论书法,颜、柳、赵、苏、黄各家皆有,篆书、隶书、行书、草书、楷书均是上品。

白鹤梁石鱼、题刻记录了1 200多年来长江的重要水文资料,这一笔笔流水账中最宝贵的,是唐代以来72个年份的长江上游枯水资料,表明:长江之水丰也有期、枯也有时,每三五年便发生一次枯水,十年或数十年出现一次较大的枯水,大约每600年出现一次极枯水位。

江水自丰都而下便是忠县,古称"忠州",是一座历史悠久的江畔古城。周朝时属巴国领土,秦代为巴郡所辖,汉代设临江县,唐朝贞观八年因这里自古出忠良,赐名忠州。

忠州有玉印山孤峰拔起,如天外来客,四壁如削,形如玉玺,后世之人称之为"玉印山"。

早先玉印山顶只有一个小庙,上山下山只能脚踩石梯,手攀锁链。清康熙年间始建石宝寨,嘉庆年间乡人筹资决定拓宽石级,添加栏杆,扩建庙宇。嘉庆二十四年即1819年秋天,正式施工,依山取势造亭阁,群楼冠于山顶,内辟盘旋而上的云梯。于是便有了中国古建筑中至今仍独树一帜的石宝寨建筑艺术。

唐元和十四年即819年前后,白居易被贬任忠州刺史,供职三年。当时忠州有二月节风俗,村人蜂拥至江边,老人坐竹席,年轻人敲鼓奏乐翩翩起舞,然后饮家酿春酒。酒味醇甜清香,却不烈,久饮之后才微有醉意。白居易和当地的老人坐在一起,用空心藤管插进酒坛,围坐吮吸,俗称"咂酒

航拍石宝寨

罐"。白居易有诗记道:"白片落梅浮涧水,黄梢新柳出城墙。闲拈蕉叶题诗咏,闷取藤枝引酒尝。"

忠州城东山坡上,是白居易当年种草种树朝夕散步之地:"朝上东坡走,夕上东坡步。东坡何所爱,爱此新成树。"到北宋时苏轼贬官湖北黄州时路过忠州,凭吊白居易遗迹,其时东坡已经荒凉,苏轼恋恋不舍,是为惺惺相惜也,从此自号"东坡居士"。《容斋随笔》说:"苏公谪居黄州,始自称东坡居士。详考其意,盖专慕白乐天而然。"

人有遗踪,水不留迹。

长江过忠县而下便是川东门户万县了。万县古称"羊渠""浦州""南浦""鱼泉""安乡",北周时置为万川郡,唐贞观八年改为万州,明洪武六年降州为县称万县。

众水既汇,万县乃万水之县,很快便是"瞿塘争一门"了。

其实,群山环抱之中的万县,也是万山之县,而体现着众水之流的却是一条发源于梁平峻岭中的小溪,从北向南汩汩不息纵穿城池,且层层跌落,形成瀑布飞流。三马路外天生桥,瀑悬三重,浪挂石壁,水击古岩,如拨琴弦。青石板上有"石琴响雪"的题刻。

万县西北是天生城,峭壁危立,仅有寨门一线可通,相传是刘备屯兵之地。西山太白岩绿意浓郁,层林叠翠,是读书胜地。万县人说,李白曾在这里饮酒下棋,故称"太白岩"。翻看《万县县志》,记有李白"大醉西岩一局棋"的轶闻,残局如何,无可考证。清代诗人陆玑来游,挥毫题壁:"树梢高处露瑶宫,梯石层岩曲折通。一道红阑新补景,春游宛在画屏中。"

1101年2月间,黄庭坚路过南浦,太守高仲本慕名相邀作西山之游,并求墨宝以记林泉之胜,黄庭坚欣然应允写《西山记》,后人勒石,遂有西山碑。

云阳距万县港64千米,与张飞庙隔江相望。

云阳最早以制盐出名,县城之北有云安镇,便是曾经驰名全国的云安盐

云阳张飞庙搬迁前张飞庙旧址上政府组织的一次庙会（王景春）

的产地。自秦汉时期始，云安就开始熬盐，秦砖汉瓦云安盐，都是那一个时代的骄傲。

建于1 700年前的张飞庙，坐落在长江南岸的飞凤山麓。买舟处的渡口名"铜锣渡"，1 000年矣，人称"古渡口"，舍舟登岸是石梯古道，张飞庙就在眼前了。

倘若经过铜锣渡口的船只顺风顺水，这里的船工便说是张飞的神灵一路保佑，几声号子一喊，就是奉节了。

奉节古为夔州路，是巴族人的聚居地之一。有史学家认为，在巴国被秦最后灭亡前，这里聚集了整个巴族的幸存者，他们退却到这里后誓不投降，背水一战，全部壮烈牺牲。不仅灭门而且灭族，据此推断，参加这一对巴人而言最后的民族保卫战的，是所有的男女老少，而失败之后的被屠杀更使这一英勇善战、能歌能舞的民族彻底消亡！这就是历史学家争论不休的"巴人消失之谜"的一种猜想。而考古发掘又证明：早在新石器时代，今奉节一带便是人类最初的家园之地，巴人是不是华夏原始先民中较早的一支一族呢？

这是一处地形奇特、风水极佳而又活跃着、交织着人类活动与神话传说的土地。

我们只能寻觅历史，历史不会寻觅我们。

秦汉时，这里改称"鱼腹县"。这个奇特的地名的来历，有着一段动人的故事。

战国时，屈原被诬陷而怀才不遇。当秦国进犯楚国兵临郢都城下时，屈原怀石而投汨罗江自杀了，汨罗江有神鱼，目闪金光，鳞有五彩，破浪前进时，其水声如歌如吟，似《九歌》《离骚》之声。当屈原沉入江底，神鱼便嘴衔其襟，从汨罗江游经洞庭湖进入长江，再溯江而上要把屈原的遗体送回秭归故里。先有江上渔夫发现，然后长江两岸的百姓纷纷涌到江边，为屈原哭，神鱼也不觉黯然泪下，泪水模糊了视线，过了秭归还往上游，一头撞到了瞿塘峡的滟滪堆才掉头回程。

白帝城内建筑

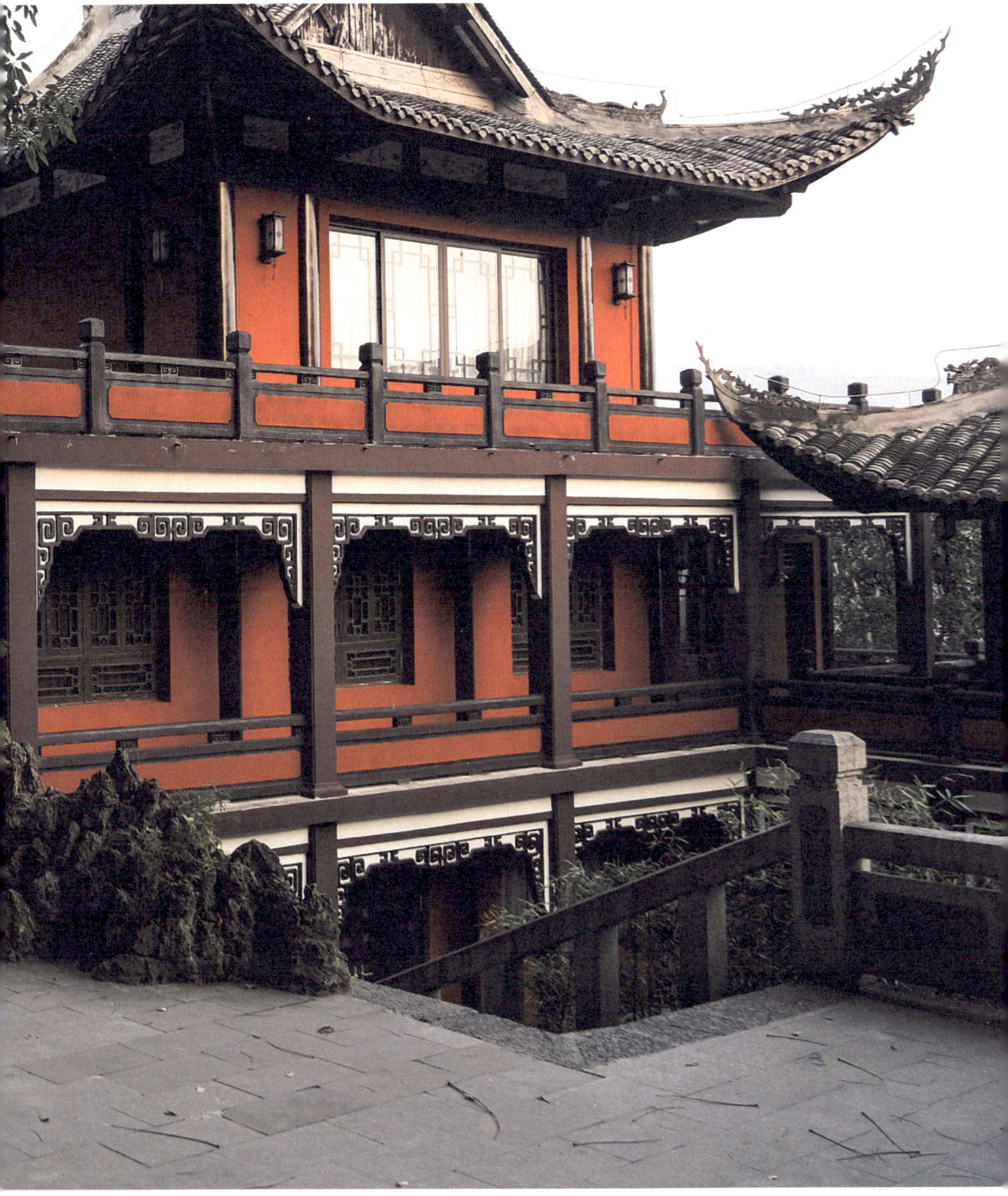

神鱼从瞿塘峡回游之地，后来便改称为"鱼腹县"，或干脆简称"鱼腹"。

蜀汉章武二年即222年，刘备兵败，退守鱼腹，改名永安县，忧患成疾，自知不起，便托孤于永安宫，白帝城托孤却是流传之误或小说笔法了。白帝城缘于西汉末年公孙述镇守川东峡口时在此筑城，并以白鹤井内有白龙献瑞之兆而称帝，号白帝，后为刘秀所灭，白帝城名却流传于世了。

唐贞观二十三年即649年，又改称奉节县，隶属夔州府，为府治所在地，后人便往往忽略了奉节县名，而称之为"夔州""夔府"。

四川之名得自"川峡四路"，其中一路便是夔州路，为历朝历代四川的门户，白帝城为诸多古迹之一，在县城以东7.5千米，瞿塘峡西口。

在奉节，瞿塘峡的激浪与涛声，已经相望相闻了。

这里是兵家必争、文人荟萃之地。三国吴蜀大战自不必说，李白、杜甫、刘禹锡、白居易、苏轼、黄庭坚、范成大、陆游、杨升庵、王士祯等等，都先后来到奉节，留下了各自的诗篇。

　　古城旧路，江畔小道，那些仗剑持刀者，那些踽踽独行者，脚印重叠着脚印，后来又被淅淅沥沥的雨水冲刷而去，汇入江流，将要进入三峡在岩壁上碰撞。

　　征战挞伐，一时胜败。

　　天工开物，文章万古。

源头以降，汇聚了千流百川的长江集结在四川盆地时，可谓粗壮宽阔、浩浩荡荡、气象万千了！面对长江的流动，因着风涛滚滚而生出的绿意秋兴、家园兴衰，已经使长江不仅仅是流水的长江，而且还是文化的长江、历史的长江。

　　长江变得沉重了，尽管浪花仍然轻盈，涛声依旧。

山水经典

关于长江以及任何流水的思考,都会指向神秘、神圣。

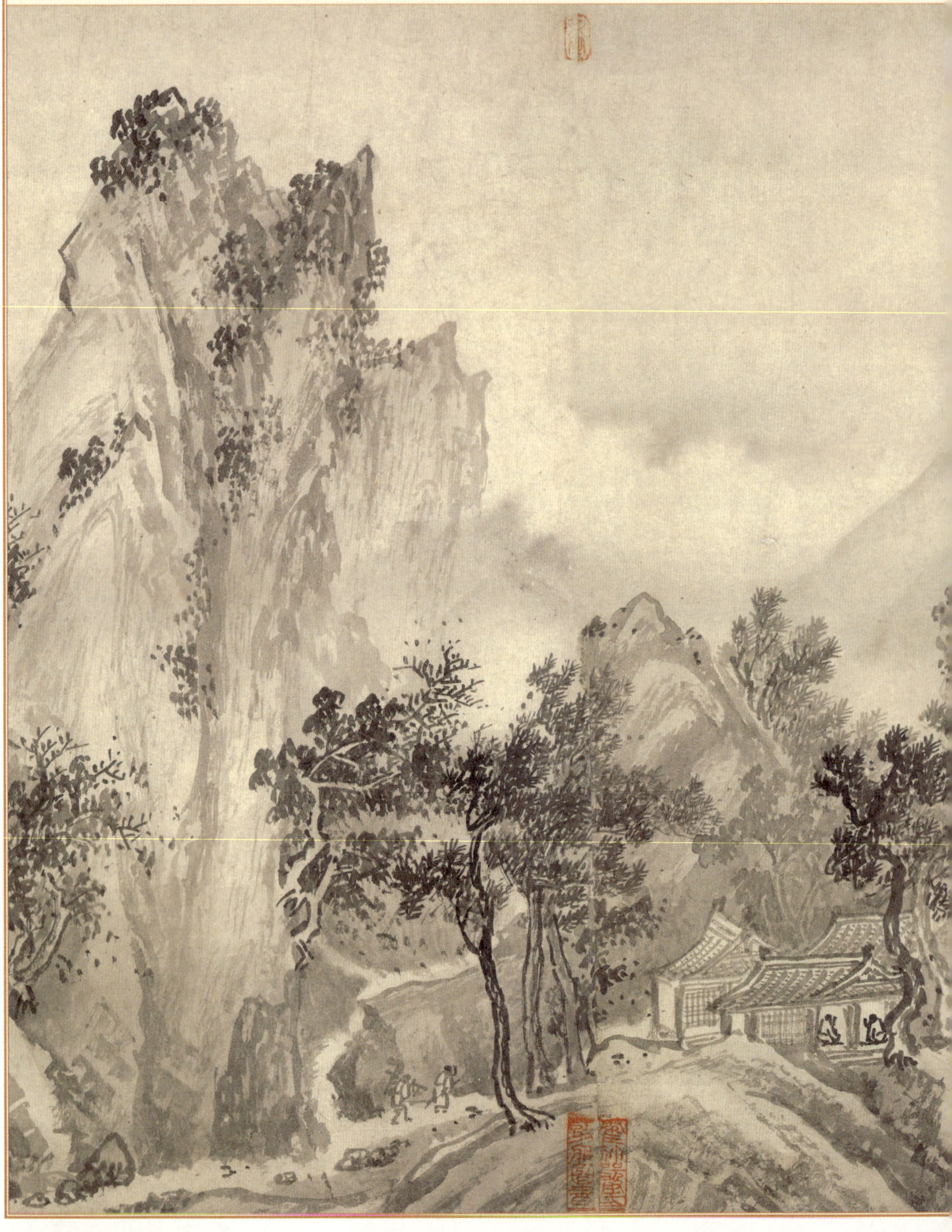

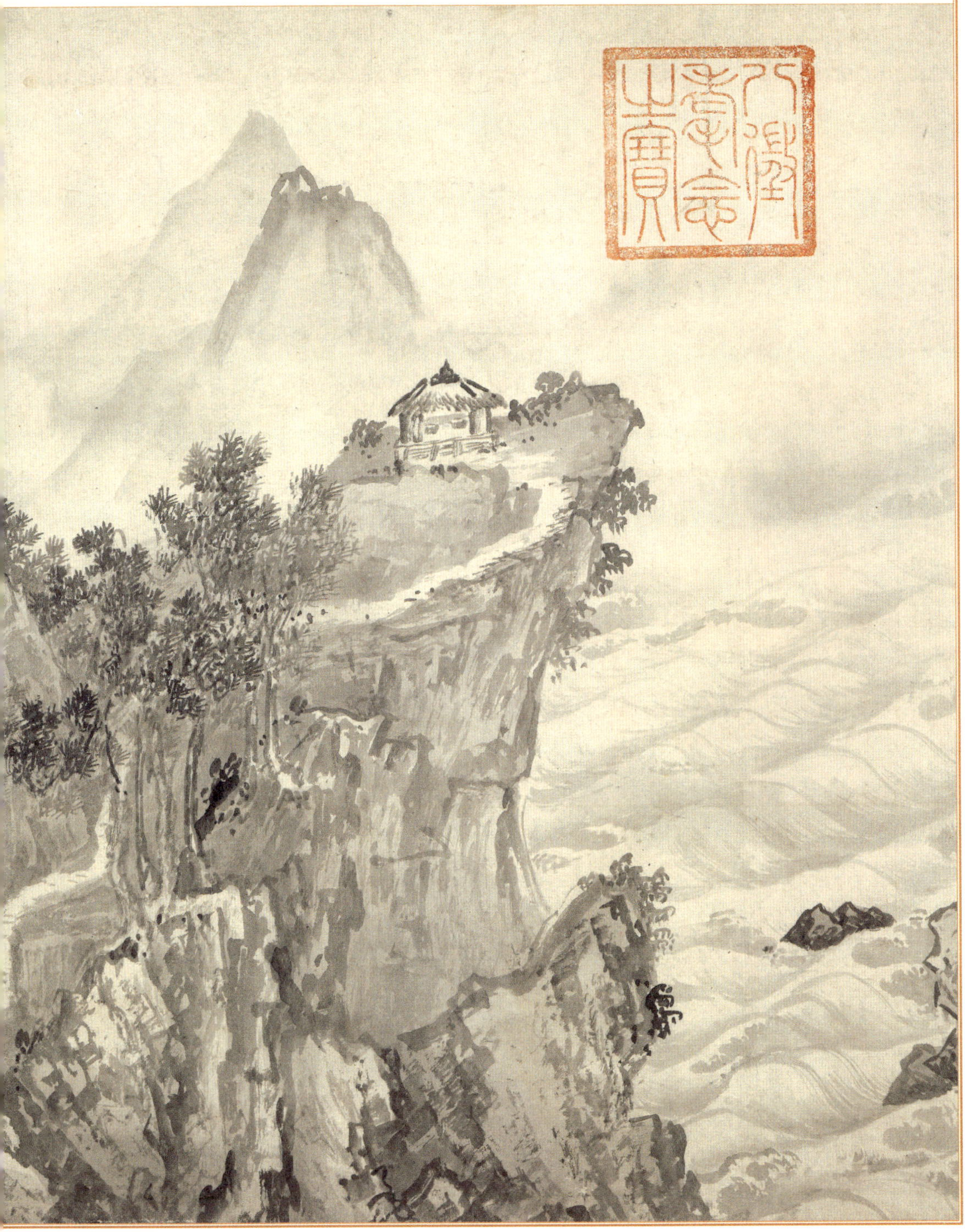
八徵耄念之寶

从奉节白帝城头随长江之水东望，三峡大势尽收眼底：千川百流汇聚于四川盆地，滚滚长江奔涌向东时，遇到了巫山的阻挡。长江东流的使命是不可逆转的，山水各不相让，于是便碰撞，便击打，水乃至柔，山为至坚，好像是水流万转山石动，其实长江之水似刀似斧，前仆后继，裂石劈岭，横切巫山，千百万年后，三峡出矣！

这是何等漫长岁月里，流水面对着山岩的深切与撕咬啊！三峡形成的过程是人所不可思议的，因而三峡的神奇壮丽也是难以形容的。

三峡，那是天赐中华民族的、可以无穷无尽地感觉与想象的神圣峡谷！

三峡是瞿塘峡、巫峡、西陵峡的总称，它西起奉节白帝城，东至宜昌南津关，包括大宁河宽谷与香溪宽谷，全长193千米。

舟离奉节，东行5千米，叩夔门而入便是瞿塘峡了。

瞿塘峡位当三峡西首，至巫山黛溪，峡长约8千米，最窄处不足百米，是三峡中距离最短、航道最窄的一峡。

三峡的自然风光各有特色，概而括之为："瞿塘雄、巫峡秀、西

重庆，退役的"珠海舰"由拖轮推动，正在驶出夔门水域向主城方向挺进

陵险。"

瞿塘峡,好一个"雄"字了得!

地形之雄也,锁全川之水,镇巴蜀咽喉,汹涌澎湃,前呼后拥,所为何来?"瞿塘争一门"也!巍巍赫赫,锁钥一线,似封似闭,如开如合。

山势之雄也,刀切斧削,断崖欲坠,陡似城垣,岌岌可危。有道是"赤甲白盐俱刺天,闾阎缭绕接山巅","白帝高为三峡镇,瞿塘险过百牢关"。

水情之雄也,已出川将进峡,波重波浪叠浪,"瞿塘嘈嘈急如弦,洄流溯逆将覆船"。载浮载沉,樯倾楫摧,寻常事耳!唯涛声大响不分昼夜,"高江急峡雷霆斗,翠木苍藤日月昏"。

瞿塘峡入口处有双峰欲合,如门半开,名"夔门",又称"瞿塘关"。北岸的山叫赤甲山,是古巴人赤甲军屯扎之地。当初升的太阳照射赤甲山顶的时候,山嘴尖尖似一个红艳艳的大蟠桃,因此又称"桃子山"。南岸的山峦由石灰岩组成,日光下和月光下均会泛出明明暗暗的银辉,仿佛是由晶盐堆砌而成的,名作"白盐山"。赤甲白盐,隔江相望,一个盛装一个素缟。

进入峡口,旁顾左右,满目是山。那山势上悬下削,壁立对峙,就这样厮守着,谁也不会前进一步或者后退一步。抬头仰望,苍穹如线,游云缭绕中的两岸山峦只看得见利刃似的山尖,奋力向上直刺蓝天。峡谷的束放之下,坠落时船和人不知要跌往深渊何处,而怒涛狂卷又会把你举向九天银河。对于长江之浪是可上可下,上则天关下则地窟;对于踏浪之人是既不敢上也不敢下,天堂也不想去,地窟也不想去,只是人在三峡,身不由己了。

在三峡,你会发现大自然的每一个局部都是完整的——只要人不去任意践踏破坏。粉壁岩一带,藤萝盘结、野花莫名、石乳倒挂、珠泉飞落。它们各自独立地存在,又互相作为陪衬,草因水长,石因泉润,藤萝护卫,石壁安然。间或有峡中飞鸟来访,一阵啼叫扑翅而去。其间有一根石钟乳长有20米,圆径6米,突出如凤凰,上方刚好又有清泉从一堆蜂窝状石乳中流出,生动形象地告诉人们:石能渗水,石也饮水。

风箱峡同侧的绝壁上,刻有"天梯津逮""开辟奇功"八个大字,这是对瞿塘峡栈道真诚而省俭的赞美。白帝城至黛溪的航道因为滩多水急，木舟很难通行。一到洪水季节，禁航已成为千百年的惯例。清同治、光绪年间，三峡当地农民曾有惊天动地之举：在没有烈性炸药和施工机械的条件下，攀绝壁，临激流，一凿一钎，开出了这条凝结着血汗的栈道。地方志记载说，栈道开成之时，路面宽阔，又险又奇，行人走路自不在话下，还可以车来马往，就连夔州府官员的八人大轿也能通过。

当船出瞿塘峡东口，回首西望，时当风清月明之夜，有兀立的孤独巨石如犀牛站在山顶，翘首向天，是为"犀牛望月"。江水又东，迎面望见南岸有一处小镇，即是大溪镇，镇西有一条默默无闻的季节河注入长江，水流不大，却也一往情深，只要是有水的季节就涌入长江。当这一条季节河水落石出时，河水很浅了，却色青如黛，故称"黛溪"；当夏季水涨却也一样汹涌浩荡，势若大河，故又名"大溪河"。河畔有镇，因河得名，为大溪镇。这是一个娴静而散淡的小镇，时间的脚步在这小镇的小巷里似乎也放慢了很多，人们从事农耕和捕鱼，过着简单而悠闲的生活。

不过，正是这样的氛围恰好给出了大溪镇周围地底下的信息：这里是古老的文化遗存，这里有古风相沿相传。

大溪文化的年代约为前4400年至前3300年，社会经济生活以稻作农业为主，辅以渔猎、采集，已经有了制陶业，白陶和薄胎彩陶具有相当高的工艺水平，房屋建筑分为半地穴式和地面建筑两种。1959年夏日和1960年春天，四川省长江流域文物考察队两次来到大溪发掘，清理出墓葬52处，出土文物253件。墓葬的排列紧密重叠，单人葬有仰肢、屈肢之别。出土的殉葬品中，有大量鱼、蚌、蛤等骨制品，几千年前的新石器时代，大溪人已经把鱼骨、蚌壳等作为工具，或经过加工后做装饰品。

大溪已是瞿塘峡的尾声了。

瞿塘峡与巫峡之间，有一段20多千米的宽谷地带。

巫山县城就在宽谷里。

宽谷里的巫山城处在大宁河与长江的交汇处，地理学上的宽谷的名字全称为"大宁河宽谷"，巫山城与嘉陵江和长江汇流处的重庆相似，因而又有

"小重庆"的雅称。

大宁河是长江三峡的第一条大支流，它发源于陕西平利县中南山，流经重山峻岭和大小峡谷，一路上纳清流接悬瀑汇溪涧，穿过巫溪与巫山之间的重岩叠嶂，奔流300多千米后从巫峡西口注入浩浩长江。不知道这是因为长江的呼唤呢还是大宁河的追随，我们眼见的是：

> 一条大河的流水是由千百条支流的流水汇聚而成的，一条大河的风景是由千百条支流的风景共同塑造的。

大宁河仿佛是个隐居者，在名扬天下的三峡一侧，多少年来鲜为人知地流动着、存在着，人们知道它流进长江了，却很少有人一睹它流进长江之前的风采。简言之，被称为"峭壁走廊"的大宁河航道更险、更窄、更为曲狭，舟行其上，山壁似擦肩而过，出峡又入峡，大峡套小峡，其中七峡最为当地人称道：罗门峡、铁棺峡、滴翠峡、庙峡、剪刀峡、七蟒峡、野猪峡。大宁河的水四季碧绿澄清，游鱼、苔藓、卵石历历在目。当地人称为"神驳子"的柳叶舟，直到20世纪80年代仍然是大宁河的一种交通工具，此种古舟吃水较浅，航速甚快，两头尖翘，船身修长，状如柳叶沉浮水面。船头架有一柄长舵，与关云长的青龙偃月刀相似，用以劈浪及拨转航向。

> 清澈的大宁河水就这样源源不断地流进长江了。清不嫌浊，浊不拒清。一条堪称伟大的大江总是清浊相融相济的，一定程度上的浑浊，可以使人联想起浑厚、流出的久远以及不可避免的泥沙俱下。
>
> 但，这与我后面会写到的人为的大量水土流失完全不是一回事情，在超出了某种限度以后，长江同样也会失去耐心。

巫山古城的历史是如此遥远而丰富！战国有名叫巫咸的草头郎中曾给楚王治过病，楚王封给巫咸这块风水宝地，并设巫郡。巫咸死后葬于巫郡对面的山上，远看那山很像"巫"字，以后便称"巫山"，秦时改郡为县，晋时称建平郡，唐代诗人刘禹锡任夔州刺史时深入山野采集民歌，"岁正月余来建坪"，"建坪"即"建平"也。

巫山古文化可谓比比皆是，在扩建县城时屡次发现汉墓和新石器时代的人头骨化石。当洪峰过去，洪水冲洗过的河谷两岸，常常有古代的石斧、石锛、石杵，散落在河滩上，陌生地面对着这个世界。它们只是偶然地由流水不知从哪一个古墓葬中挟裹而来，如果说有所提醒那也只是不期而遇，这是一块多么值得珍惜并且需要我们呵护的土地。

巫山城西的高邱山顶有战国时代的楚王行宫，高邱山又称"楚阳台"，楚阳台上又修了一座庙叫"高唐观"。宋玉写有《高唐赋》《神女赋》，全文收录在《巫山县志》中，巫山人以此为自豪。

自宋玉的作品问世以后，巫山的晨云暮雨便成为巫山神女的踪迹和身影了。

巫山有神话，巫山还多民歌，一个在天上的远处，一个在地上的近处，都是三峡环境与人类和谐相处的产物。

刘禹锡做夔州刺史时写的《竹枝词》流传至今："杨柳青青江水平，闻郎江上踏歌声。东边日出西边雨，道是无晴却有晴。""东边日出西边雨"的景象在三峡时有所见，而在这之前，诗人早已为建坪民间的流行山歌调《竹枝歌》所陶醉。《巴女谣》的作者与歌者均是当地山民，所谓"巴女骑牛唱竹枝，藕丝菱叶傍江时"，写三峡女骑牛唱歌而归，河塘里藕丝菱叶缠结之时的情景。刘禹锡写《竹枝词》同时还学民间的吟唱，唱得如何？白居易在《忆梦得》的自注中说："梦得（刘禹锡的字）能唱《竹枝》，听者愁绝。"

巫峡，西起巫山县大宁河口，东至湖北巴东县官渡口，全长40多千米。

束缚在瞿塘峡中的长江之水经过大宁河宽谷时，可以说"稍得宽余"，可是这样的过渡是如此短暂，巫峡西口，两岸山势又开始收紧、靠拢，万千悬崖重新错列，江水层累叠加咆哮于峭壁间，奔突在夹缝中。总以为会"山

滴翠峡

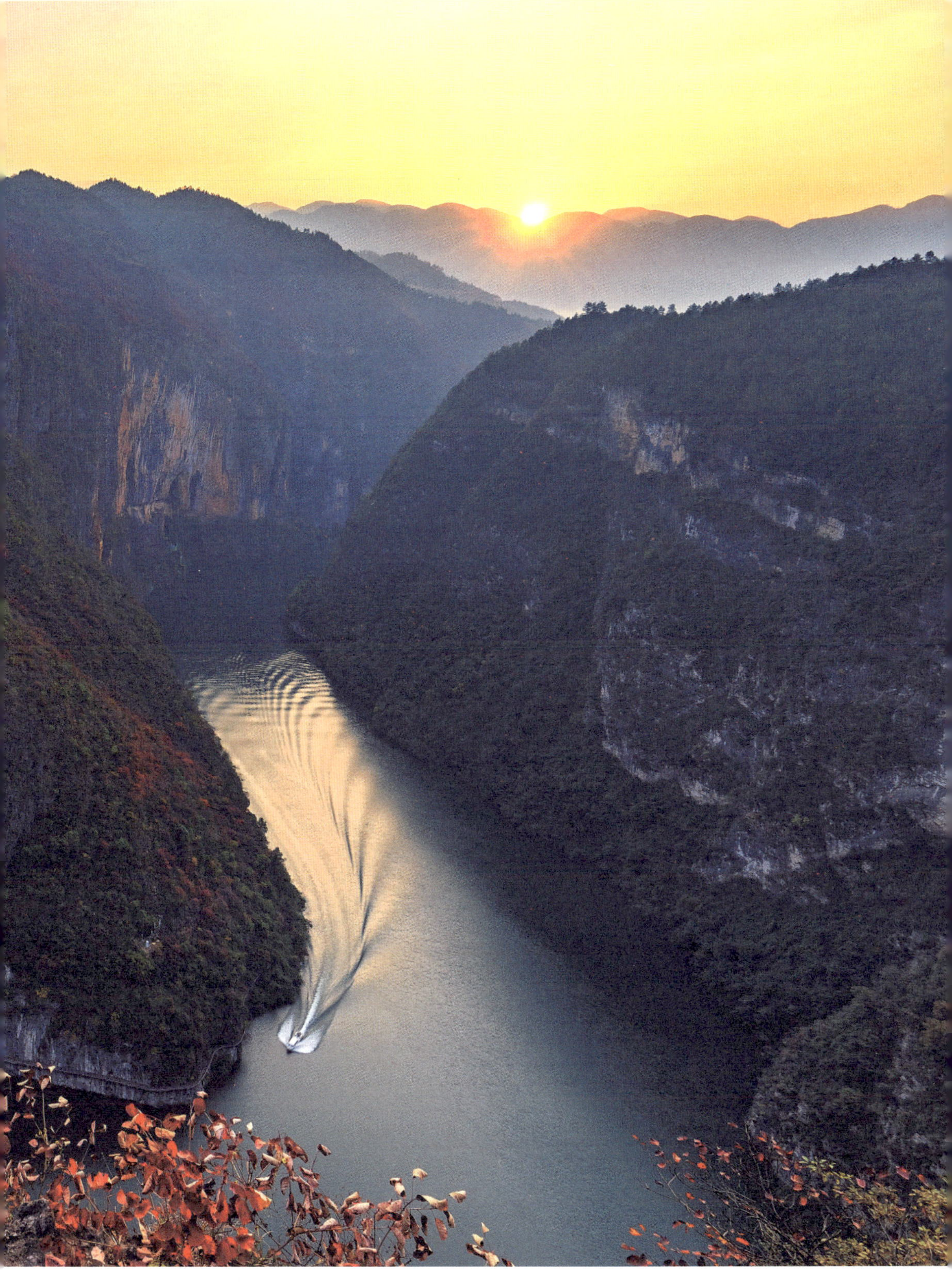

塞疑无路"，那船一头就要撞到山岩上去了，粉身碎骨已在所难免，却不料"湾回别有天"。

巫峡的山岩由石灰岩堆积而成，由于江流的长期侵蚀、溶蚀作用，岩体上便切割出了无数沟壑，深刻陡峭。沟愈深，山愈美；峰愈高，沟愈幽。"云锁巫山十二峰"，便是这奇秀峰峦中的佼佼者。

巫山港东下15千米北岸，有一条小溪横向流入长江，名叫"横石溪"，溪东有横石镇，溪的西边即是登龙峰，山形似一条昂首登天的巨龙之首，龙首之后有蜿蜒的5个山谷，烟云过处山影摇移，犹如龙之腾空遨游。

船离横石镇，一阵风便吹到了圣泉峰下。圣泉峰在长江三峡北岸的最高处，那高低错落的群峰中一峰突起，并有一股长流清泉，流至翘峰化作瀑布倾泻，泉在绝顶乃为圣者，因泉得名，故名"圣泉峰"。

下行，拐一弯，南岸有青石镇，是奇峰群聚之地，北岸有四峰，南岸有三峰，集仙峰在江北，山形酷似一把张开的剪刀，也称"剪刀峰"。

集仙峰西面，依次是松峦、望霞、朝云三峰。

隔江相对的南岸，则是翠屏峰、聚鹤峰、飞凤峰。

陆游曾有"十二巫山见九峰"之叹，余下的三峰从青石镇出发，买舟沿小溪而下便可——得见了。

净坛峰是一座岩石层层相叠的大山峦，山顶有平台，山脚有龙潭。

起云峰彻上彻下弥漫着蒸腾不息的水汽，峡风时大时小，风向忽西忽东，云山扑朔，雾岭迷离。

上升峰为一座翘向长天的大山角，状若展翅，扑击飞升。

过巫峡官渡口，山势渐渐开阔，却又迟迟不肯平缓，无论南岸还是北岸均缺少一块可以筑城垒屋的台地。这儿是湖北进出四川的门户，便只好在南岸的陡坡用掘高填低的办法，垒起一道高坎，修建了巴东县城。因为"锁钥荆襄，咽喉巴蜀"，巴东因而也称"锁钥港"。

巴东县城的街道临江排列，成为一条长线，傍江的一排楼房底层悬空、高柱擎立，俗称"吊脚楼"。傍山的那一排则又层层后退，叠叠升高，在层楼之间用石梯或吊桥相连。沿江的码头呈一字长蛇状，街有多长，码头就有

神女峰

多长。每一个码头均有一条纵向的石梯伸向城内，互为连接、沟通。

巴东古城初属夔子国，后为楚国所辖，秦代又划归巫山县，以后一时属楚一时隶蜀，隋朝时改称"巴东"。宋朝宰相寇準19岁时做过巴东县令。

> 巴东县城看似艰难的建筑和存在，告诉人们：在一切依山傍水之地，因势利导而造就的所有人类家园，都会得到地理环境的厚爱与照拂。
> 山情水势，莫不天意！

巴东之后，香溪宽谷的另一座傍江古城便是屈原故里——秭归。秭归在长江北岸，四周城墙环绕，保持着浓厚的古典建筑风格。县城前面的滩地上礁石丛生，水浅流急，唯县城之东有香溪镇水深而江阔，天生良港。

秭归的名字及其闻名天下，均与屈原相关。

屈原官至左徒，深得楚怀王信任。《史记·屈原贾生列传》说他"博闻强志，明于治乱，娴于辞令。入则与王图议国事，以出号令；出则接遇宾客，应对诸侯"。后被贬为三闾大夫。屈原曾两次被放逐，在第二次放逐中投湖南汨罗江而死。

秭归县城东门外有高大牌坊，上书"屈原故里"四字，旁立古碑，碑文为"楚大夫屈原故里"，县城后面的山上有屈原纪念馆，此外尚有女嬃庙、屈姑庙的遗址可寻。

秭归城东北乐平里，是屈原诞生地，现称"三闾乡"，是个小集镇。从小镇的游家渡口过香溪进入七里峡，七里峡正好是七里路程，两岸山峰夹峙，峡中流淌小溪，弯弯曲曲的山道沿着小溪穿梭游走，如果弃舟登岸，漫步山道，可以看林壑、观山色、品尝源出深山肺腑的甘泉。

出七里峡山势豁然开朗，一马平川，山花盛开，乐平里就在眼前了。

> 屈原的乡人说，屈原少小离家时，曾在这平川之地稍事休息，当地称休息为歇脚、落座，所以这块平川便有了一个叫落脚坪的名字。

归州古镇最醒目的名片——屈原故里牌坊

回头一望后便是迢迢长途了。

所有的离乡都是心灵的流亡。

屈原的伟大是后来终于被放逐,他在放逐路上重新捡拾神圣,浸泡在心血中,研而为墨落笔有声:"路漫漫其修远兮,吾将上下而求索。"

落脚坪之西一里许,有个状若圈椅的山坳,即是乐平里。

乐平里是气度不凡而又寻常素朴的。山坳背上有小溪从高处流下,连连跌落,汩汩不绝,流入七里峡,是为响鼓溪。七里峡是香溪的支流吗?响鼓溪是七里峡的支流吗?从山坳的右边上去,是香炉坪,2 300多年前屈原诞生在这山间小坪的一幢瓦屋里。

这一切,也许都是传说,但可以肯定均渗透着至爱真情。

古人就这样飘逝了。

历史就这样鲜活了。

同在香溪之滨,从三闾乡小镇搭车行两小时,便是王昭君的故里兴山县烟墩坪,现称宝坪村。

王昭君名嫱,字昭君,汉元帝时被选入宫中,为避"司马昭"的"昭"字,改"昭君"为"明君",也称明妃。王昭君生活的年代,是汉王朝与匈奴从敌对转而修好的时期,因而有"昭君出塞"的史实与故事,又有杜甫诗句:

群山万壑赴荆门,生长明妃尚有村。

西陵峡西起秭归香溪口,东至宜昌南津关,全长76千米,单线航道或称控制河段有20多处。《归州志》记载:清乾隆五十六年谕令刊刻的险滩有"水大至险者"8处,"水小至险者"18处,"常水至险者"8处,计34处。

归州境内航道还只是西陵峡全程的一半，其险象环生可想而知。真是："巴蜀雪消春潮发，何人敢放东吴船？"又有民谣唱道："出了南津关，两眼泪不干。要想回四川，难于上青天！"

西陵峡是极险之地，也是极美之地。

"西陵滩如竹节稠，滩滩都是鬼见愁"。"滩"者，江河中水浅多石而水流很急的地方，再眺望两岸的千寻壁立，从山脚至山腰至山顶，却是无数的千奇百怪的石头雕塑，有古典的也有现代的，有具象的也有抽象的；而峡谷石滩，则是雕塑者随意散落的零星块垒，虽说是鬼斧神工，却也有心迷情醉时。那石雕有像器皿的，有方有圆，有棱有角；也有像台阶的，有宽有窄，有纹有路；还有像草木的，有枝有叶，有花有果；巨岩独立无一缝一隙，俨然是一块史前无名探险者纪念碑。《水经注》记道，"江水又东，径狼尾滩而历人滩"。所谓"人滩"，人的雕像之滩也，各种人面，俱作壁上观，"二滩相去二里。人滩水至峻峭，南岸有青石，夏没冬出……数十步中，悉作人面形，或大或小，其分明者，须发皆具。因名曰'人滩'也"。

　　人在舟中，波推舟移；山岩屹立，水有反光；影随光动，山跟水转；相对无言，如鬼如魅。

西陵峡中，兵书宝剑峡、牛肝马肺峡、黄牛峡、灯影峡为最著名，并称"西陵四峡"。

兵书宝剑峡因兵书石和宝剑石而得名，在北岸铁青色的悬崖峭壁上，有一处凹陷洞穴，远望穴中岩石如叠着的书本，是为"兵书石"。兵书石下又凸出一根直插江中的石柱，乃"宝剑石"。

兵书宝剑峡之下是青滩镇，过青滩不远便是牛肝马肺峡。峡谷北岸的悬崖峭壁上，东边悬挂着一团赭黄色的页岩，形似牛之肝脏，西边又有一块状若马之肺叶，牛肝马肺峡因而得名。民谣谓："千年阴雨淋未朽，万载烈日晒不干。老鹰盘绕空展翅，要想充饥下嘴难。"其实，牛肝马肺是崖壁岩缝滴水中的碳酸钙沉淀而成的钟乳石，本无相，得大相，可状万物，仍无相。

西陵峡

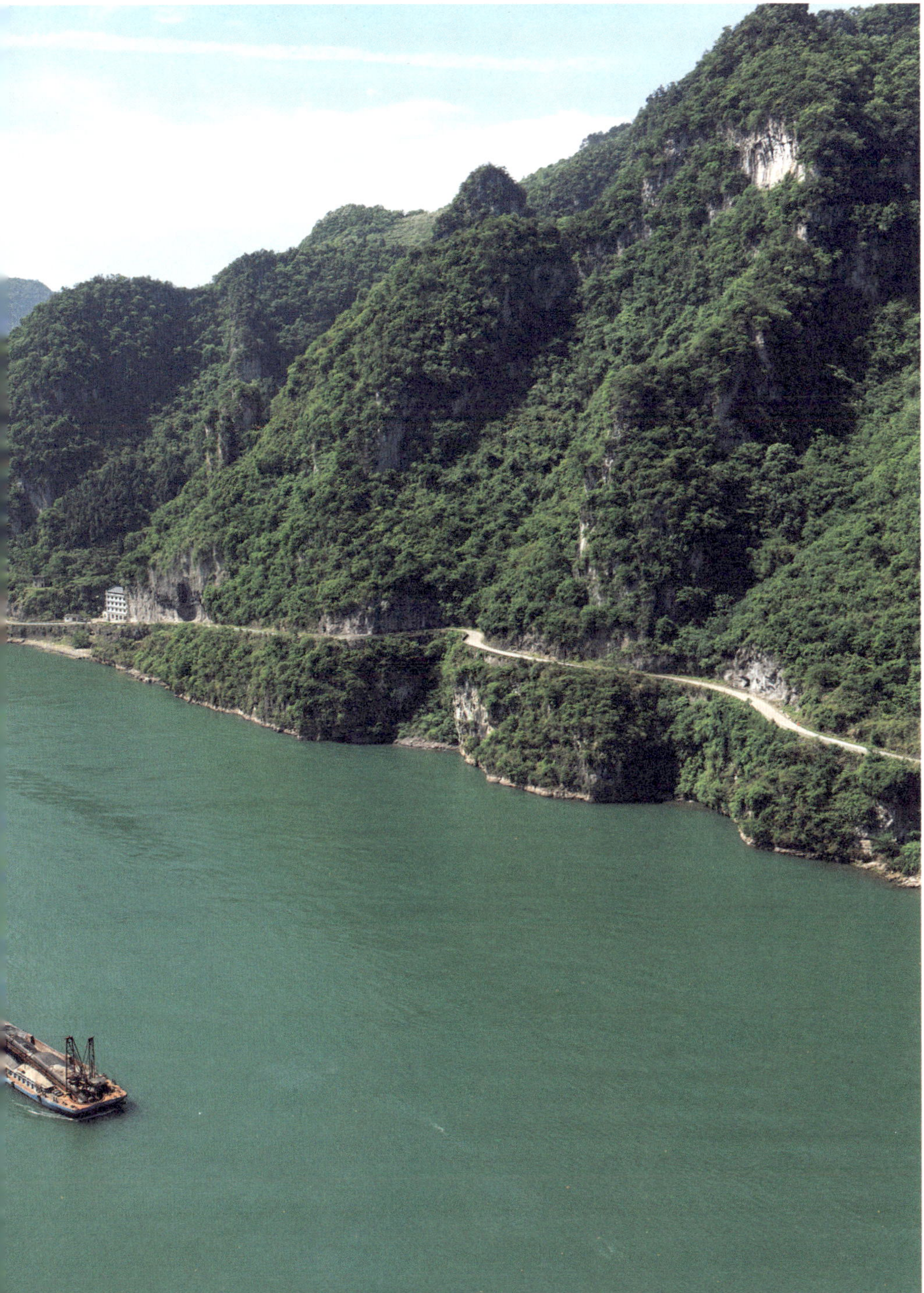

清光绪末年，英国军舰开进西陵峡，炮口对准"牛肝马肺"一阵狂轰，炸掉一大块"马肺"，从此牛肝马肺峡的形象开始残缺，因而郭沫若《过西陵峡》有"兵书宝剑存形似，牛肝马肺说寇狂"之句。

江水又东，径黄牛山下，有滩名曰"黄牛滩"。南岸重岭叠起，最外高崖间有石，色如人负刀牵牛，人黑牛黄，成就分明。既人迹所绝，莫得究焉。此岩既高，加以江湍纡回，虽途径信宿，犹望见此物。故行者谣曰："朝发黄牛，暮宿黄牛，三朝三暮，黄牛如故。"言水路纡深，回望如一矣。

上水舟船寸步难行，黄牛山总是在望，山中行路难又怎能比得黄牛峡里行舟难？北宋欧阳修被贬夷陵（今湖北宜昌）做县令时，曾多次踏访，并有诗感慨道："朝朝暮暮见黄牛，徒使行人过此愁！"

黄牛峡以下14千米处的灯影峡，又是另外一种风光了。山色明净，晶莹闪光，好似洒满月色。山岩倒映入水，静影澄碧，随波而动。欧阳修有"江上挂帆明月峡"之句，灯影峡也称"明月峡"。峡谷两岸山头上，岩石风化蚀刻成各种奇形怪状，其中峡谷南岸的马牙山上，屹立四巨石，俨然是唐僧、孙悟空、猪八戒、沙和尚师徒四人西行取经的模样。唐僧气定神闲合掌端坐，孙悟空瞭望寻路，猪八戒牵马过山，沙和尚一担在肩。每当夕阳从后山照射峰顶，晚霞回照，或是明月辉映，这四个《西游记》中的人物，便如影子一般晃动着，从而于高山岩石之巅，大江激流之滨，借日月之光，演示着永远的《西游记》。灯影峡也因此而得名。

明月灯影，三峡流水，以另一角度视之，这里的急流险滩、危岩崖壁仅就其命名而言，均无不闪烁着中华古文明的文思光彩。当大地涌现山川原体，文化的雕饰在更多的时候是不需斧凿的——只需一个名字——却要千年万代的想象力的穿透与补充。

黄牛峡美景

黄陵庙在黄牛峡南岸的一块台地上，北临大江，背依山崖。始建于唐宣宗大中元年即847年，原名"黄牛祠"。

几经兴废，黄牛祠成了黄陵庙，明朝万历四十六年即1618年重建，仿宋制。进深7间，面阔7间，屋顶正脊饰宝瓶，瓦面上雕有飞龙走兽，殿中立大柱36根，每一根均有蟠龙浮雕9条。主体为禹王殿，祭祀大禹。殿宇曾在清咸丰十年即1860年和同治九年即1870年两次为三峡洪水所淹，同治九年的大水冲进庙中深达3尺。三峡人民可以欣慰的是，虽然洪水汹涌，黄陵庙建筑物却坚如磐石秋毫无损，足见我国古典建筑的坚硬精美，庙内有记载洪水水位的石刻碑记，是长江水文、地质的历史资料。

我们怎能不回首三峡呢？回首三峡就是惜别三峡，就是回味三峡。

正是三峡丰富了中国古老的传统文化，养育了中国历史上第一个伟大诗人屈原，提升了中华民族的精神品位，集中了几千年来杰出的、源于自然的累累佳作名句。

三峡是山的经典。

三峡是水的经典。

三峡是诗的经典。

笔者当然要为一生三过三峡的李白及杜甫留下一段实录。

725年春天，李白25岁，乘舟东下出蜀远游。写下了"桃花飞绿水，三月下瞿塘。雨色风吹去，南行拂楚王"的青春佳句。

李白第二次过三峡时，已是759年，早春时节，山花萌动时，奈何岁月无情，李白时年已经58岁，又逢"安史之乱"。在参加永王李璘幕府谋事不成而获罪后，被流放夜郎，夜郎在贵州桐梓一带。李白于浔阳江头告别妻子儿女，踏上流放之路，沿江溯流进入三峡。回想少年壮游，30多年过去了，于是写《上三峡》：

黄陵庙

> 巫山夹青天，巴水流若兹。
> 巴水忽可尽，青天无到时。
> 三朝上黄牛，三暮行太迟。
> 三朝又三暮，不觉鬓成丝。

第三次来到瞿塘峡口的白帝城下，是李白获赦时。这一年关内大旱，哀鸿遍野；民怨沸腾，唐王朝为平息怨愤而大赦天下，李白绝处逢生，返舟东下，留下了千古绝唱：

> 朝辞白帝彩云间，千里江陵一日还。
> 两岸猿声啼不住，轻舟已过万重山。

杜甫在夔州住了近两年，还是风雨茅庐，加上贫病煎熬，直到768年春天方始离开，过三峡到荆州。杜甫在夔州写了400多首诗。

《登高》写于767年，为历代论诗者推崇，也为爱诗者和不爱诗者众口流传。杨伦在《杜诗镜铨》中称它"高浑一气，古今独步"；胡应麟以为是"古今七言律第一"。诗云：

> 风急天高猿啸哀，渚清沙白鸟飞回。
> 无边落木萧萧下，不尽长江滚滚来。
> 万里悲秋常作客，百年多病独登台。
> 艰难苦恨繁霜鬓，潦倒新停浊酒杯。

杜甫写《登高》前一年，漂泊流离初到夔州不久，写有著名的《秋兴八首》，之一为：

> 玉露凋伤枫树林，巫山巫峡气萧森。
> 江间波浪兼天涌，塞上风云接地阴。

丛菊两开他日泪，孤舟一系故园心。
寒衣处处催刀尺，白帝城高急暮砧。

之四为：

闻道长安似弈棋，百年世事不胜悲。
王侯第宅皆新主，文武衣冠异昔时。
直北关山金鼓振，征西车马羽书驰。
鱼龙寂寞秋江冷，故国平居有所思。

杜甫留寓夔州住瀼西时，门前有枣树。邻居是个贫困妇人，枣熟时便来打几个枣子以充饥，脚步轻轻，诚惶诚恐，杜甫从不惊动她。之后，杜甫迁居，把瀼西之屋让给吴南卿，吴打算插篱以防。杜甫写《又呈吴郎》以为劝说：

堂前扑枣任西邻，无食无儿一妇人。
不为困穷宁有此？只缘恐惧转须亲。
即防远客虽多事，便插疏篱却甚真。
已诉征求贫到骨，正思戎马泪盈巾。

流淌着、呼啸着、撞击着李杜文章以及《竹枝词》无数的神话和传说，还有舟楫碎片、沉船与白骨，长江就要流到南津关了。

南津关是西陵峡之末。

南津关也是三峡终点。

南津关还意味着：长江上游到此为止。

楚风余响

弯曲是一种形体的美,也是力量的显示或积蓄。

对于长江来说,同时还是它穿越奔突、接引吐纳之后的即兴发挥、余音绕梁。

人类希望走直路,江河不惜走弯路。

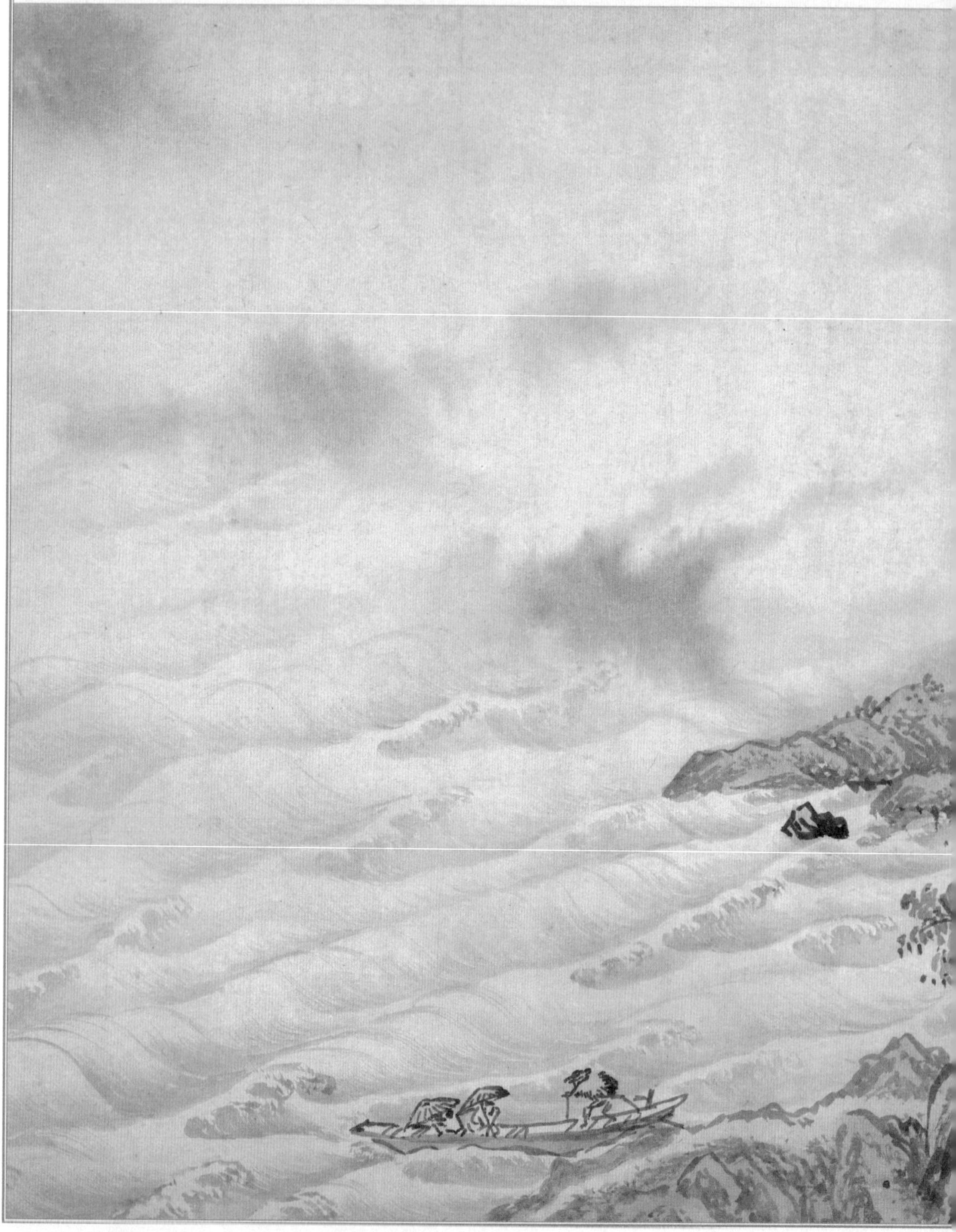

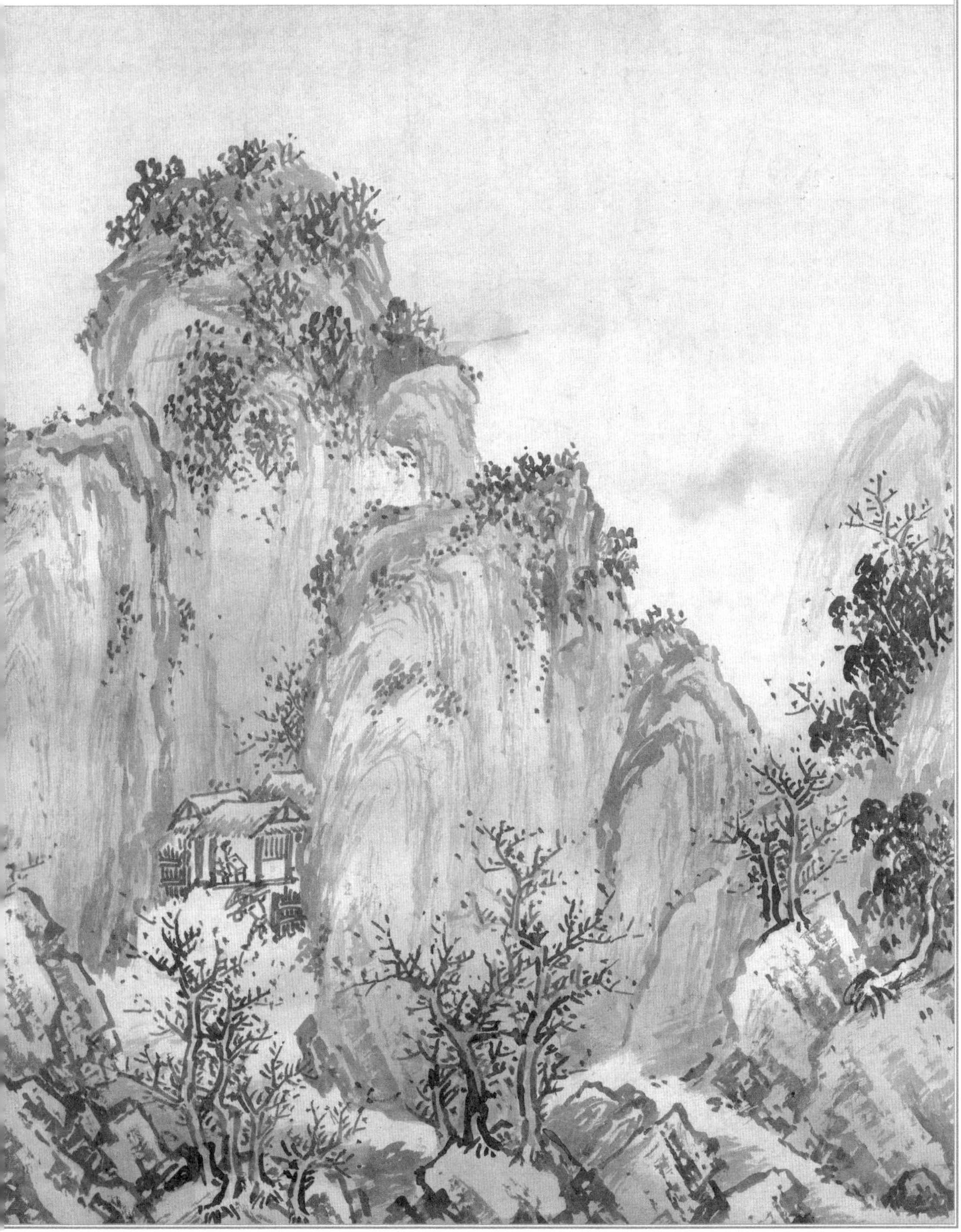

南津关"雄当蜀道，巍镇荆门"，在三峡之末而犹有三峡气概，两岸陡壁束扼滚滚滔滔的长江之水，与夔门之险首尾相应。万里长江从南津关源源冲出，进入江汉平原，江面一下宽展到2 200米。

从渡口、集镇、元谋人、都江堰、成都万里桥到悬棺、三峡，现在是平原了。

平原揭示了一条真理：所有密集的城乡、人口与五谷杂粮，都渴盼着水的滋润灌溉。

这里在战国时为声名赫赫的楚国属地，故有"极目楚天舒"之句与"荆楚雄风"之说。在地质构造上，江汉平原属下沉地带，疏松沉积物广为分布，现在的长江河道就发育在这些沉积物之上。较之于凿通山崖危壁，这里是真正的疏软宽松了，长江河曲便应时因地而生，显示着一定程度上的无拘无束、放任自流，从宜昌到武汉的直线距离为286千米，百转千折的江水行程却是712千米。

人类不得不面对大地之上的高高低低、弯弯曲曲，这样的地形地貌是我们寄居的这个地球的多样性的一个侧面。曾经怎样启发过古人类的灵智，暂且不论，但一条假定为直线意义上的长江，却绝对与现实的长江无法相提并论，也许，我们将不得不承认：

> 弯曲是一种形体的美，也是力量的显示或积蓄。对于长江来说，同时还是它穿越奔突、接引吐纳之后的即兴发挥、余音绕梁。
> 人类希望走直路。
> 江河不惜走弯路。

正是弯弯曲曲的大江流水孕育了楚地、楚国、楚文化。

到得荆州，便能感觉古风扑面了。

古荆州，即今湖北江陵，位于江汉平原西部，荆江北岸。江陵是《禹贡》九州中的荆州之地，春秋战国时为楚所有，楚文王元年即前689年，楚国国都由丹阳（今湖北枝江，一说秭归，笔者注）迁至江陵，时称"郢都"。司马迁在《史记·货殖列传》中说，江陵乃"故郢都"，西通巴蜀，东有云梦泽，是一个大城市。《史记》所说的"故郢都"即为楚国之都"郢"。遗址在江陵城北5千米处，因在纪山之南又称"纪南城"。至前519年，楚平王又在旧郢城东南筑新郢城。直到前278年，被秦国大将白起攻占，历时400多年。

楚是春秋战国时的大国，郢都又位于水陆交通的要冲，其繁荣华丽当时只有少数城市可以相比。东汉的桓谭在《新论》里说："楚之郢都，车毂击，民肩摩，市路相排突，号为朝衣鲜而暮衣敝。"被称为"挤烂城"，早晨穿着新衣服出门，晚上回家新衣已经挤旧了，虽未免夸张，却也可想见当年的车马喧嚣，人头攒动。郢都当时不仅是政治、经济中心，还是文化中心，吸引了春秋战国时众多名人学者，孔子、墨子、庄子都曾到过纪南城，法家吴起在这里主持过变法，荀子在楚国做过兰陵县令，道家的老子、农家的许行、天文学家唐昧等就是楚国人。屈原自不必说了，大词赋家宋玉的作品也孕育于此。岑参和崔道融、戎昱，宋代"小万卷"朱昂均是人们熟知的江陵才子。

古时楚国还是音乐舞蹈之乡,是"南风""楚声"的发源地。

戏剧家优孟、音乐家俞伯牙、歌舞家莫愁女,都曾在楚都倾倒过楚人,昂扬、激越、委婉的楚乐也曾广泛流传。近些年在纪南城四周出土了大批钟、磬、鼓、瑟等各种楚乐古乐器,那是一支庞大的乐队,悠扬的乐声演练在2 000多年前的楚国大地上。后来或许因为战乱,钟磬鼓瑟被埋没了,但在被埋没之前跳跃而起的音乐之声,却是无法埋没的,它已经飘散。

在楚都郢的辉煌岁月里,古荆州也开始渐露光芒。不过,在最初,它是楚成王为一览大江胜景而修建的水畔行宫和船码头。行宫不足道,码头却可以集水路航运之利,得水上风气之先,有码头必有船只停靠,有船只停靠必有人与物的交流,有交流必有生机。

有的大城原先只是一个码头集市,鱼鲜活蹦乱跳之地,开始的脚印很可能是那些渔民、船工、贩夫留下的。

荒野中的奠基者总是那些无名之辈。

晋楚城濮大战后,楚成王就是在水畔行宫——渚宫召见大将子玉的。

秦将白起拔郢后,楚亡都废,秦昭王以郢为新置的南郡治所,不久迁至原楚王渚宫之地,设江陵县,为一郡之治。因为这里靠近长江,"近州无高山,所有皆陵阜,故名江陵"。《水经注》说:"今城,楚船官地也。春秋之渚宫矣。"最初在江陵垒筑城墙的是三国时蜀国守将关云长,晋代桓温又加拓建。城墙为土墙,夯而实之。到五代十国,南平王高季兴为割据称雄,驱使民役兵丁挖掘江陵周围几十千米内的墓砖碑石,始筑砖城。南北宋之交,"靖康之乱"中因战火焚烧而毁败。宋孝宗时,荆州安抚使赵雄又修砖城。元军攻占荆州后,忽必烈下令拆除城墙。明朝再建,荆州已经气度恢宏了,设东门、公安门、南纪门、西门、小北门、大北门6个城门。明末,李自成攻打荆州后又将城墙拆除。

现在的江陵城墙,是清顺治三年即1646年依明代城墙旧址重新砌造的,城基均用条石垒建,城砖之间以石灰糯米浆灌缝,故有"铁打荆州府"之称。城周长8 000米，高8.83米，6个城门上均建有城楼，至今仍保存完好的大北门城楼气宇轩昂，居6城楼之冠。古代，快驿传送、官员来往都经过此门，出得大北门便是通往京都的驿道了。送行的亲朋好友于此折柳送别，此门又称"柳门"，大约这是为长安古风所影响。

今天的江陵城墙在历经300多年后，古貌依旧，雄姿犹在。

睹物思史，荆州实在是一处历史的大舞台。

早在三国时，诸葛亮说过："荆州北据汉沔，利尽南海，东连吴会，西通巴蜀，此用武之国。"魏、蜀、吴三国以荆州为必争之地，而用尽了纵横之术，最后还是刀兵相见，"江山自古重荆州"也。蜀国之亡先已亡在失荆州，从此元气大伤而一蹶不振。

明末清初的历史地理学家顾祖禹说过："夫荆州者，全楚之中也。北有襄阳之蔽，西有夷陵之防，东有武昌之援，楚人都郢而强。"

漫步郢都旧址的废墙前，群雄奋争、王旗变幻的画面，时而交叉时而重叠，成王败寇的脚印踏遍了荆州城外城内。而更使人莫名其妙的是，为什么一旦占领城池，欢庆可也，又何必千篇一律地拆城毁墙？

当这样的疑问因为不可追问而作罢，挥之不去的便是楚地荆州厚重的文化积淀了。

文物普查后证实，古荆州境内有八岭山、雨台山、孙家山、纪山、拍马山、川心店和观音垱等七大古墓群，分布面积达450多平方千米。地面存有封土堆的古墓885座，其中王族墓地270多座。仅从发掘的几座陪墓中已出土文物25 000件，其中有楚国金币"郢爰"和越王勾践剑、楚王孙渔铜戈、彩绘石编磬等稀世珍宝。

由于楚文化孕育的时间比较长久，并且具有包容性，所以即便在白起拔郢、秦灭楚之后的漫长岁月里，楚文化依然独秀长江中游，其影响广及吴越、远及后世。

荆州城

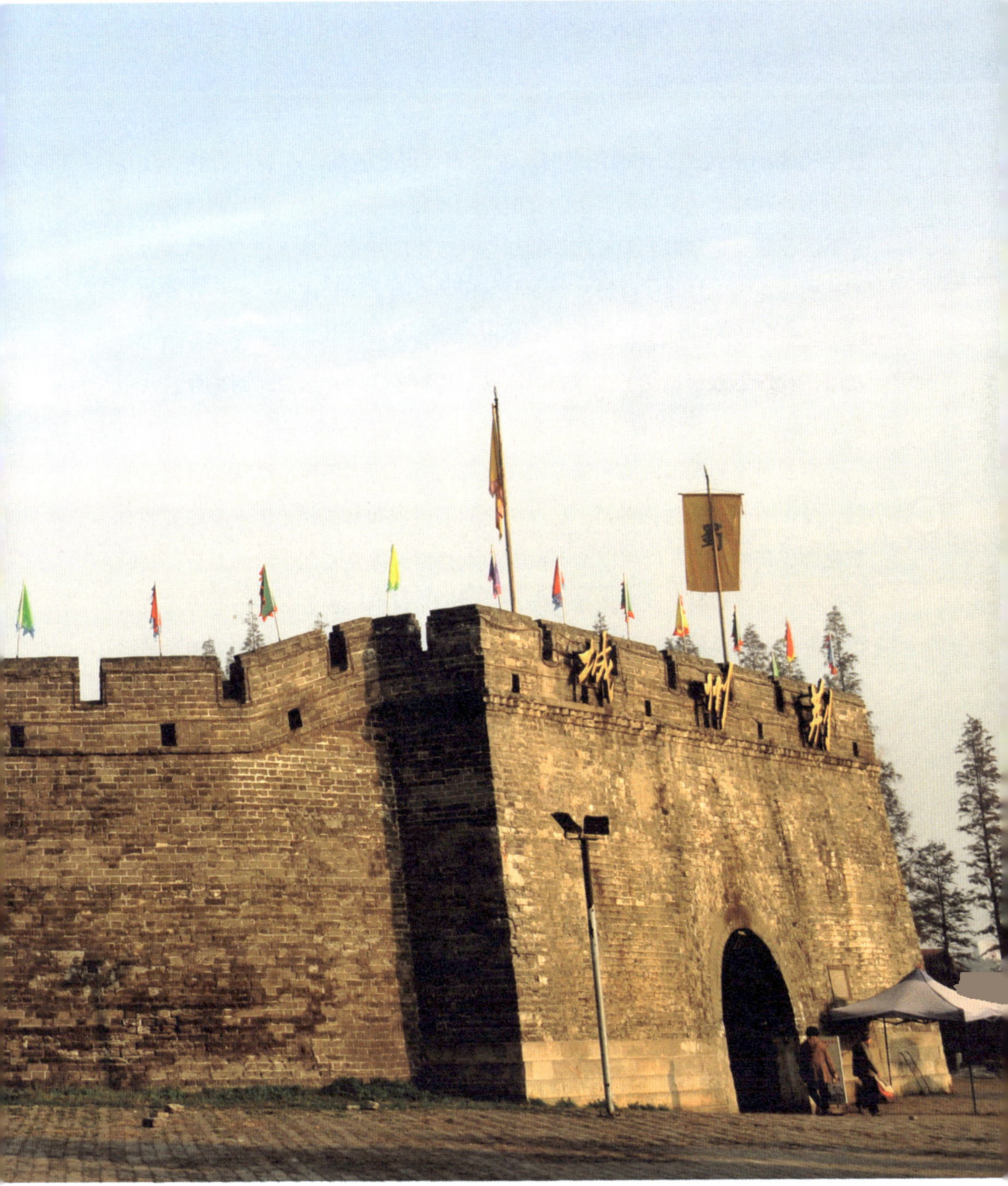
蜀
荆州城

"楚辞""楚乐"之中引而发之的浩荡楚风，是华夏文化中的大气磅礴者。

当我们谈到楚文化的渊源时，有学者已经注意到，在商周时代，江汉平原上便存在着一支影响巨大、文明度相当高的土著文化，即荆南寺文化，它是在原始文化基础上发展起来的地方性很强的文化。楚人很有可能是以这一地方文化为立足点，惨淡经营同时又博采众长，得以崛起。然后凭荆州之险，托长江之利，深入长江下游，与当地文化又有新的碰撞、交流与融会。是时，长江上游和长江下游与中原的联系还很少，一片沉寂，而地处长江中游的楚国开始时不为北方诸侯所重视，却渐渐地跻身强国了。

春秋早期的楚国由弱到强称雄江汉之间时，后人不能不承认，楚国有明君。楚国明君清醒地认识到，与淮汉之间的国家和部族相比，自身的资源与文化都还是落后的，励精图治不敢有丝毫松懈。综览长江中游的态势，其时聚居在鄂东南与赣西北的扬越，因为出产大量红铜而为资源最富有者。从文化的发达而言要推生活在汉水支流涢水流域的曾国，曾国铜器如出现在黄河中游不足为奇，而在铜器生产明显落后的西周时期的长江中游出现，就弥足珍贵了。比起曾国铜器更难得的，是他们还有大夫季梁这样的思想家。

春秋早期的曾国，完全可以因为季梁、因为季梁的思想而自豪。在更加广泛的意义上，此种自豪可以广及整个华夏民族，既是长江的也是黄河的自豪。

季梁思想的核心可以概而括之为一句话："夫民，神之主也。"

春秋，黄河流域的夷夏关系比较紧张，经常处于对抗战争状态，关系稍好的如晋国，公室与戎狄通婚。但一般情况下是夷夏之间根深蒂固的不信任及互为提防，夷则"猾夏"，夏则"攘夷"，已成惯例。所谓"夷"即古人说的"蛮夷戎狄"，所谓"夏"就是"华夏"。管仲相齐桓公，以"尊王攘夷"为号召，名震一时。黄河流域干戈大动、昏天黑地的时候，长江流域却气象升平，夷夏之间几无大防，轻易不举挞伐之兵。在这一点上楚国的情况尤为特殊。

> 民族的多样性可以引发一国内部的仇恨与战争，也能产生思想、文化的多种色彩，如鸟之争鸣、花之竞艳。

楚人楚地均介乎夷夏之间，楚国的民族构成在当时列国中是最复杂的，楚国采取的政策是"抚有蛮夷"，"以属诸夏"。可以说，这是先秦时代极具前瞻性的、难能可贵的政治路线和思想方略。对"蛮夷"抚而有之，是认识到了夷也是民。先秦的风真是自由而浩大的，曾人季梁的思想，在楚国的大政方略中得到了充分体现。

楚国有人才，楚国有大将，凡俊才则任之，是长技乃用之，楚之大者也。观丁父、彭仲爽、养由基、潘党、伯州犁、郑丹等事楚国而均不是正宗楚人。学者文人中，老子原为陈人，庄子和宋玉原为宋人，荀子是赵人。

> 当时世界从文化而言，拥有老庄便意味着拥有了思想和精神的至高无上。

楚人对外来文化不仅是从不拒绝，且常常会以面对新鲜的惊讶而学习、模仿，在模仿过程中又稍加增删使其尽量有楚地特色。楚文化首先是融合的文化，因而也是富有创造性的文化。

江淮之间有"饭稻羹鱼"，为司马迁所赞赏。而饭稻羹鱼的主要保障便是水利，然后才是稻作农业的发展、河塘湖泊的鱼鲜活跃。当时的淮夷因为能筑陂，便有了村乡群落的水利工程，很可能就是可以开流放水、分流漫灌的小型初级排灌系统，带来的却是稻谷丰登。楚人开始不会筑陂，向淮夷学，并根据楚地实情加以改进。楚人有大气魄，楚庄王时，委派孙叔敖掌管主持期思陂这一流域性的大型水利工程，河南商城一带有遗址可考。后人赞江陵，美食为其一，杜甫说"白鱼切如玉，朱橘不论钱"。江陵美食与江陵铜器、荆锦缎、水磨漆器同时闻名，如山药泥、九黄饼、江米藕等有口皆碑。据说北宋时，仁宗召见江陵张景，问："卿在江陵所食何物？"张景答道："家常便饭耳，新粟米炊鱼子饭，嫩冬瓜煮鳖裙羹。"仁宗觉得新鲜，也颇为遗憾："朕未曾尝过。"至今，"冬瓜鳖裙羹"仍是江陵待客佳肴。

铜器铸造技术，楚人原不如曾人，但到春秋后期便超过了曾人。考古学家认为，熔模铸造工艺很可能不是楚人首创，但已发掘的用熔模工艺铸造的年代最早的青铜器，是楚国之器已成定论。

1978年、1979年发掘的下寺楚墓共24座，出土铜器的有9墓，共1 200多件，2号墓最多，为551件。楚墓礼器中的升鼎、束腰、平底、斜耳、蹄足均在器周饰有6兽做攀附状，生气勃勃而壮美可观。2号墓出土的一件铜禁四周均有多层透雕云纹，面缘有12只镂空攀附兽，底缘为12只镂空兽形足。这个墓主从铜器铭文中判断，很可能是令尹子庚，死于前552年。楚国用熔模工艺制造的铜器还有更早的，即楚王熊审盏盂，现为美国纽约大都会博物馆收藏。李学勤在1990年5月31日的《中国文物报》上撰文认为，楚王熊审盏盂的捉手和耳足是用熔模铸造工艺制作的。

下寺楚墓出土的铜乐器计有甬钟1套26件、纽钟2套18件、镈钟1套8件。据称，其铸造技术与音乐性能，均为当时之最。初见天日，尘灰尚在，便有爱乐者试击之，虽无曲调，其喤喤之音却令人肃然。

> 楚人好乐，且楚人认为人死之后灵魂也需要音乐之声，于是有钟陪葬。

当楚建郢都并步入大国之列时，长江之水大约和现在也有明显的差别，那时长江上游有着覆盖率高达70%甚至更多的原始森林与大片草原，巴蜀之地遍播绿荫，三峡两岸也是林木蔽天，不时传出虎啸猿鸣。长江的水是清澈的，长江中游的水是清澈的，当我们寻觅并追问历史的兴兴衰衰时，怎么能忘记正是长江孕育了中游和下游的各有习俗、各自为政的灿若星辰的大国与小国？这些大国与小国相望相闻，国号、君皇和地域把它们区分开了，一条长江却又长长地使之相联相系。它们各自存在、各自发展,人类在弱小时都是天真可爱的,你看孩子便知道了,一旦长大就争强好胜,便打仗,攻城略地,想称霸。即便在那个时候,交战的国与厮杀的人,仍然都是同饮一江水。

一国、一族,与别国、别族,它们自身及相互之间都在变化着,都处在历史过程之中。如同长江,在陈旧的河床里,永远流淌着新鲜的水。

> 那时的长江中游,原始的流风余韵一样是迷人的啊!古朴还在,诱惑也很招摇;不再淡泊,却又怀恋淡泊;贪婪教会了君王诸侯磨刀擦掌;泥土垒筑的城墙开始变得高大;简洁的领悟其实高深莫测;诡谲的想象正在发生;有几个人物已经出现在长江中游,他们是老子、庄子、屈原,几千年后回首,他们的脚印仍然是中华民族文化与思想的制高点。

先秦诸子中,著作成书年代最早的是《老子》。但,道家与儒家却是同时兴起的。前者代表长江文化,奠基者为楚国的老子;后者代表黄河文化,奠基者是鲁国的孔子。

老子的《道德经》只五千言,却博大精深,胜义迭呈。其中以"道"为中心并派生天下万物的宇宙生成之论,已成为哲学的最高范畴,古今中外,莫不如是,直到20世纪末叶,人们还在说"道"、论"道",但极有可能人类已经离真正的"道"愈来愈远了。

> 寻找本原的时候,人们总是会想到老子,但不知所终的老子肯定不会再发一语。他已经说过了,他已经说完了。"道可道,非常道","玄之又玄,众妙之门"……

庄子,名周,生于宋,迁于楚。他是仅次于老子的道家宗师,故曰"老庄"。倘说楚人有绝妙之思,则非老子莫属;倘说楚人有极美文采,那么庄子之文、屈原之诗，一样是千古绝唱了。

庄子善用寓言和比喻，集博大、精深、狂怪于一身，在潮推浪涌一般妙语哲理中，编织故事，创造语言，信手拈来，挥之即去，呼之又出，说是"仪态万方"（鲁迅语）实不为过。其惊人的想象力，如山之沉重、云之飘逸水之绵长，纵横于浪漫和荒诞之间。

楚文化的奥妙之一便是：楚人使楚地的巫学广大而美丽了。

楚艺术一样令人叫绝，它的创造性集中在变形与抽象上，而现代艺术达到这个境界至今仍不是一件容易的事情。1987年荆门市包山2号楚墓出土的漆画一幅，宽5.2厘米，长87.4厘米，画贵族迎宾，人物26个，还有车、马、犬、猪、雁、柳，单线勾勒重彩涂抹，是写实的内容，而技法却为抽象与变形。湖北江陵出土的虎座凤架鼓造型奇特、构思诡怪，双凤背向而立于两只小虎背上，凤颈如长颈鹿，两冠系鼓，双尾相接。凤也虎也只是为了悬一小鼓，在费尽心思独创悬鼓工具的同时，这工具本身便成了楚艺术的一部分。楚人好乐，器乐是最抽象的艺术，楚人得心应手，多种乐器为今人见所未见，乐器种类之多可以联想的，一是乐队之浩大，二是配器之繁杂。楚曾侯乙墓出土的成套编钟有铜木结构的曲尺形钟架，全长10米，上下3层，高2.73米，由6个青铜铸的佩剑武士和几根圆柱承托65个编钟，其中包括楚惠王送的大镈1件，悬挂总重量3 500千克。铜质磬架长2.15米，高1.09米，由两只鹤状变形怪禽支撑，分上下两层，悬挂编磬4组32件。编钟、编磬、钟架上均有字数不等的铭文，共4 000字。测音结果表明，绝大多数钟所发出的音与钟上铭文所标的相同。用于演奏的全套甬钟5组，基调属现代C大调，总音域跨至5个八度音程，只比钢琴的音域两端平均各少1个八度音程，中心音域部位约在3个八度音程的范围内，12个半音齐备。全部音域的基本骨干，则是五声、六声以至七声音阶。曾侯乙墓的编钟，无论是冶炼水平、铸造工艺还是音域、音质，均为当时世界所罕见。

1982年，湖北江陵马山1号楚墓发现了大批丝织品，再一次证实：早在

虎座凤架鼓

曾侯乙墓出土的编钟

新石器时代，长江流域的远古先民就开始纺纱织布，到春秋战国，楚地的丝织与刺绣已达到了很高的工艺水平。是次发掘出土的丝织品中，龙凤虎纹绣罗禅衣为稀世珍品。很难想象当时楚人的艺术构想是怎样得到启发的，而织、绣工匠的绝技也一样令人感叹叫绝。在一件绣罗禅衣上，有二龙一虎斗一凤的刺绣纹样，凤居中，凤冠长且大，一足后蹬做腾跃状，另一足强力前伸，攫一龙之颈，龙逃窜，侧首似回望。与此同时，凤以展翅之威击中另一条龙的一腰部，龙遁，仰首无奈。凤的另一翅膀迎战老虎，虎不敌，张大口而哀鸣。这是龙虎凤会战图，龙虎结盟，龙且双龙，一凤敌之竟所向披靡，不知楚人深意何在。可以猜想的是，当时楚地并不以龙为图腾，而凤，很可能被视为吉祥、美丽的天使之鸟。抑或这是老子以柔克刚的思想之艺术化？总之，楚人的思维方式独特而复杂，楚人的审美情趣实在是大不一般。

此件绣罗禅衣的整体格局，是以4个正反倒顺相合的纹样图案做"田"字形配置，再利用凤翅、凤尾组成一个菱形，使4个图案的纹样更具一体和完整性。更不可思议的是凤的长冠与虎的长尾交错，使纵向排列的纹样单元有所归依而相连成串。整个画面看似都是"S"形和"Z"形曲线，空闲处做弧形修饰，而这样的每一笔修饰又都是凤与虎的肢体，无一闲笔，无一虚饰。

> 这时候我们才发现：楚人的这一丝织品中，龙虎凤之战其实并不重要，凤的降龙伏虎也缺乏细节，不足以构成故事。匠人的匠心也许在于：借助龙虎凤的姿态、气势，成为此一绣罗禅衣的艺术架构，然后一针一线精心刻画，在我们看来便成了艺术，胜败并不重要、胜败都很美丽的艺术。

先秦漆器中出土最多的属楚国。楚人的漆器用途已经广泛，除生活用具外，尚有兵器、乐器、舟车和葬具。楚人以竹、木、纺、革、藤为漆器的胎，以不同颜色用以不同器物，金银二色为最难制造。楚国的能工巧匠还在漆器上以材施纹，凸现纹路的线条美，常见的是凤纹、龙纹及几何纹。还有

龙凤虎纹绣罗禅衣

的漆器已近乎漆画，以神、兽、狩猎、乐舞为主角和场景，再加上纹饰做陪衬。

同漆器密切相关的是木器制作，以斫削、镟凿和雕刻为主，使楚地木器用途广泛、丰富多彩。镟凿木器多数是容器，如耳杯与圆盒，耳杯又分圆耳、方耳两种，方耳为楚地特有。耳杯古称"羽觞"，是酒器。圆盒多数为弧壁，也有直壁的，其精品除漆绘外，腹壁两侧还有一对衔环。

楚国辉煌，真是一言难尽。

楚风吹动了，楚乐奏响了。

屈原《九歌》谓："五音纷兮繁会，君欣欣兮乐康。""羌声色兮娱人，观者憺兮忘归。"

楚乐奏响了，楚风吹动了。

从荆江到洞庭湖

如同真理总是简单的一样,错误也是简单的。
不同之处在于:简单的真理不容易发现,简单的错误很容易重复。
洞庭湖啊,我当怎样为你忧?

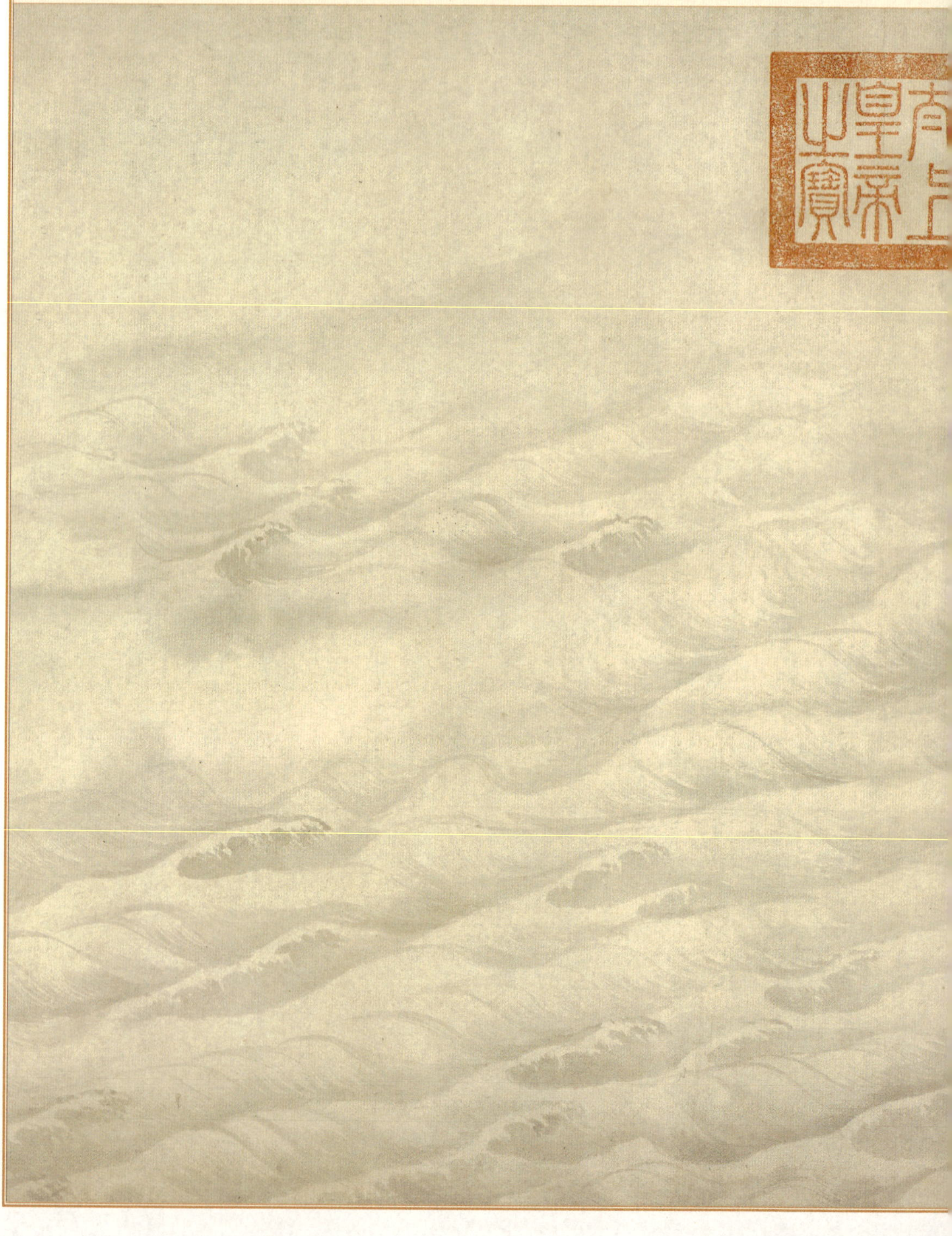

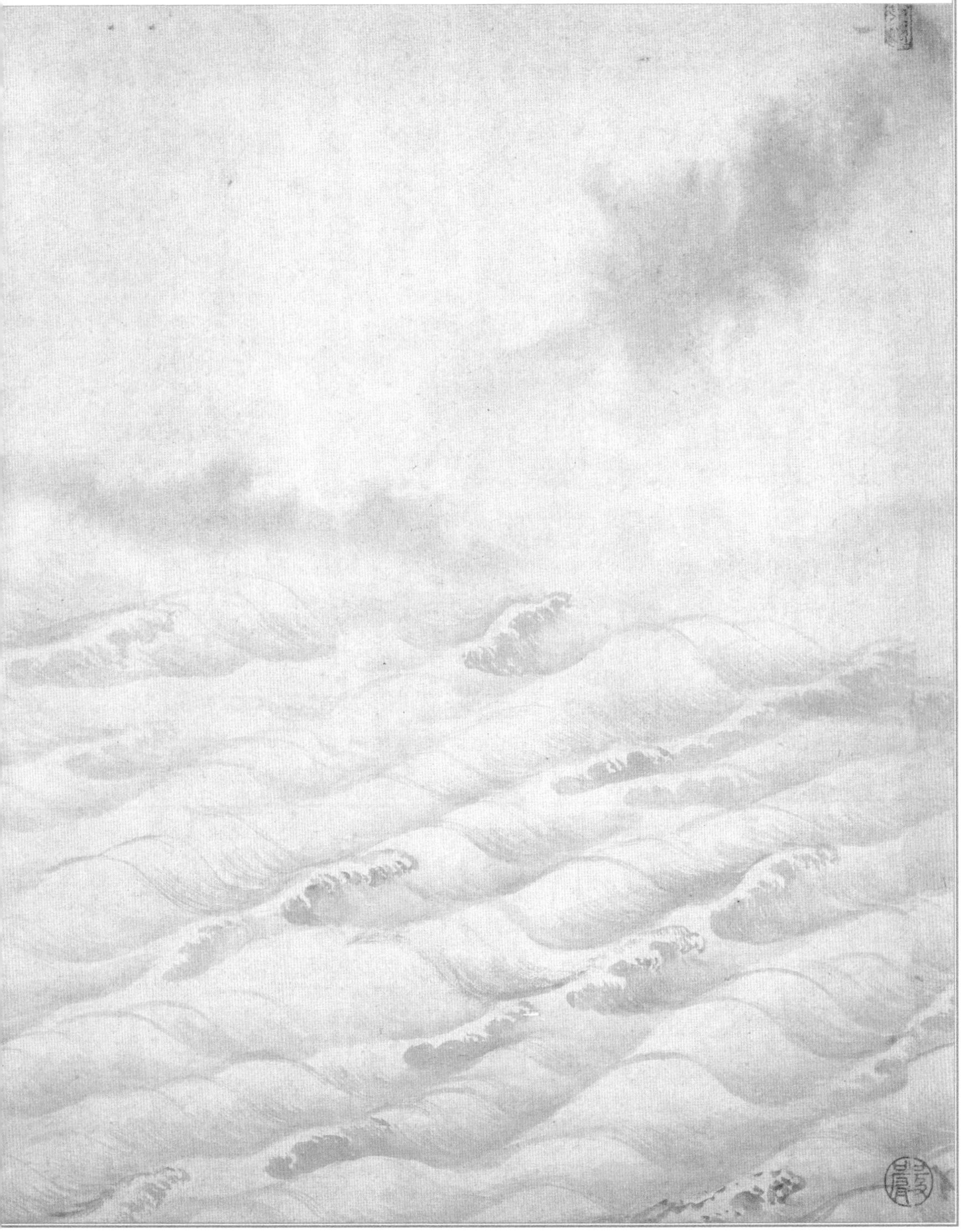

江水又东……

长江流到湖北枝城,"九曲回肠"的荆江河段由此开始。自枝江至藕池口长约180千米为上荆江,从藕池口以下到洞庭湖出口处城陵矶,为下荆江。下荆江河段如以直线距离计,仅80千米,江水在这里绕了16个大弯,其流程为240千米。这样的河段必定是险段,从古到今人都说:长江万里长,最险在荆江。决堤、崩岸、泛滥,一次又一次洪水之灾后,人们心有余悸而莫可奈何。自汉(前185年)至清(1911年)的2 096年中,发生大小洪灾214次,平均10年1次;自1921年至1987年,发生较大水灾11次,约6年1次。进入20世纪90年代后更是险象环生,灾害频率显著提高。

河流学家认为,荆江是长江河床演变最为典型的河段,了解荆江便是了解长江的特殊性。上荆江因为河床的地质构造运动与江水流向大体一致,从而增强了江流的纵向流速,河岸沉积物的胶结度相对紧密,还算比较稳当。同是荆江,下荆江却是太特别了:水的流向与河床构造运动垂直相交,横向环流的冲刷作用显著而有力,再加上极易冲垮、掏空的河岸沉积物的松散,便发育成极为散漫的"自由河曲"。河道扭曲蜿蜒,曲折系数高达2.01～3.57,曲折率居中国蜿蜒性河道的首位。下荆江孙良洲弯道河道的长度为20千米,直线距离不到1千米,曲折率高达25,人称这样的河曲为"河环"。

> 荆江河道的如此曲折，仿佛也在提醒我们：荆江是长江及其流域一系列演变的过程之一，荆江是历史时期的荆江。

先秦年代，流出江陵之后的长江便进入范围广大的云梦泽，其时荆江河槽还不明显，由古云梦泽的湖泊沼泽所淹没，河床形态不甚明显，当时的荆江以泛滥漫流的形式涌向东南。到秦汉时，长江泥沙在云梦泽一带的沉积，使荆江三角洲开始形成。江水做扇状分流，下荆江始有分流水道，如古籍有载的夏水、涌水，荆江主泓道略偏荆江三角洲西南。魏晋南北朝时期，荆江两岸出现许多穴口和汊流，可以分流泄洪，促使沙洲发育。荆江三角洲继续向东南扩展，云梦泽主体不得不向下推移。据《水经注》所载，今石首境内的下荆江河床开始形成，江中沙洲众多。

至唐宋，当监利境内云梦泽消失，上荆江河段穴口淤塞，荆江河床塑造完成。但，当时荆江两岸仍有20多个穴口，并有江北的夏水、扬水、鹤水一起调节流量，分流泄洪，因此"宋以前，诸穴畅通，故江患差少"。可以推想其时荆江河床比较稳定，荆江之水也基本安澜。

南宋以后，荆江河道进入最混乱、变化最大的时期。

宋失北方，靖康之耻也。汉人大规模南迁，流离失所者成群结队汹涌不绝。这大群的战争难民便沿江而居，筑堤围垸，大力围垦。这是获得新的土地和家园的机会，因为政府不会给、富豪也不会让一分半厘田亩，舍此别无生路。荆江两岸的穴口汊流，几近全部堵塞，剥夺了荆江在洪水期间漫滩流溢的所有出口、所有地盘，把水流紧束在荆江河床之中。

元大德七年，即1303年，面对荆江水患实在无计可施的情况下，重开小岳穴、宋穴、调弦穴、赤剥（尺八）穴。四穴一开，灾情顿时减缓。到明朝，这些穴口又复被堙。隆庆年间，不得已而疏浚了其中的调弦口穴。整个下荆江仅靠一口分洪泄流，是无济于事的，荆江灾难依旧。水流经过弯道时，凹岸处水流湍急泥沙俱下而节节后退，凸岸处水流较缓便层层淤积，于是河湾逐渐延长。

清同治以后，由于下荆江只有一个虎渡口未被淤塞，随着人口增加，

荆江夕照

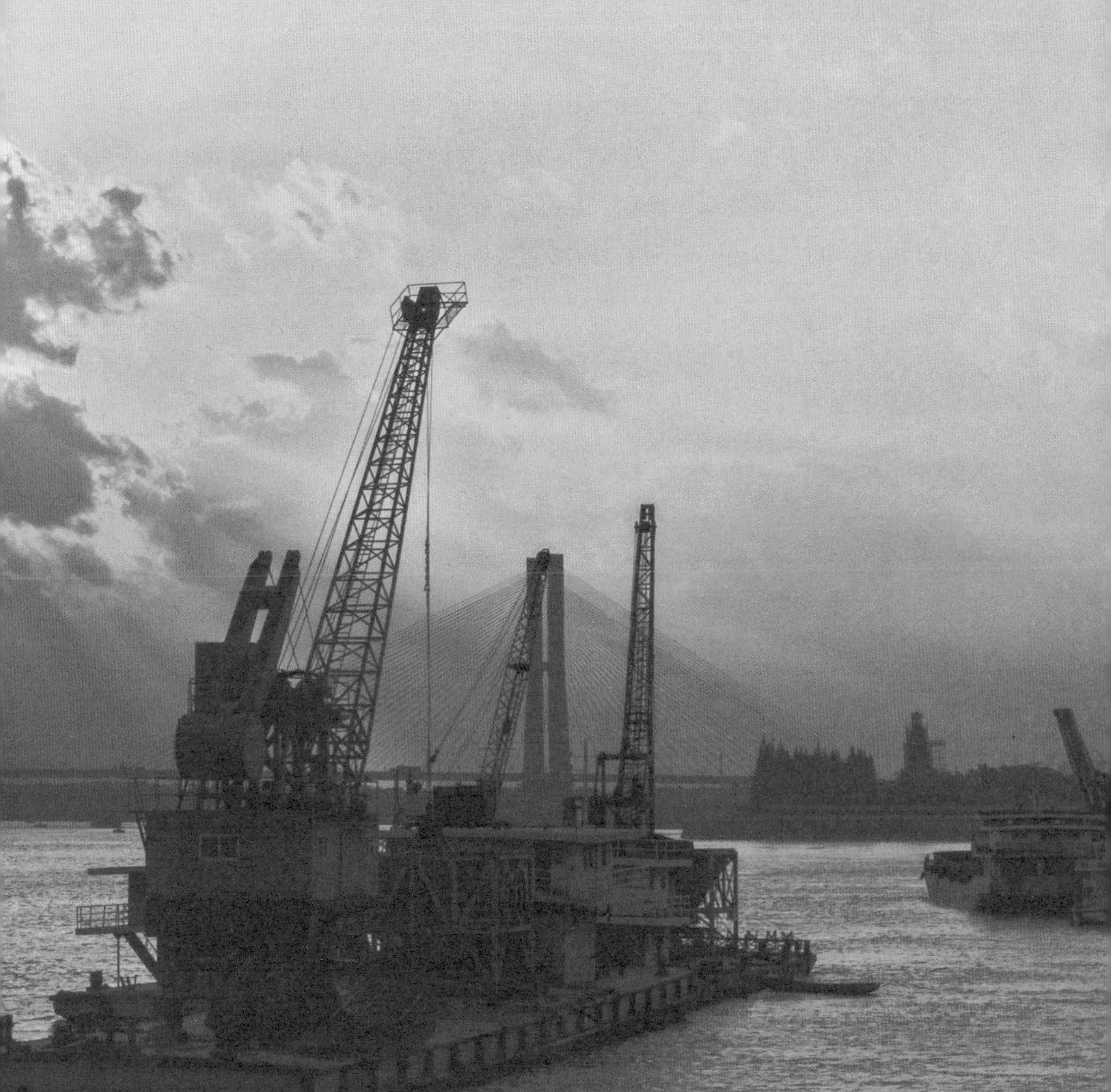

两岸围垦活动高潮迭起，就连江中沙洲也并岸成垸，河曲带长度再一次剧增，弯曲半径则愈来愈小，葫芦形"河环"继而形成。"河环"之后是"串钩"，是由漫滩水流长期作用下，改造狭颈滩面所形成的。遇上大洪水，洪流滚滚之下"串钩"与"河环"有可能被冲开成为新河，这是荆江在惊涛骇浪中的自我调整，造成"裁弯"，或称"自然裁弯"。100多年来，不完全的统计说"自然裁弯"曾发生10多次，较大的有4次，即1887年古长堤、1910年尺八口、1949年碾子湾、1972年沙滩子洪流"自然裁弯"。

  因为"自然裁弯"，下荆江河曲的弯曲度大为减小，这是一个天然的榜样，它告诉人们对于荆江，你应该做些什么，你不应该做些什么。

  荆江无罪，罪在人类。

在湖南城陵矶，荆江河段宣告结束，曲折回环的荆江流水，终于能够舒缓而自由地长叹一声：洞庭湖到了！到洞庭湖了！

八百里洞庭已经风光不再，但，仅剩的洞庭湖仍然是风波激荡、烟云浩渺的呀！它现在（20世纪末）的面积为2 700平方千米，蓄水量178亿立方米，为中国第二大淡水湖。湖上风帆来去，水连湘鄂两省，水面底下沉积着的，波涛之间滚动着的，无论我们喜欢不喜欢，都是历史——是江湖影响互为关联海陆巨变的大历史，是人类择水而居繁衍生息创建家园的小历史，这小历史中还有不少篇章是围垦毁湖的破坏史。

  洞庭湖啊洞庭湖，你从哪里来？你到哪里去？

在距今大约1.4亿年前发生的燕山运动之前，现在的洞庭湖一带，是长期隆起、剥蚀的"江南古陆"的一部分，在大地构造单元上属于扬子准地台的江南地轴。

  那时的"江南古陆"是沉寂的。发生在约2亿年前的印支运动使湖南结束了"海侵"历史，位于古陆西北的湘西北浅海、东南的湘中浅海相继撤退之后，除开局部还留有一些海湾与潟湖外，湖南均已隆起成陆并与"江南古陆"连成一片。开始出现一系列东北—西南向延伸的山地、山间盆地。

沉寂着，并且剥蚀，怀想海潮呢，还是另有所想？"江南古陆"期待什么？

燕山运动是洞庭湖区地质史上规模最大影响最为强烈的一次地质运动，它奠定、创造了湖南地貌的基本格局，毫不犹豫地让江南地轴从中折断，"江南古陆"的历史使命从此结束，"洞庭断陷盆地"形成。

地质学家通常把这一洞庭湖区惊天动地的运动，分为两幕来叙述。

发生在距今1.4亿年前侏罗纪末的早期燕山运动，使湖区边缘地带的沉积盖层全部形成褶皱，湖区以东的幕阜山等地因岩浆活动形成大片花岗岩体，雪峰山在挤压作用下继续隆起。出现了沅陵一带的"沅麻拗陷盆地""常桃盆地"，东止河洑，北达石门，南抵雪峰山麓，是最大的拗陷区，也是开始形成的洞庭盆地的雏形。与之相呼应，湖区东南汨罗桃林、楚塘一带，也有一个拗陷深度不大的早白垩纪盆地。这是极为简略的燕山运动之于洞庭湖的第一幕。

距今约1亿年至7 000万年的晚期燕山运动，是第二幕，是高潮，也临近结束。表现为强烈的差异升降和块断运动，雪峰山一带进一步隆起上升，其北侧的"常桃盆地"加速沉降，拗陷范围迅速向东扩大，与"汨罗盆地"相连接，形成了西起石门、澧县，东至岳阳、湘阴，北抵安乡、南县，南达益阳、宁乡的洞庭内陆湖盆。

晚期燕山运动在形成洞庭盆地陷落的同时，也促使盆地周边原有断裂的加深，当湖区外围幕阜山隆起、武陵隆起及雪峰山隆起的差异性抬升显现时，与洞庭拗陷盆地形成明显的地形反差。这一系列隆起的外围山地，因为剥蚀、侵蚀而产生大量碎屑物质，经过风和雨水的短距离搬运聚集到盆地内，以粗碎屑堆积为特色。

洞庭湖是个天意中注定要广阔而深邃的湖。

1977年，文物考古队在常德市北20千米的南坪岗棕黄色黏土层中，发掘出石器3件，打制得较为精细，刃口有微弱的磨剥痕迹，很可能是旧石器晚期的遗物。一个合理的推测是，当更新世末期或者更早一些，华夏大地上的古人类便已经在湖畔徘徊了。这里显然是理想的渔猎之地，湖周有山，山上草木茂盛、动物出没，而大湖之水带给古人类的惊喜更胜其他，人类了解洞庭湖的历史应是由此开始。

近1万年以来的全新世时期，洞庭湖盆仍具有下沉趋势。据现代重复水准测量资料，至今（20世纪末）湖盆还以每年6.4~11毫米的速度下沉。可是，在人类历史时期，因着人类活动的加剧，人为因素对湖盆沉积环境的破坏，已使此种缓慢下沉变得完全微不足道。也就是说，在有文献记载的2 500年间，荆江分洪入湖所带的泥沙，湘、资、沅、澧四水上游的水土流失，人类在湖区寸土必争的围湖垦殖，使洞庭湖中越来越多的沉积物，无不重重地打上了环境恶化的烙印。

洞庭湖的出现，为了长江的吞吐容纳，也许正是精心地为人类设造的。伟大如洞庭湖的创造者，却也大大低估了人类发展到后来的贪婪与自私，竟能达到丧心病狂的程度。

洞庭湖为此而加速退隐。

但洞庭湖以精心保存的已发现和未发现的古人类遗址，证明着湖与人曾经相亲相爱过，人的历史因为水的历史而曾经鲜活。

洞庭湖区迄今（20世纪末）发现的新石器遗址已近50处，全新世初期后，古人类对这个湖已经情有独钟了。北岸起始较早，那里的文化遗址与大溪文化（距今7 000年至5 300年）、屈家岭文化（距今5 300年至4 500年）相当。南岸稍晚，大多数为龙山文化期（距今4 500年至4 000年）。考古与环

岳阳楼前洞庭湖水域

境学家据此推断认为,在新石器早期与中期,洞庭湖面偏南;新石器晚期,南岸陆地淤涨,湖面又向北摆动迁移。

深入的考古研究做了进一步追问:为什么洞庭湖区的文化遗存绝大多数仅延至龙山期呢?湖区腹地又因何普遍缺失商周文化层?人们可以接受的解释是:全新世中期的暖湿气候环境,使洞庭湖来水增多,湖面扩大,先已成陆的滨湖地带连同早期人类文化遗址,便一起沉埋于湖中的碧波之下了。

> 4 000年前尧舜时代的大洪水,震荡着洞庭湖,湖盆之内汪洋浩渺,水天一色。

先秦两汉时期的洞庭湖究竟有多大,其说不一。古人有"洞庭为小渚,云梦为大泽"之说。也有史书记载,当时江水能达到澧水下游并分流通过洞庭湖,而荆江南岸至澧水下游的地形为北高南低。今松滋市、公安县境内的古油水①——上游为沲水——也是南流入湖的。《汉书·地理志》称:沲水"东入油,油水南至华容入江"。许慎《说文》:"油水出武陵孱陵西,东南入于江。""入江""入于江"均指汇入"华容县东南之巴丘湖"。巴丘湖即洞庭湖。安徽寿县出土的一件文物,为战国楚怀王六年制作,其铭文中记载的鄂君船队西南航线为:"上江,入湘……入资、沅、澧、油,上江,庚木关,庚郢。"表明楚怀王时,水上船只可沿洞庭湖水道上溯,经资水等入湖水口,通今沙市附近的木关及楚都郢。这表明当时湖区西北与荆江连通,而荆江汛期有洪水入湖便是题中应有之义了。

当时荆江尚未筑堤,两岸分泄洪水的天然汊道众多。还可以想见,其时荆江上游长江流域及四水流域植被完好,有众多的原始森林,水土流失既轻且微,入湖泥沙较少,湖也深水也清。张衡在《四愁诗》中说:"我所思兮在桂林,欲往从之湘水深。"又据《水经注》称,湘水就是因为"水清深"而被称为"潇湘"的。而屈原的《九歌·湘夫人》还使后人看到了洞庭秋水

---

① 古水名。"油"一作"繇"。发源于今湖北宜都市西南,东流经松滋市,至公安北古油口入长江。今自松滋市以上名界溪河,下游改入松滋河。公安境内已埋塞。

的景色:"袅袅兮秋风,洞庭波兮木叶下。"

东汉末年,洞庭湖似乎遇到了一次危机,西洞庭因长期淤积,加上围垦使湖面缩小,湖泊水位因之被壅而高出荆江,因此原先在湖区西北向南流的油水及荆江分洪口穴均被淤塞。成书于三国时代的《水经》首次记载:油水下游改从屠陵以北"东北入于江"。5世纪郦道元所著《水经注》也说,当时油水"北流注于江"。油水由"南流"变为"北流入江",说明汉末到三国初,荆江与洞庭湖发生过一次根本性的江湖关系的转变,即:荆江南岸地势已变为南高北低,荆江汛期不再泄洪入湖。

> 江湖关系影响着江湖形态,当江湖隔断,湖便委顿,江便泛滥;江湖相连,吞吐容纳自如流畅时,江湖之上便会生出和谐的风情来。

洞庭湖的是次危机到东晋、南朝时,更有增无减。大量流民涌进洞庭湖西岸,出现了洞庭湖史上第一次以政府行为为主导的大规模围湖垦殖高潮,其范围遍及整个湖区,当时洞庭湖的景观已经不是桃花春水、洞庭秋涨了,而是陂障纵横、堤坝满目。为此之故,郭璞《山海经注》及郦道元《水经注》中,都曾把洞庭湖称作"洞庭陂"。陂,堰障之类,古人对堤埝之称。《国语·周语》有言:"泽不陂障,川无舟梁,是废先王之教也。"《史记·河渠书》:"陂九泽。"颜师古注道:"陂言障遏其泽也。"

> 历史有大教训:洞庭湖曾作"洞庭陂"。浩渺大湖开始被切割、分离,为一陂之地,失万顷之波。

湖高江低、江不入湖的江湖格局,到唐朝时依然如此。洞庭湖盆继续淤浅,湖水的汛枯景观已经十分明显。张说在《㴩湖诗序》中称岳阳城南的㴩湖为"沅、湘、澧、汨之余波",当夏日雨季四水汇注洞庭,洞庭有水漫溢,㴩湖亦有水,到冬季时"涸为平陆",洞庭湖中大概也无水可流了。贾至做岳州司马时有诗写深秋之后的洞庭湖"月明湘水白,霜落洞庭干"。

还有同时代的别的著作也曾写到洞庭湖干涸时，湖底洲滩出露，危及鱼虾生存。

唐初又有不少赞美湘水、洞庭水清湖碧的诗句，森林植被可能得到了恢复，入湖之水不是特别丰盈，含沙量似也较少。刘禹锡《送李策秀才还湖南，因寄幕中亲故兼简衡州吕八郎中》云："湘江含碧虚，衡岭浮翠晶。岂伊山水异，适与人事并。"刘禹锡还说过："潇湘间无土山，无浊水。"李谅赞湘江"清可鉴毛发"，刘长卿形容湘水清澈"纤鳞百尺深可窥"，韩愈说洞庭湖之澄透"泓澄湛凝绿，物影巧相况"。不过，唐中叶以后情况变化之快令人惊讶，有感而发的诗人笔下完全是另一种景象了。这告诉我们：

> 如果不是人力的大举参与，湘水与洞庭湖的环境，不会由此直线而下由好到坏的。

刀耕火种，樵采薪伐，使湖南森林植被的情况迅速恶化，柳宗元在《自衡阳移桂十余本植零陵所住精舍》中写到湘南之地"火耕困烟烬，薪采久摧剥"，那是疮痍满目遍地生烟了。而刘禹锡在《武陵观火诗》中，已经用明确的语言，写山林破坏之后严重的水土流失了："山木行剪伐，江泥宜墐涂。"湘水曾经清澈了多少诗篇词章，可是在诗僧齐己的关于潇湘的诗中，说湘江下游"阔去都凝白，傍来尽带浑"。

> 湘江的浑浊，是湖南四水及洞庭湖环境恶化的代表，时在唐代末。

唐末五代时，荆江两岸堤防渐趋完善，洪水位也随之抬升，江湖关系也开始变化。

荆江筑堤始自东晋，是为江陵以上荆江北岸的"金堤"。五代，高季兴割据荆南，将荆江南北岸大堤整修成整体，北岸自当阳至拖茅埠，南岸自松滋至城陵矶，长各六七百里。南岸仍是险情屡出，宋初，石首便以水患出名，江涛凶险，堤不可御。宋神宗时谢麟为石首县令，遂砌石护堤，"自是人得安堵"。公安县因为常常堤决水淹，百姓逃亡，据陆游《入蜀记》说，南宋初一县竟"不及二千户"，"地旷民寡"。

荆江南岸的决堤溃口，说明江湖关系已经逆转，荆江又开始在汛期向洞庭湖分水分沙，而过去有的分湖入江的河道，这时也转而成为泄江入湖之途。范致明在《岳阳风土记》中说，藕池口即《水经注》中写到的清水口，原为泄湖水北入长江的，到宋代却由"北通于江"而变成"南通于湖"。南宋乾道四年（1168年），荆江大水，湖北安抚使方滋派人扒开河堤向南岸扩大分洪，为削减荆江洪峰的应急措施，开荆江防洪中"舍南保北，以邻为壑"的先例。

宋代时洞庭湖为荆江分洪水流所影响，湖泊水情与泥沙状况发生深刻变化，汛期荆江洪水由水位顶托变为倒灌入湖，"荆江六七月间，其水暴涨则逆流洞庭，潇湘清流为之改色，南至青草，旬日乃复，亦谓之'西水'。其水极冷，俗云岷峨雪消所致"。这一段记载很有意思，语言也生动有趣：所谓"西水"，乃西来之水，而且极冷，岷峨化雪也；但最动人心魄的还是"潇湘清流为之改色"，浊流浩大，清流不敌。

荆江大堤使洞庭湖口水位壅托向上，荆江泥沙趁机大量入湖，纷纷淤积，湖上渔人在江冷湖寒时不是打鱼而是拾鱼，一次可拾数百斤[①]。

洞庭湖的灾难还远远不止于此。

唐代洞庭湖西岸的围垦已有相当规模，但田垸经常被洪水所毁，其实是湖与人之间的拉锯战，"你抢我的湖，我毁你的田"。这是一种必然，当围垦蚕食使洞庭湖面急剧缩小后，洪水位除了逐年增高之外，便没有出路了。于是堤垸年年有险情，堤高水也高，水高堤更高。据《新唐书·地理志》记载：698年，武陵县令崔嗣业修"槎陂"，又修"崔陂"，再修"津

---

① 1斤为500克。

湘江风光

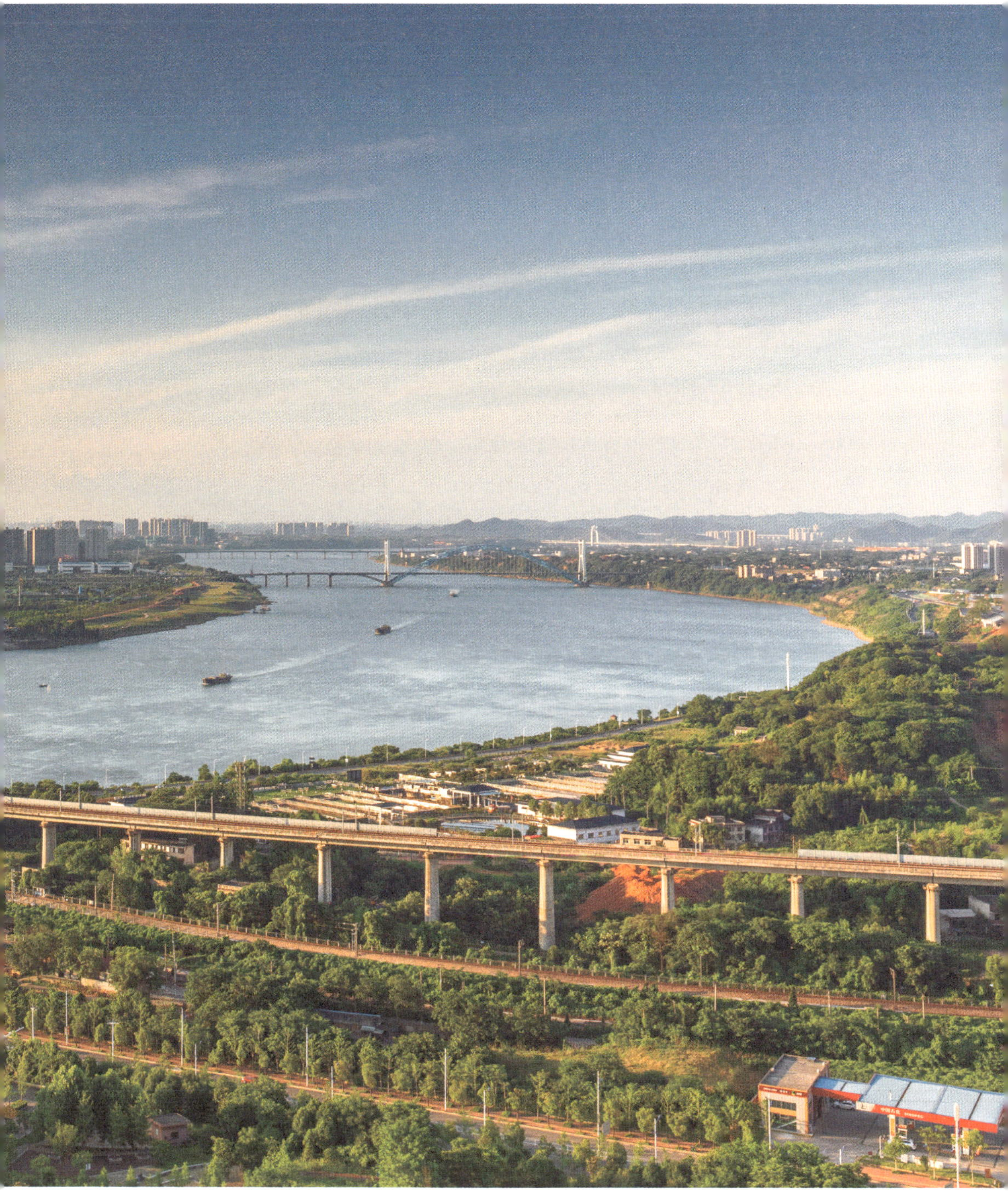

石陂"，代表了唐代对西洞庭湖垸区的大规模整修。后来大多毁于洪水而废弃。770年韦夏卿重修"槎陂"，1 000多顷，8年后又毁。805年，沅江突发大水，洪流一泻千里，田垸复归于湖，"流万余家"。821年、822年，李翱等再造"崔陂""津石陂"及"右史堰"等。"据此估算，仅当时武陵县——今常德市武陵、鼎城两区——在洞庭湖西岸的围垦面积就达40万亩[①]以上"。

当时洞庭湖西岸，田垸相连，长堤相接，成为洞庭湖区的一种景观——在洪水未曾毁堤淹没之前。刘禹锡贬官至朗州时，写的不少诗均与堤有关，如"酒旗相望大堤头，堤下连樯堤上楼"，"长堤缭绕水徘徊，酒舍旗亭次第开"。如此看来，当时堤垸已经是村市、码头、商埠、水陆要道了。

"洞庭八百里，幕阜三千寻"。唐宋的诗文中屡有洞庭湖八百里之说，似应源出于此，而无实地测算的记载，想来是汛期水涨，洪波涌起的形容，极言其大，不足为凭。

宋代在洞庭湖的围垦更甚于唐朝。北宋末年，北方战乱，中原人口纷纷南迁，官豪地主趁机强占湖田、招揽佃农，而筑垸围田，广袤百里。《宋会要辑稿》说，岳州府辖下滨湖各县围湖田亩无法统计，只好按所有种子粮的多少来纳税。圩内垸田"桑麻蔽野""比屋连檐"，有的一乡就有"丁口数十万"。

人啊人，水来了，堤决了，田淹了，怎么办？

1153年，即南宋绍兴二十三年，长江流域特大洪水，发生在上游，城浸庙毁，"毁坏庐舍数千"，金堂、合川、三台、遂宁顿时哭声遍野，流民无数。水至中游，荆江汹涌，洞庭湖私垦、官垦、军垦之下，渐狭而溢，除却没顶，夫复何言？

沅江水涨，"平地丈有五尺"。

[①] 耕地面积的一种计算单位，1市亩为667平方米。

是次洪水是全长江的大洪水，到底冲毁多少家园，死了多少人，已无可查证。

顾炎武《天下郡国利病书》引《湖广总志·三江总会堤防考略》说："宋为荆南留屯之计，多将湖渚开垦田亩，复沿江筑堤以御水，故七泽受水之地渐湮，三江流水之道渐狭而溢。"

顾之所谓三江，以汉江为北江，荆江为西江，洞庭湖水系为南江。

信哉！斯言。流水之道因何"渐狭而溢"？七泽受水之地为什么"渐湮"？这是一个在历史上十分简单的问题，答曰：因为围垦。可是这样的简单重复还将继续下去，便再湮再溢。

如同真理总是简单的一样，错误也是简单的。不同之处在于：简单的真理不容易发现，简单的错误很容易重复。

元代时对洞庭湖有了一些深刻的反思，对宋时"保民田以入官，筑江堤以防水"的"荆南留屯之计"不乏批判。认为是"射小利、害大谋，急近功、遗远患"。元时的洞庭湖围垦一片萧条，对屡筑屡决的荆江南岸大堤已经束手无策。1308年，即元武宗至大元年下诏在江陵路3县合开6穴，即江陵邻穴，监利赤邻穴，石首杨林、调弦、宋穴和小岳6个穴口，到明初，除南岸调弦口，余皆堙塞。

明嘉靖三十九年（1560年），长江上游又发特大洪水，荆江溃堤决口几十处，最为险要的是枝江百里洲、松滋朝英口、江陵虎渡口、公安摇头铺、石首藕池口等。古籍所记，语必惊人："诸堤尽决"，"积尸逐波"。清道光重修的《洞庭湖志·事记》称1560年的洪水，"山水内冲，江水外涨，洞庭泛滥如海，伤坏田庐无数。水发迅速，老稚多溺死者，尸满湖中。漂流畜产，所在皆是，有连人连房浮沉水上，犹肩未开者"。

人有各种死法，有时死于梦中。

明代的洞庭湖堤防是格外脆弱的，而荆江泥沙、湖中淤积却日甚一日。朱元璋夺取天下权力后，因洞庭湖曾是陈友谅的粮草补给基地而耿耿于怀，加税重征，以示惩戒。地主农人纷纷逃跑，人去圩空，堤岸失修，田芜湖荒。万历年间及以后虽有修补，竟"愈修愈塌，随筑随决"。牧耕之区，委之洪流，"地有半年不见天，人有半年不见地"。有明一代，洞庭湖的水灾记录散见于滨湖各县的地方志，或官员报告、诗文中，可谓比比皆是，触目惊心。杨褫在《复邓巡察书》中说：常德府四县之田"外高内卑，只仗尺寸之堤为之藩隔，频年雨淫，遂以涝告"。武陵堤垸溃裂，"水之为灾，遂日甚其决也"。龙阳（今汉寿）"泛滥相仍，坍塌日甚。沧田之变，多为平湖"。

华容在明初全县共设行政区76"里"，永乐时19"里"，明末只剩12"里"。华容一县在明亡时，5/6的垸田均已毁废还湖了。

废田还湖的根子在历年的无度围垦，洞庭湖不堪忍受，只能决溢夺回失去之地。另外，由于长江上游生态环境日趋恶化，到荆江时洪水位的抬升也是必然，加剧了对洞庭湖的壅托。万历年间袁中道在《游岳阳楼记》中的描述甚为精彩："洞庭为沅、湘九水之委，当其涸时，如匹练耳；及春夏间，九水发而后有湖。然九水发，巴蜀之水亦发……九水愈退，巴江愈进，向来之坎窦，隘不能受，始漫衍为青草，为赤沙，为云梦。"《新堤诗序》也说"岷江之涨，横拒不相受。下流不行，而水之为灾，遂日甚其决也"。洞庭湖的泥沙淤积，也导致了湖泊汛期水位的攀高。泥沙主要源于荆江及四水流域，明代湖南境内的森林资源，不止一次地为掠夺性砍伐所毁，或可说湖南若干地域的草木荒敝、水土流失急剧加重，明代罪无可逭。《明史·师逵传》记：永乐四年（1406年），明成祖为建北京宫殿，大兴土木，派师逵到湖南负责督察，且专采大木、名贵之木。大木、名贵之木养在深山，山高无路，"逵往湖湘，以十万人入山辟道路"，然后大肆砍伐。1426年，即明宣宗宣德元年，又在湖广采木，一次采伐的"松杉大材"就是7万余根。四水上游森林植被的减少所造成的恶果，只能是加重水土流失。湖南历代文士均以湘江水的清澈自豪，入诗入文皆可生情，到明代，"比会众流、下洞庭，始浊"。人们也已经发现,"洞庭水浅,止是面阔"。

明万历十三年（1585年）冯仁轩曾绘有洞庭湖区的"巡哨图",图已不存,当时阅过"巡哨图"的人记载,湖中巡哨范围,上哨自岳州府南津港至长沙湘阴县,中间经荆埠港、河公庙、万石湖、鹿角、啄钩嘴、磊石、青草港、颜公埠、横岭、芦林潭等,各哨间注明水程,水路计251里;中哨自君山后湖至常德傅家坼,,中经昌蒲台、石门山等,水路计245里。再自昌蒲台以东经团山、吉山、古楼山至明山,水路共145里。上述地名,明代均在湖中,可见当时湖泊规模。洞庭湖水面约5 600平方千米,相当于现在湖泊面积的2倍。

清代,是江湘洞庭几乎无岁不泛滥的时代,"四方认垦"之下,又是围垦再起高潮的时代。

清代之初,荆江堤防形势严峻之极,分洪水口只有调弦、虎渡二处。元、明时,调弦口屡淤屡疏,再淤再疏,到大清国时又淤塞得差不多了。虎渡为两岸堤防约束,又争相建筑护岸石矶,口门仅一丈多,束狭如此,何能分泄？何来顺通？康熙十二年（1673年）,吴三桂起兵反清攻宜昌,为运粮及运送火炮船只通过,拆毁石矶重挖虎渡口,拓宽至数十丈。当时荆江两岸一片混乱,眼看战火将起,人们只顾逃命,堤岸废弃,垸田还湖,"一望芦荻飘飘,概曰洞庭积水之汉"。

不过,上述景况或是明代遗留或与少数年份战乱相关。总的来说,清政府实行的是"劝民垦种"的政策,并作为"政绩"以备对湖区地方官的考核。所谓"上有政策,下有对策",官员为升迁有望强令围垦之余,将未垦之地充数见报,再摊派税粮充数,美其名曰"责民认垦"。1697年,汉江大水,湖北灾民纷纷南下,加上福建、广东和江西流民,如潮不绝涌往洞庭湖区,围堤垦田。清政府还分出"官垸""民围",乾隆五年（1740年）诏令说:"凡零星土地可以开垦者,听民开垦,免其升科。"民众从四面八方呼啸而至,在湖滨筑堤垦田,堤塍"不下九万余丈,积八十万步,当千里稍

长江航道与洞庭湖景观

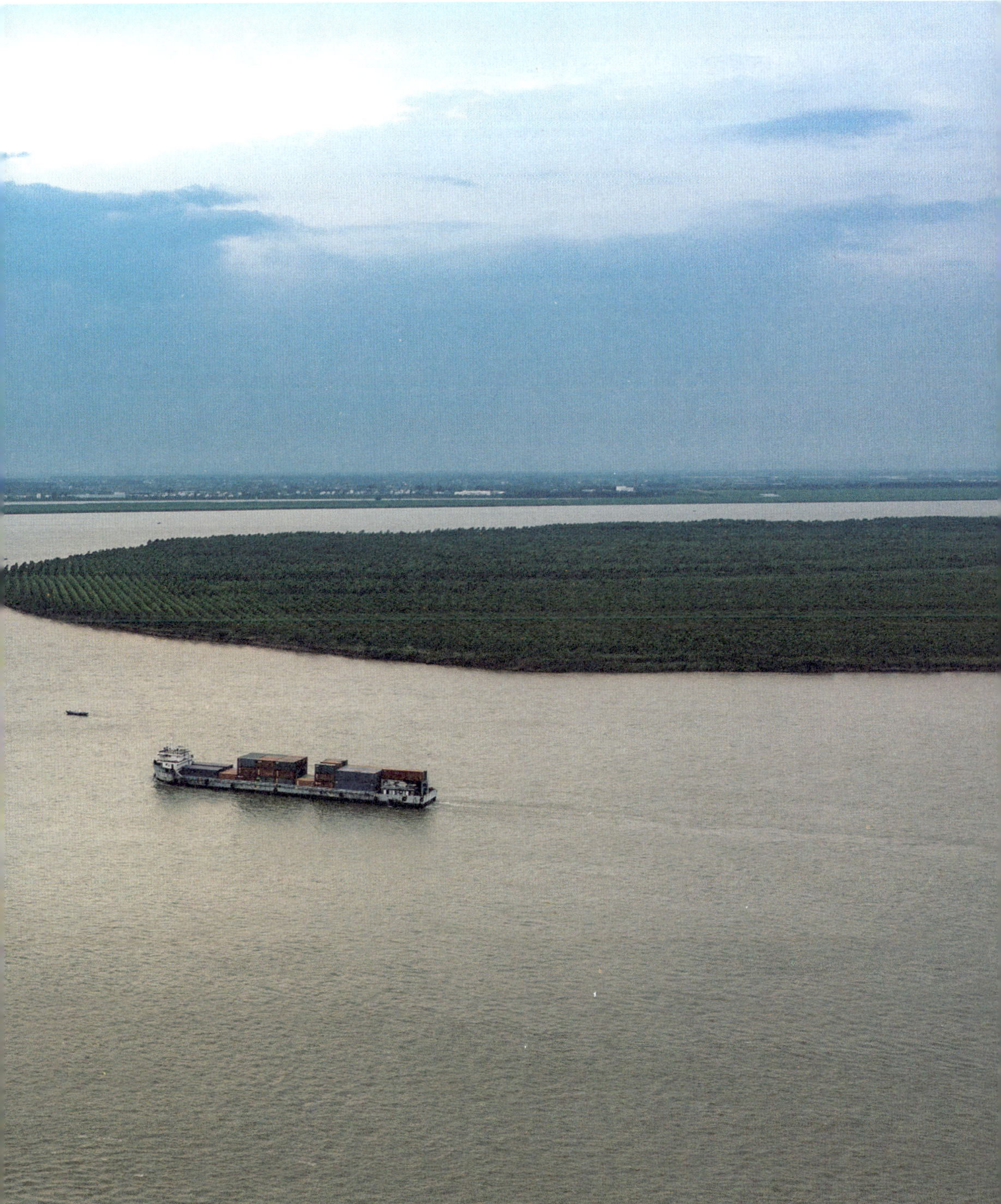

赢。往日受水之区，多为今日筑围之所"。

自康熙至乾隆，只数十年，《湘阴县图志》说："康熙时督民开垦，至乾隆中叶，报垦者六十九围"，"西乡田土之盛，无若乾隆之世"。沅江也不在湘阴之后，计有官围8处，民围68处。明末以来弃为狐狸之场的毁堤废垸，到乾隆时"烟火村庐相望，蔚然称盛焉"。

西洞庭湖区的安乡县在康熙十九年（1680年）时，田、地、塘数为1 600余顷，到雍正十一年（1733年），已达3 390多顷。安乡本来少地，是水泽之乡，53年所增加的1 790顷田亩，全是从洞庭湖的波涛之下抢夺而来的。如此等等，记不胜记。

关于洞庭湖的种种，其实就是一个"怪圈"：围垦使土地增加了，这对于缓解人口增多、难民遍野所引起的粮食危机是有益的，也可充实国库、弥补度支。但随之而来的必定是因着湖区沦陷而导致的洪涝水患，民不聊生。

为破解这个"怪圈"，就必须达到某种程度上的平衡，这一"平衡"大体上包括：水土平衡——以荆江与四水的森林植被的保持为重；江湖平衡——以荆江与四水入湖水量的调控为重；湖地平衡——适量围垦土地而以保全洞庭湖为重。

总而言之是：小心翼翼地维护生存环境中的生态平衡。

注意到了此种平衡的，不仅有今人也有古人。乾隆、嘉庆年间，湖南巡抚蒋溥、杨锡绂、陈弘谋、马慧裕先后上疏奏请禁围止垦。蒋溥于乾隆九年奏言："近年湖滨淤地，筑垦殆遍。奔湍束为细流，洲渚悉加堵截，常有冲决之虑。"蒋溥并进而直谏："臣以为湖地垦筑已多，当防湖患，不可有意劝垦。"劝垦乃大清国策，一省巡抚敢说"不"字，也算不容易。但，因地方官绅富豪为掠取更多之地，围垦势头实难控制，陈弘谋之策有点快刀斩乱麻的意思了："多掘水口，使私围尽成废坏，自不敢再筑。"乾隆还真的查禁了一些私围垸田，如湘阴莲蓬寨、杨林寨等，至道光，改头换面更名为廖家山、郭家湾修而复出。

洪水失调，节度乏力，荆江大堤除了"加高培厚"别无良策。堤高一尺，水高一丈，沿江各县溃堤崩岸决口而淹的灾情有增无减。嘉庆元年（1796年）荆江大水，"堤塍均被漫溢，人民荡析离居"，"至八月底水深尚有八九尺"。次年，沙市以东之堤又溃100余丈，江汉平原的监利、天门、沔阳等被淹。道光年间的荆江大堤，可谓漏洞百出、摇摇欲坠，《监利县志》称："十年中少则决二三，多则决四五，甚者频年决。"

治水之策，实在不能没有堤防、大坝，可是人们又不能不深长思之：浩然之水是堤防、大坝能一劳永逸地阻挡得了的吗？

魏源考察了两湖水利后，在《湖广水利论》中有精辟之见，他认为数十年中"告灾不辍，大湖南北，漂田舍、浸城市，请赈缓征无虚岁"的根源，在泥沙淤积与围垦过度："下游之湖面江面日狭一日，而上游之沙涨日甚一日，夏涨安得不怒？堤埂安得不破？田亩安得不灾？"魏源主张派出大员，"遍勘上游如龙阳、武陵、长沙、益阳、湘阴等县地，其私垸孰碍水之来路；洞庭下游如南岸巴陵、华容之私垸，北岸监利、潜沔之私垸及汀洲，孰碍水之去路"，然后"欲导水性，必掘水障"，"毁一垸以保众垸，治一县以保众县"。

魏源是在寻根究底了，他主张的"遍勘上游"及下游以弄清"孰碍水之来路"及去路，然后"欲导水性，必掘水障"，是顺应自然规律的。他所指出的"上游之沙涨日甚一日"之忧，实际上说的就是水土流失，洞庭湖的命根、祸根均在上游。倘若魏源更加直接地提出，在上游之地保护森林，广植树木，以保水土而求水之安澜地之安宁，那么魏源就是世界生态环境学的第一人了。

道光末年，王柏心的《导江三议》也颇有见地，建议疏导虎渡口，"分江水大半南注洞庭"。王柏心还主张对荆江大堤的决口不应堵筑，而留作分流水口，"南决则留南，北决则留北，并决则并留"，"因任自然而可以杀江怒、纾江患，策无便于此者矣"。

清朝乾隆以后的洞庭湖围垦形势，大有"水往低处流，人往高处走"的意思。湖区之外，又垦到了丘陵山区，在清初还是老林深谷、地旷人稀之地，后来却是"尺寸隙土，无不垦辟"，以致过去虽是"深山穷谷"，后来却有"烟火万家"。至此，湘江流域草木凋敝，几乎不再有像样的森林，一派"牛山濯濯"，并且缺柴，缺柴是古往今来一地一县森林被毁的最确凿的证据，善化柴炭价格"数倍于昔日"。当时要老百姓垦殖山林，并"广种杂粮"。《巴陵县志》对此回顾而评价道："自今以观，则因种杂粮而恣开垦，山土浮动，一值大雨时行，随高水而冲注，以致湖汊泥淤，易成泛滥，近山膏腴且屡遭沙压成废，此又恤民瘼者所当为也？"这一记载极有现实意义，"近山膏腴且屡遭沙压成废"这句话告诉后人，巴陵近山富饶之地已经开始沙漠化，时在乾隆年间，所谓"康乾盛世"之际。

如是观之，对洞庭汛期的洪波泛涨、田湖莫辨的盛况，要做更进一步的分析了：部分是湖底泥沙淤积抬高、湖泊水面缩小所致。

对整个洞庭湖区，当时汛期水势大小主要取决于入湖的南水大小，涨水时间长短取决于洞庭湖出口以下的长江水位高低，嘉庆重修的《湖广通志》说，在入湖诸水中"惟湘、沅源最远，故每岁视二水大小为湖面广狭，而消长迟速则又视江汉为归。若荆湘江涨，湖将不雨而溢"。

道光年间为洞庭湖扩大的全盛时期之说，虽然流行却并不可靠，很可能是相反的：洞庭湖因天然水面急剧萎缩而危机重重，"其湖面估计至多不会超过4 000平方公里"，这一判断可以得到道光年间不少学者论湖记载的支持。魏源说"自江至澧数百里，公安、石首、华容诸县，尽占为湖田"，"私垸之多，千百倍于官垸、民垸；私垸之筑，高固甚于官垸、民垸。私垸强而官垸弱，私垸大而官垸小"，"向日受水之区"，因围垦"使去其七八矣"。魏源所说的私垸与官垸的比较，实际上指出了一个事实：洞庭围垦已完全失控，在道光年间已是全民运动，人人得而垦之，占为己有，是为私垸也。

道光末年，主张决而不堵的王柏心也说："今之洞庭非昔之洞庭也，阔不及向者之半。"

由此可见，19世纪中叶的江湖关系，已经毫无平衡、和谐可言，势如累卵，一触即溃了。荆江大堤加高培厚，年年如此，人之可为者；荆江洪水随之上涨，汹涌奔突，人之不知者。侯世霖的《江坟议》说得透彻："土积如山，则水激亦如山。"这正是清初以来，围垦失度，泥沙并下，筑堤死守而忽视江湖蓄泄涵养水土的后果。

乾隆以来，荆江南岸大堤陆续加高了一丈多，对此种"堤加如山，水高于田"的隐患，做出正确预言并警告清政府和世人的，是侯世霖，他在《江坟议》中说：

　　陵谷变迁，何可胜穷。撼荡崩溃，势所必至！

咸丰、同治年间，荆江南岸藕池口、松滋口相继决溢，"撼荡崩溃"，终于来临。咸丰二年（1852年），石首市的荆江南岸大堤溃决；次年汛期，荆江洪水由藕池口南下夺占华容河西支与虎渡河东支故道入湖。同治九年（1870年）长江特大洪水，松滋庞家湾与黄家铺同时决口；同治十二年再决，江水由两口奔腾南下。

藕池、松滋溃口，入湖水量激增，洞庭湖区形势在汛期的风声水声中几无安宁了。1936年《安乡县志稿》称："每当夏秋，县境泛滥，唯黄山附近、汤家岗等处未遭湮没，余皆堤垸溃决"，"洪水横流，人口锐减"，"荆水建瓴，河流改道，县治势成岛屿"。这是说，县城已成孤岛。而彭日晓在《王军门救堤碑记》中所言，也极尽感伤："一片汪洋"，"百里为湖"，"堤之未付流波者，如额上修眉、鲦鱼背影，数痕而已"。汉寿人徐蔚华的《洞庭湖七十年变迁记》写劫后安乡："同治九年冬，余舟泊安乡县治,见县官、教谕各衙署破壁颓垣,街衢荡尽,人民逃徙。询之土人则曰,夏秋水满之时全县皆淹,止黄山片土浮水面耳!"

东洞庭湖畔的人们本已熟知湖中水势有小、中、大三种之别。水势小,君山退居于陆地,港口舟楫不通;中则君山入水,沿湖48港汊均能泊舟;水势大,江湖混流,水漫连天,有庐舍被淹没。自两口崩溃后,洞庭湖已不见水势小的时候,而是"大水十常八九,中水无岁无之"。这一时期"洞庭湖泊面积达5 400平方公里,也是近代洞庭湖进入最盛时期的实际湖面大小"。

从太平、调弦两口分洪到1852年、1870年藕池、松滋崩决而成为四口分流入湖,洞庭湖水势滔天,沅湘二水的下游尽成泽国。四口水流同时带来的是更多的泥沙,江水一石,其泥数斗,淤积日高,洲渚再现。《安乡县志稿》谓:"荆水含泥而下,陆续淤阜,牟利者遂次第修筑,草莱芦苇,地广人稀,长、益、湘、宁及澧西人民趋之若鹜,视此为殖民地,由佃而主,由散而聚,由少而多,此县以堤垸为生命,客籍占多数之历史也。"清光绪年间,湖南布政司以"息争端而裕库收"为名,号召百姓纳资承垦,凡缴100文即可领照垦田5亩,围垦之风又盛,淤塞又起,如是往复。

进入民国,军阀混战,社会动荡。湖区水利机构经常改组,官僚政客以治湖为名借公营私,尤其是名目繁多的"垦照",集中表明洞庭湖的灾难又要雪上加霜了。

所谓"垦照"就是可以垦田之照,缴钱领照,悉由开垦,一切不管,发照的只要能卖到钱便万事大吉。淤地尚未出露,先发"待潮照",然后是"准垦照"等。1918年,省长张敬尧发布命令:缴费办照,领亩围垦,筑堤围垸。官僚地主、湖痞水霸闻风而动,先得垦照再划地盘然后招来佃农围湖造田,佃农还要在动工前先缴每亩几斗至一石的"进庄谷",再缴堤工费,修堤时又都是佃农无偿付出劳力。这就是民国时期风行洞庭湖垦区,使多少官僚豪绅大发其财的"领照围湖,一本万利"的生意。

到民国时,历史前进了,中国的官僚却远比历朝历代的封建官员素质更差、更恶劣了。除了割据地盘鱼肉百姓之外,谁要跟他们谈水利、水土、江湖关系，那就是对牛弹琴。

1931年，洞庭湖区围田筑垸达400万亩，相当于现在洞庭湖的全部天然面积。大通湖北部全体成垸，西洞庭湖的石龟山、蒿子港、白蚌口等地相继围垸并向南延伸。华容县筑堤100多处，安乡600多处，沅江100多处，汉寿300多处，常德、湘阴等地少则也有几十处，大堤小堤纵横，切割着洞庭湖，一个大湖的完整性再一次被彻底破坏，水道不畅，水面零碎，收了几年谷子，人们以为可得丰衣足食时，灾难又来了，灾难怎么能不来呢？看看洞庭湖的样子就知道了，躲得过初一躲不过十五。

曾在常德任十六混成旅旅长的冯玉祥将军，不仅打仗也关心生态，在徐州就写过护树顺口溜名传一时："老冯驻徐州，大树绿油油。谁砍我的树，我砍谁的头。"

1947年，湖南省滨湖洲土视察团的视察报告说：当时湖中洲土共达268.36万亩，其中东洞庭湖的苍梧台和注滋口两处有34.5万亩；大通湖区34.1万亩；武岗洲、上下飘尾等处82万亩；南洞庭湖区南嘴以下至南大市47.5万亩；西洞庭湖区汉寿西港一带约13.66万亩，常德东北四美堂17.3万亩。加上湘、资、沅、澧四水尾间洲土19.3万亩，岳阳以下长江南岸淤洲20万亩。当时整个洞庭湖态势是"东洞庭湖湖面的三分之二已淤积成洲，所余水面纵横不过六十里许，平均水深不及二尺；西洞庭湖也已缩小至三分之一"，"大通湖四周均挽修成垸，江水及南来诸水均未能入湖"……洞庭湖早已危机深重了。

在暴溢、陆沉、反反复复的围垸水淹、淹而复垦的切割与剥夺之下，面对着愈来愈少的赞美与颂歌及愈来愈多的诅咒和泥沙，苦难的洞庭湖啊，人间烟火世事兴衰，无不与你血脉相连。

1949年，洞庭湖湖泊面积为4 350平方千米。

中华人民共和国成立后，对洞庭湖做了系统整治，实行疏浚河道、堵

洞庭湖渔舟唱晚

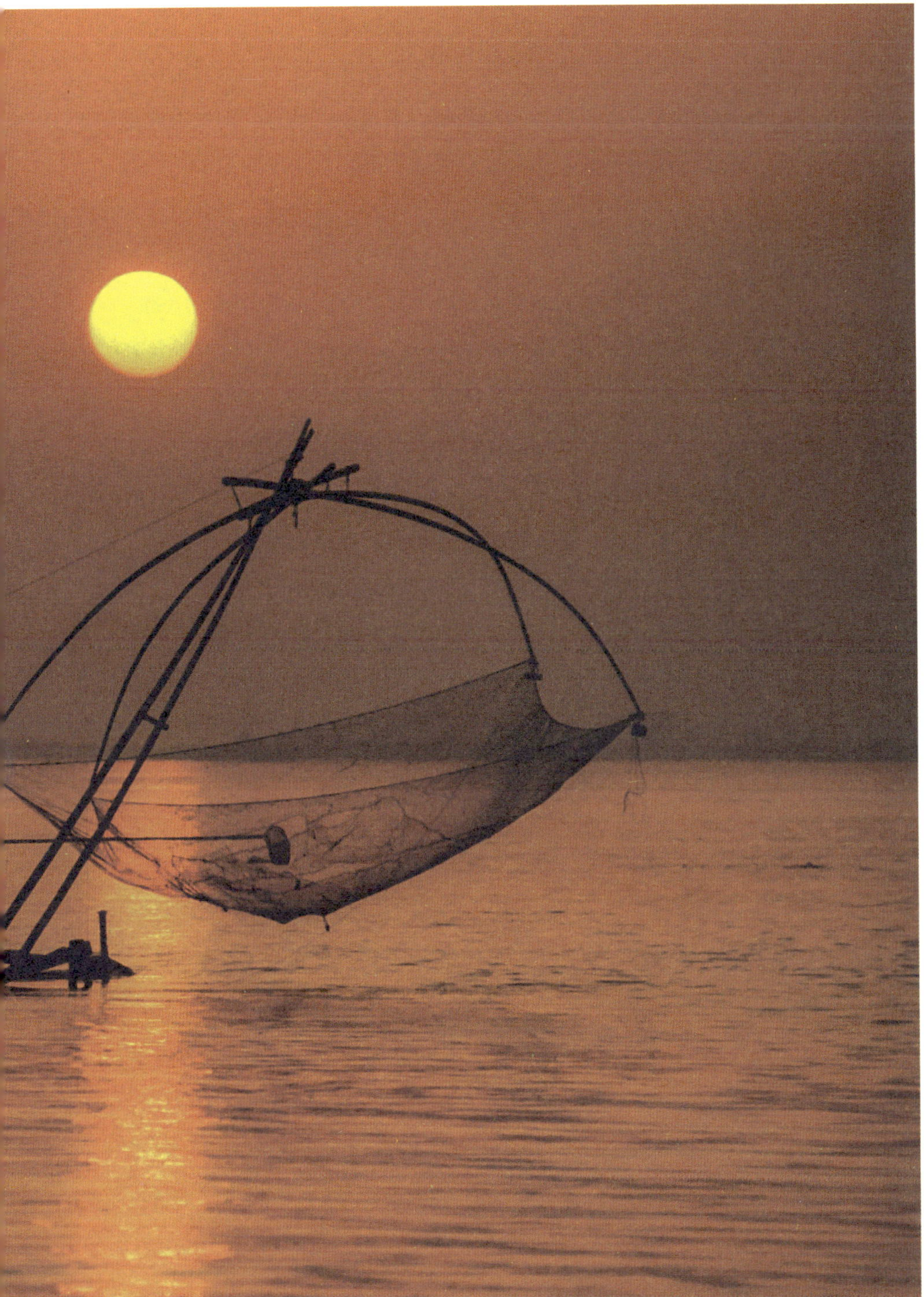

支并流、合围连垸、加修大堤、圈高丢低、建造蓄洪垦殖区等一系列措施。但是，入湖泥沙继续增加，围湖造田高潮迭起，湖面急剧萎缩，湖底迅速淤积，导致湖泊调蓄能力持续减弱，湖泊水位持续抬高，灾难性的湖泊形势有增无减。

1949年、1954年两次大水之后，洞庭湖区堤垸破败，一片颓废。20世纪50年代前期，湖区治理的重点是修复并加高堤垸，合修防洪大圈。1950—1953年，修建大通湖蓄洪垦殖区，将100多个分散小垸合并，又将南洞庭湖48个堤垸合并为3个防洪大圈。1954年大水冲毁堤垸300余处，淹没农田380万亩。灾后在西洞庭湖区堵口24处，澧水以南、沅水以北之39个垸与西洞庭湖的2个国营农场合为沅澧防洪大圈。安乡堵口15处，把原先分散的堤垸并为安尤、安保、安造、安金垸。汉寿县从驿护堤沿八合、护城、瑞福南堤、堵杨树山，至柳家垱与北堤连接，为护城大垸。大通湖区堵口8处，建南大市重点垦区。南洞庭湖堵水矶口，修大众沙田重点垦区。南县有育才垸。华容有安合垸。湖区堤垸数从1949年的993个，减为1955年的292个。

> 那么，洞庭湖的天然湖面积呢？却从1949年的4 350平方千米，减为1954年大水后的3 915平方千米。无疑，那是泥沙淤积之故。而在当时的并垸过程中，垦区又增加了。
>
> 看不见有关防洪水利的新思路，我们仍然在高筑堤、大围垦的怪圈里左冲右突。

20世纪50年代后期，洞庭湖区围垦发展最快，同时也是外湖萎缩最甚的时期，是时也，湖区耕地以每年19万亩的速度递增，先后围垦建设了建新、洋淘湖、钱粮湖、屈原、千山红、茶盘洲等农场，总面积达96万亩。在这个前所未有的速度之下，堤垸合并也在加速进行中，继续以防洪大圈准备抗洪，所带来的各种影响却极为微妙。如1955—1957年，常德地区把300多个小垸合并成69个大垸，扩大耕地近20万亩，缩短堤岸线2 000多千米！

1961年，对于饥饿的中国人和萎缩的洞庭湖来说，都是难忘的。这一年湖区堤垸总数又减少到220个，而洞庭湖面积已减至3 141平方千米。

20世纪60年代再围垦，建有君山、北洲子、金盆、贺家山、南湾湖5个国营农场。各县各地又实行规模不大而为数众多的小围垦，并深入内湖，可谓寸土必争。其中万亩以上的有湘阴洋沙湖、三汊港、白泥湖，岳阳费家湖、麻塘、沅江、汉寿也都榜上有名。到1969年底，又扩大耕地78万亩，外湖面积减少到2 820平方千米。此一时期的内湖面积减少最为迅速，由1961年的294万亩减至1969年的204万亩，每年递减10万亩以上。

20世纪70年代的洞庭湖区围垦以结合血防灭螺的"矮围"为主，有沅江东南湖围7 000亩，汉寿六角山25 000亩，湘阴青山湖3 000亩，澧县七里湖28 000亩等。1976年沅江"矮围"漉湖48万亩，岳阳、汨罗合围中洲垸13万亩。"高围"数字最大的是华容团洲垸8万亩，湘阴横岭湖38万亩。这些围垦工程中影响最为恶劣的是沅江漉湖与湘阴横岭湖，都在竣工后的第一个汛期全线崩溃。对水情河势茫然不知，致使围而复废，同时也是洞庭湖给出的一个鲜艳明亮的红色警示：

> 洞庭湖的外湖围垦，已发展到最大极限，湖垸关系已紧张到刻不容缓。

到1979年止，湖区堤垸数又增至278个，耕地面积扩大到868.7万亩，湖泊面积减至2 691平方千米，不足建国之初4 350平方千米的2/3。

洞庭湖为江湖关系所累所制约，同时又为湖垸关系所困扰。某种程度上关键在于泥沙，前者表现为输送，后者表现为淤积。一方面当湖底不断抬高，湖泊水面随之不断减少，另一方面洲渚不断增加，堤垸便相继扩展。洞庭湖不含丘陵地带的平原区为13 027平方千米，在全盛时湖泊水面占总面积的46%，1949年占33%。时至今日（20世纪末），洞庭湖总面积中，围垸占去9 323平方千米，为72%，洪道面积1 013平方千米，为8%，而天然湖泊面积2 691平方千米，仅占20%。这个比例是洞庭湖全盛时的45%，是1949年的62%。这一变化使湖垸关系面临着这样的危机：湖泊容积锐减，洪峰水位飙升，堤垸危在旦夕；围垸渍水猛增，地下水位升高，即便堤不溃决，涝灾也日趋频繁，百姓何以承受？不要说年年洪涝，即便是一条河系的局部较大洪水，便会引发大灾。1980年汛期，四水之中仅澧水流域遭遇连续暴雨，津市超历史最高水位1.5米，安乡超0.58米。但当年洞庭湖区洪峰水位之高，持续时间之长，抗洪抢险之激烈及其损失之大，均为1954年特大洪水以来所罕见。

  1983年，还是澧水出现较大洪水，但小于1980年，其余三水和三口入湖流量比1980年来水更平，但是湖区洪区更大更高！西洞庭湖安乡、石龟山站洪峰水位又破历史纪录，达到39.38米和40.43米。在东、南洞庭湖，洪峰水位仅次于1954年。

  平水年景高洪水位的"洞庭湖现象"，已经把洞庭湖推进了灾难的深渊中。再过若干年，洞庭湖很可能是无水便干涸，有水便泛滥，信夫？

  综观我们的水利建设，1949年以来在洞庭湖投入之大，工程之多，足可证明其受重视程度如何。但就思路而言，却依旧是修堤——堤岸越筑越高，防汛——洪水越防越大，抢险——人民越抢越穷。倘若从改善江湖关系、湖垸关系着手，不争朝夕之功而图万世之利，在已经得知洞庭湖的根本问题在泥沙淤积和出口壅阻之后，治沙并从而改善泄蓄不和、吞吐不畅便是至关重要的了。

  洞庭湖入湖水道中，北有松滋、太平、藕池三口，调弦口于1958年堵塞，共13条泄洪道。南有湘、资、沅、澧四水的7条洪道。据1951—1983年的实测含沙量统计，荆江与四水的多年平均入湖泥沙量为1.34亿立方米。荆江为1.09亿立方米，占入湖泥沙总量的82%；四水为0.24亿立方米，占18%。

洞庭湖出口处城陵矶多年向长江平均输出泥沙量0.35亿立方米，占入湖泥沙总量的26.30%，而每年重重叠叠地淤积湖内的泥沙高达0.98亿立方米。（此段中数据均保留小数点后两位）

荆江三口中，藕池口输沙最甚，独占一半以上，松滋次之，虎渡口最小。西洞庭湖区在藕池、松滋、虎渡及澧、沅两水所挟带的泥沙不断充填下，已经差不多淤积成陆洲。据湖南省水电设计院的测算资料，1956—1983年，每年进入西洞庭湖的泥沙为0.629亿立方米，再由南嘴、小河嘴出口0.333亿立方米，沉积湖内的为0.297亿立方米。按湖面平均，每平方千米淤积6.7万立方米，相当于每年淤积6.7厘米的厚度。目平湖1952—1975年湖底平均淤高2米，最高处为5.4米。西洞庭湖现在的平均高程为30米，只剩一狭窄的洪道过水，淤泥荒滩，气息奄奄。要问美好的如何飘逝而去，你看西洞庭湖。

不需太久，西洞庭湖将最终成陆而消亡。

> 人类为了获得土地，不知道埋葬了多少波涛和森林。人类本来有足够的土地，只是为了挥霍而需要更多的土地。最后是水土流失，一种生命与环境的濒危状态。

洞庭湖盆现有西洞庭湖、南洞庭湖、东洞庭湖三片湖面。而南洞庭湖原为沅江、湘阴境内大量堤垸；万子湖与横岭湖是湘、资二水入湖洪道潴积而成的湖汊。在荆江分洪道形成的入湖三角洲于洞庭湖北岸不断淤涨，水势南倾而堤垸溃废，由万子湖、横岭湖扩展而成南洞庭湖，时在20世纪之初。南洞庭湖是年轻的，却也一样为泥沙所累，湖底高程为25～32.5米。如果湖区西部来沙量不变或有所增加，倘若目平湖消失，南洞庭湖在不久的将来也必步其后尘。

众水所汇的东洞庭湖自古以来就是洞庭湖的主体，它由秦汉以来的浩瀚大湖萎缩而成，它的萎缩过程实际上就已给出了它的结局。北宋范致明的《岳阳风土记》及清代魏源的《湖广水利论》中，均有记载东洞庭湖的严重淤积,并担忧其消亡。东洞庭湖处在荆江四口陆上三角洲、藕池河东支扁担河三角洲、华容河三角洲的三壁合围之中。众水所汇也是众沙毕至,湖底平均高程约27米。以1952年和1975年的实测地形图相比较,20多年光阴,扁担河三角洲向东洞庭湖推进了13.5千米,淤宽15千米,淤高2.5～5米。如果按此推进速度类推,东洞庭湖的消亡不过是时日问题了。

一个多世纪以来,洞庭湖的演变过程就是不断淤积萎缩的过程。湖泊面积的缩减前文已经写到,再如湖泊容积,仅以1983年和1949年相比,1983年的湖泊容积为174亿立方米,是1949年293亿立方米的59.4%,缩减40.6%。再以岳阳水位33.5米为基准,洞庭湖1983年的容积较之1954年的268亿立方米,减少94亿立方米。与此同时,萎缩进程的大大加快,使人胆颤心惊:在100多年的时间里,洞庭湖面积减少了约3 000平方千米!

> 有专家称:如果长江重现1870年的每秒115 000立方米的特大洪水,后果不堪设想。严防死守是守不住了,若任其自然泛滥,可能出现两种后果:一,洪水首先在荆江南岸堤防薄弱处决口行洪,松澧地区首当其冲,再从西洞庭湖一带居高临下,洪流所至,皆为泽国。继而南洞庭湖、东洞庭湖乃至整个洞庭湖区无有幸免者。二,炸口分洪,当舍南救北的措施达不到预期理想时,荆江两岸一片汪洋,有可能导致长江改道、洞庭湖北徙。
>
> 江湖关系,危机四伏!

洞庭湖,美丽的洞庭湖啊,苦难的洞庭湖。

洞庭湖,飘逸的洞庭湖啊,沉重的洞庭湖。

当笔者写着有关洞庭湖的这一章节时,北京阴雨,时值清明前夕,也正是采摘君山银针的日子。那么,岳阳楼上游人,应可品新茶而观洞庭了。

> 湖光山色、天地精灵化为一叶,藏于一针,如金镶玉,是为君山银针。

洞庭湖便是以君山得名的，君山也称"洞庭山"。《湘妃庙记略》谓："洞庭盖神仙洞府之一也，以其为洞府之庭，故曰'洞庭'。后世以其汪洋一片，洪水滔天，无得而称，遂指洞庭之山以名湖曰'洞庭湖'。"岳阳的民间传说却又大异其趣了。传说峨眉山有花蛇名"洞庭"，与巴蟒同胞，巴蟒为兄，洞庭是弟，同拜师于太上老君，学成回山，父母已双亡。巴蟒将洞庭赶进长江，一山不踞二蛇也。洞庭顺流而下，过三峡后却见云雾重重，毒瘴翻滚，洪涛接天，而旷野之上草木不长，五谷不生。洞庭即与所率水族一起，吞毒雾、吸毒瘴，吞吸49天而精疲力尽时云散雾开，云梦泽因此而成为一个大湖，百姓感念洞庭赤诚，又为之取名曰"洞庭湖"。

关于君山的另一则神话，是缠绵悱恻的，流传也更广。

帝舜南巡，死于苍梧，其妃娥皇、女英闻讯赶赴洞庭山之地筑台而望苍梧。云水拍天，波横路断，重重阻隔，招魂无处，念及生前恩爱而今俱付东流，不禁愁肠寸断泪如雨下，且泪中带血，点点滴滴落在君山之竹上，此竹从此便带有斑驳泪痕，是为"斑竹"。娥皇、女英双双投水，魂追帝舜，死后称神名"湘君"。山系二妃筑台、挥泪、绝命之地，故君山又名"湘山"。君山有二妃墓，墓前有一副对联：

　　君妃二魄芳千古，山竹诸斑泪一人。

君山斑竹，确是奇观，它一年发笋两次，一次在四五月间，新笋齐发于母竹周围，如一群孝敬儿女问安于膝下，是为"孝子敬母"；二次发于九月以后，新笋多生于母竹夹护之中而风雨可挡，是为"慈母护儿"。

后人咏斑竹，佳句频出。唐诗人高骈有《湘浦曲》："虞帝南巡去不还，二妃幽怨水云间。当时珠泪垂多少，直到如今竹尚斑。"施肩吾的《湘竹词》又云："万古湘江竹，无穷奈怨何。年年长春笋，只是泪痕多。"今人毛泽东也有"斑竹一枝千滴泪，红霞万朵百重衣"的名句流传。

屈原是真正在洞庭湖朗吟，并与山水共存的。

《九歌》中的《湘君》《湘夫人》以娥皇、女英的传说，写对人生、时

洞庭湖大桥

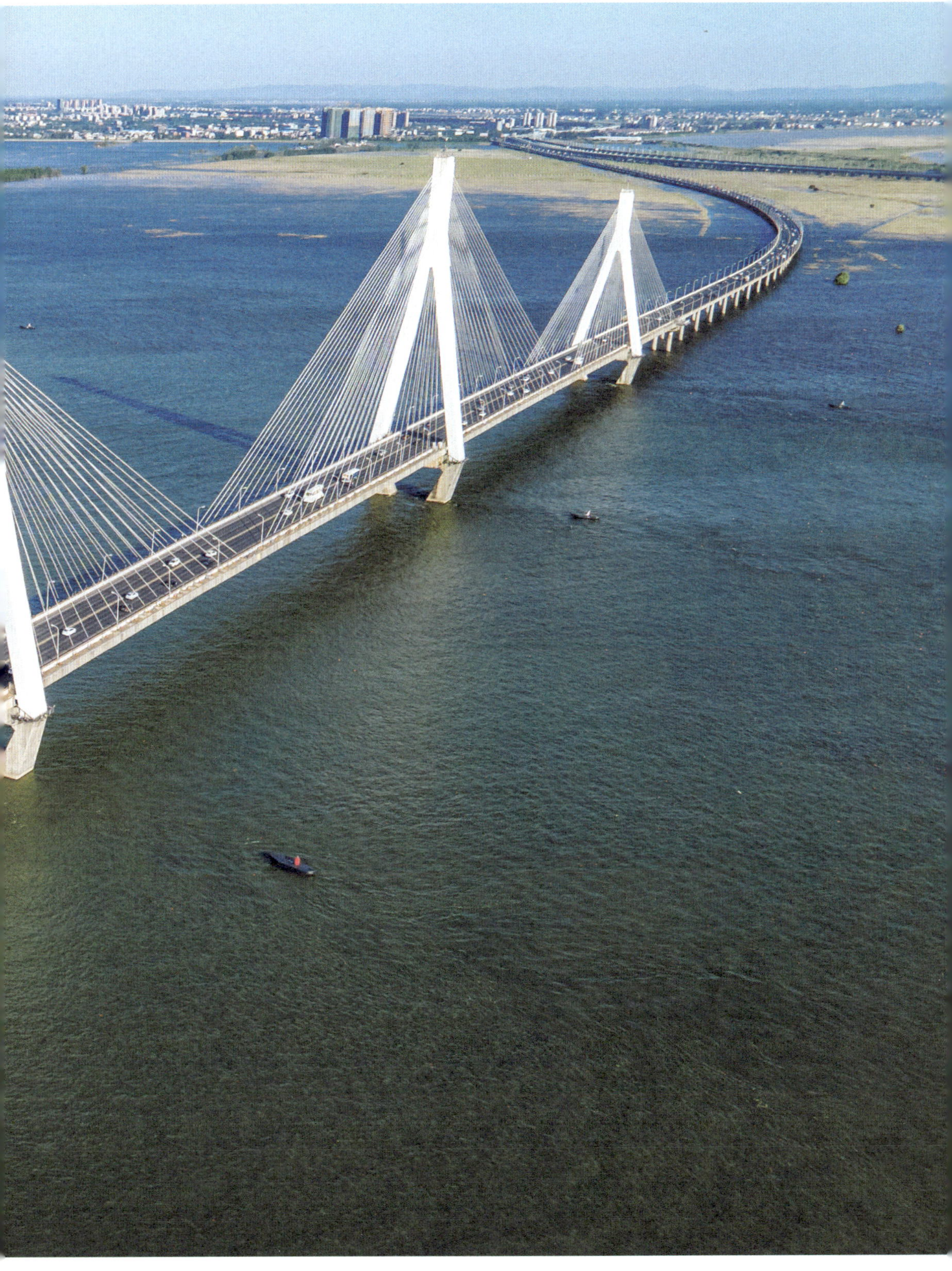

二妃墓

光的珍惜，对爱情、理想的追求，凄楚似风，忧郁如水。《湘夫人》开首四句，便是洞庭秋色的绝唱：

> 帝子降兮北渚，目眇眇兮愁予。
> 袅袅兮秋风，洞庭波兮木叶下……

759年秋，李白再上洞庭湖，其《陪族叔刑部侍郎晔及中书贾舍人至游洞庭》（五首）中第五首是写君山的：

> 帝子潇湘去不还，空余秋草洞庭间。
> 淡扫明湖开玉镜，丹青画出是君山。

刘禹锡的《望洞庭》：

> 湖光秋月两相和，潭面无风镜未磨。
> 遥望洞庭山水色，白银盘里一青螺。

黄庭坚写雨中君山：

> 满川风雨独凭栏，绾结湘娥十二鬟。
> 可惜不当湖水面，银山堆里看青山。

程贺的《君山》是一派空灵了，且因诗而得一雅号：程君山。诗云：

> 曾游方外见麻姑，说道君山自古无。
> 原是昆仑山顶石，海风飘落洞庭湖。

洞庭湖，写不尽的沉重，唱不完的颂歌。

现在，亲爱的读者，我们要暂时告别洞庭，随那一湖浩荡之水，绕过君山，从岳阳楼下奔腾漂泊，至城陵矶而入长江。

　　长江的洞庭湖啊！
　　洞庭湖的长江啊！

赤壁·琴台·神农架

中游的丰盈,是为了接续上游,倾注下游;中游是继往开来的过渡。

过渡之水,同是源出之水。

有一个燕子洞在神农架的大山里,有一群燕子决心不住人的屋檐下。

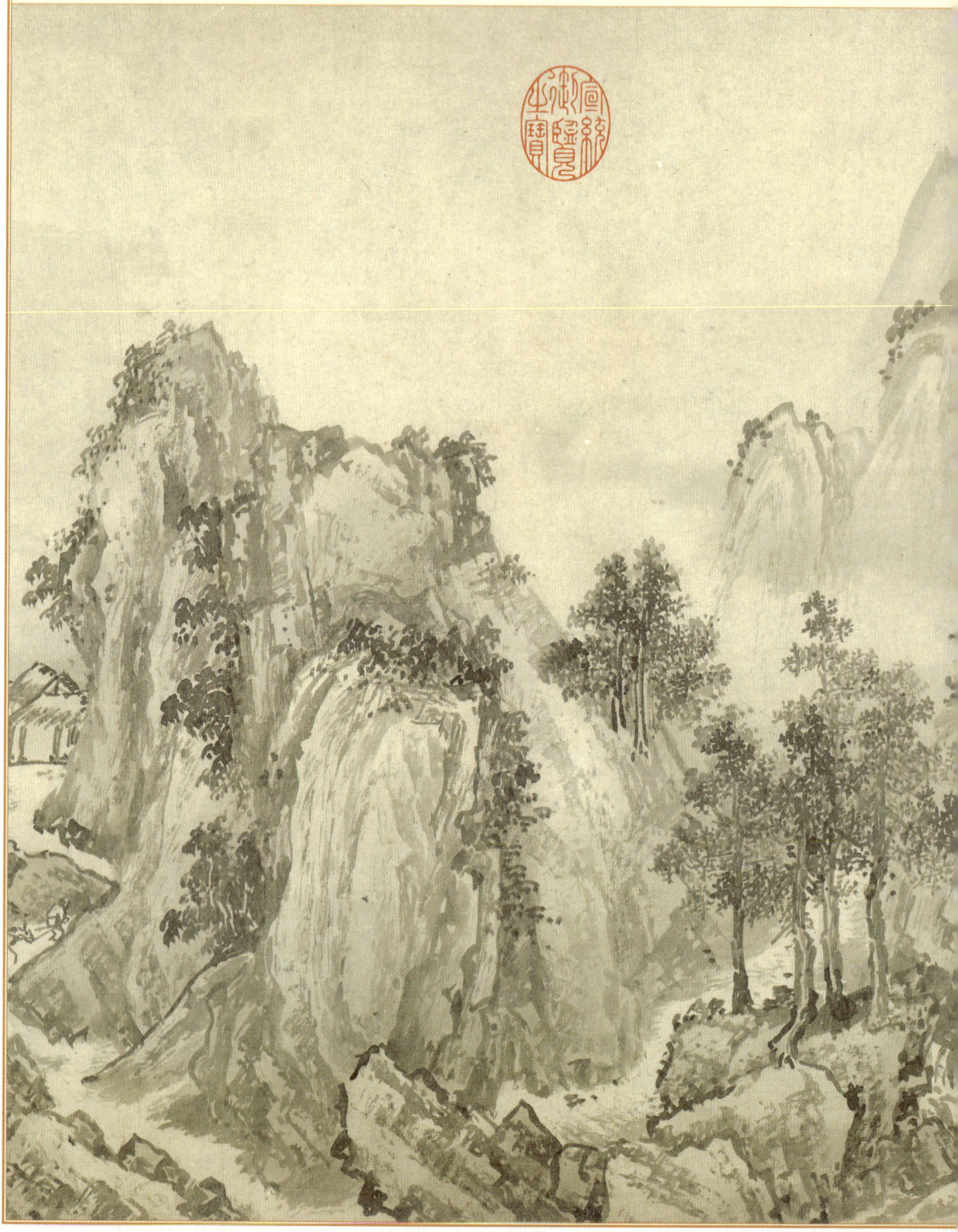
宣統御覽之寶

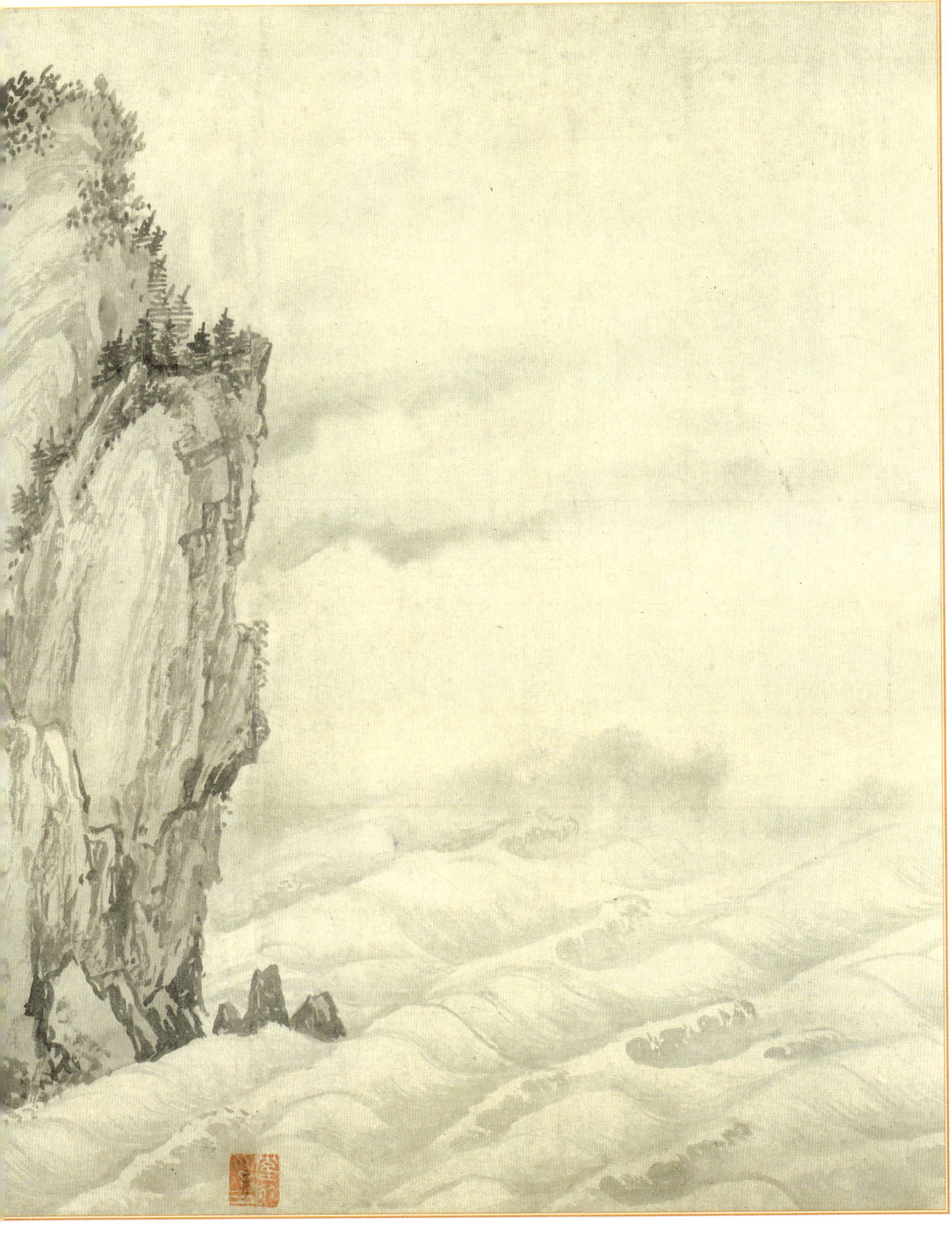

水出洞庭，长江继续奔行在江汉平原上。

从洞庭湖到鄱阳湖，两湖之间约600千米的河段内，长江将要接纳10条大的支流，得到的水量补给达4 000多亿立方米，长江之水猛然增加一倍以上。在中国，再也没有一条大河的中游，如长江中游那样丰富多姿，尤其是两岸湖泊之多，似众星拱卫，也似瓜藤相连。而江湖的相依相通，除了继续显现长江的源头活水、源远流长之外，又使流域内的田野、乡村、城市得以沟通和浸润。众湖之中，洞庭湖与鄱阳湖是最蔚为壮观的，一如两只巨掌，筋脉相连于长江，诸水支流似手指，构成了两大网络似的水系，又似掌上纹脉纵横交错，却又无一不指向浩渺长江。

《水经注》："江水左径百人山（今武汉市纱帽山，笔者注）南，右径赤壁山北，昔周瑜与黄盖诈魏武大军所起也。"

世人皆说赤壁之战，赤壁在今何地？

《水经注》所指为一说，另一说是今湖北蒲圻[①]西北赤壁山，北对洪湖市乌林村乌林矶，唐代李吉甫《元和郡县志》称："赤壁山，在蒲圻县西八十里，一名石头关。北临大江，北岸即乌林，与赤壁相对，即周瑜用黄盖策焚曹操舟船败走处。"

---

① 旧市名，在湖北省东南部。1986年改设市，1998年改置赤壁市。

另有人认为，应在湖北黄冈市黄州区江滨，有赤鼻矶，山色如赤，山形似壁，苏东坡游此以为是赤壁大战之地，并作有前后《赤壁赋》及流传不衰的《念奴娇·赤壁怀古》。

今天中国大多数相关学者认为，赤壁之战的赤壁应是李吉甫在《元和郡县志》中所指的湖北赤壁，它的确切位置是：蒲圻县西北36千米，长江南岸的赤壁山，与乌林隔江相望，又名石头关、石头山。相传赤壁大战时孙权、刘备联军以火攻破曹操战船，火焰熊熊冲天而起，江岸山壁为之彤红丹赤，赤壁因而得名扬名。前人吟咏赤壁之作自唐李白起，元吴师道止，仅此四代有记载的就有14人之多，诗、词、曲、赋均有且不乏名篇传世。但，他们对赤壁古战场究竟在哪里，却也不甚了然，可称之为大赤壁之作，杜牧的《赤壁》绝句谓："折戟沉沙铁未销，自将磨洗认前朝。东风不与周郎便，铜雀春深锁二乔。"

不管如何纷争，看来与当年赤壁之战中风云人物瓜葛最多的是蒲圻赤壁；而因诗因人名气最大的却是黄州赤壁。古人为便于区别，称黄州赤壁为"文赤壁""东坡赤壁"，而呼蒲圻赤壁为"武赤壁"或"周郎赤壁"。

《蒲圻乡土志》载，赤壁大战后，周瑜的楼船泊于石头山之侧，摆庆功宴，舞剑吟诗，酒酣，周瑜拔剑于山石上刻"赤壁"二字，苍古有力，长150厘米，宽140厘米，至今犹存。不过，考证者说此二字为唐人所刻，其上有唐代道教符文。

苏轼于元丰三年（1080年）二月被贬黄州，名义上是"水部员外郎、团练副使"，实际上不过是挂名差使，宋神宗明确规定"不得签书公事"，主要是"思过而自新"，类似"停职反省"之类。形同罪人，几近流放，不过这倒也成全了苏东坡，有的是时间读书写诗，其山水履踪从鄂东而江南，不比做官逍遥自在？

元丰五年某日，苏轼同客人泛舟长江，酒醉醒来已是夜半，归去，敲门不应，家童睡着了，不得其门而入，又回到长江边上，"倚杖听江声"。有《临江仙·夜归临皋》记之："夜饮东坡醒复醉，归来仿佛三更。家童鼻息已雷鸣。敲门都不应，倚杖听江声。长恨此身非我有，何时忘却营营？夜阑

东坡赤壁

风静縠纹平。小舟从此逝，江海寄余生。"这一首词传开后，又有消息说苏轼写罢"小舟从此逝，江海寄余生"，便将衣帽挂在江边一棵柳树枝头，驾小船而隐没于长江波涛，不知去向。

元丰五年农历七月十六日夜，苏轼与友人夜游赤壁，写《赤壁赋》，描述赤壁之夜，浩叹造物无穷，议论明月，言说江水，奇文美文实在不可多得，长江之可以骄傲者也！

三个月后，苏轼再游赤壁，万木飘零，江寒水瘦，月影清冷，又写《后赤壁赋》，一样才情，两种景致，其"江流有声，断岸千尺。山高月小，水落石出"之句，幽深萧瑟，仙风道骨，绝唱也。

《念奴娇·赤壁怀古》，为前后《赤壁赋》同一年所写。黄州谪居，安知非福，苏轼在这四年零两个月的时间中，写诗214首，填词37首，文赋及小品书信370篇，书法、绘画若干。其画多为枯石竹木，枝干盘踞虬曲。

元丰七年春，苏轼奉调离黄州而去汝州（今河南临汝），遂有"吾归何处？万里家在岷峨"之慨。岷峨，长江之上游，岷山雪，峨眉月，大江东去赋赤壁，已经是长江中游了。

> 因为颠沛流离，因为有家难归，因为悲凉孤寂，苏轼才能大写长江，成为一代文豪。而于江涛月色间体会诗人的岷峨情愫，其危乎高哉，其大气磅礴，其忧郁苍凉，便有源可寻了。
>
> 能不能这样说呢？因为长江，因为故乡的流出和寄托，苏东坡的人生如梦，把酒酹江，融汇于涛声、不朽于清风明月之间了。

江水又东……

长江与汉水的交汇处，是武汉。江河相交相汇必有神奇出，武汉只是更独特，它由武昌、汉口、汉阳三镇组成，地处中国中腹，华中最大都市。

长江奔腾而至，从武汉斜穿而过，发源于陕西汉中的汉水，历尽曲折之旅，也在武汉终于有所归而注入长江。东岸为武昌，西岸的汉口、汉阳又被汉水从中分隔，是有二水分三镇的少见格局。依长江、临汉水，武汉又有

武汉长江大桥

"江城"之称，名副其实。历史上，它以战略要地著称，是长江中游的咽喉之地，西可经三峡临巴蜀，东能下皖赣接吴越，北连豫鲁而达燕晋，南越洞庭而至两广，水陆枢纽，九省通衢。

说武汉为二水分三镇，是现代的通常提法。如更求确切，应是三镇依二水。二水交汇之后才有洲渚河滩，芦苇丛生，才有人迹脚印，渔港渡口。农人和渔民的居所，是武汉三镇最初的奠基，然后是商埠，贩夫走卒，商贾云集。再后来就是你争我夺、你死我活的战争了。长江、汉水既是天然防线，有防则有攻，有了中国战争史上规模可观的水战——赤壁之战。

三镇依二水之外，武汉的发展还有赖于商机与战机。

新石器时代，先民出三峡而漫游，到现在的武汉地区，这既在情理之中，也并不困难。较之上游的丛山峻岭，这里水也宽阔地也广大，渔猎农耕皆宜。已有的考古发掘又告诉我们，古人类的地理发现并不是一蹴而就的，因为环境与气候，他们有大体的方向却没有既定的目标。

因发掘于湖北京山屈家岭而得名的屈家岭文化，以江汉平原为中心，东起大别山，西至三峡，北到豫西南，南到洞庭湖，是大溪文化的延伸。如果笔者没有理解错，那么此种延伸不仅具有时间的意义，同时还包括了人事代谢。

大溪文化从川东、三峡、鄂西漫游而来，到达江汉平原，屈家岭文化作为直接继承，是因为古人类的相沿相传，应无疑义。写到这里，我们当可看见漫游者已经不像早先只是手执一根木棍了，他们手握石器，肩扛担挑大约还不可能。从木棍到简单石器，到有意打制的石器，人类的脚步已经涉过至少两个时代了。

武昌放鹰台是屈家岭文化重要遗址之一，它的石斧、彩陶仿佛能使我们想到，在遥远的史前3 000年的风雨晨昏中，长江之滨的先民就已经叩响未来的江城之门，描画三镇风貌了。

屈家岭先民制陶生活场景雕塑

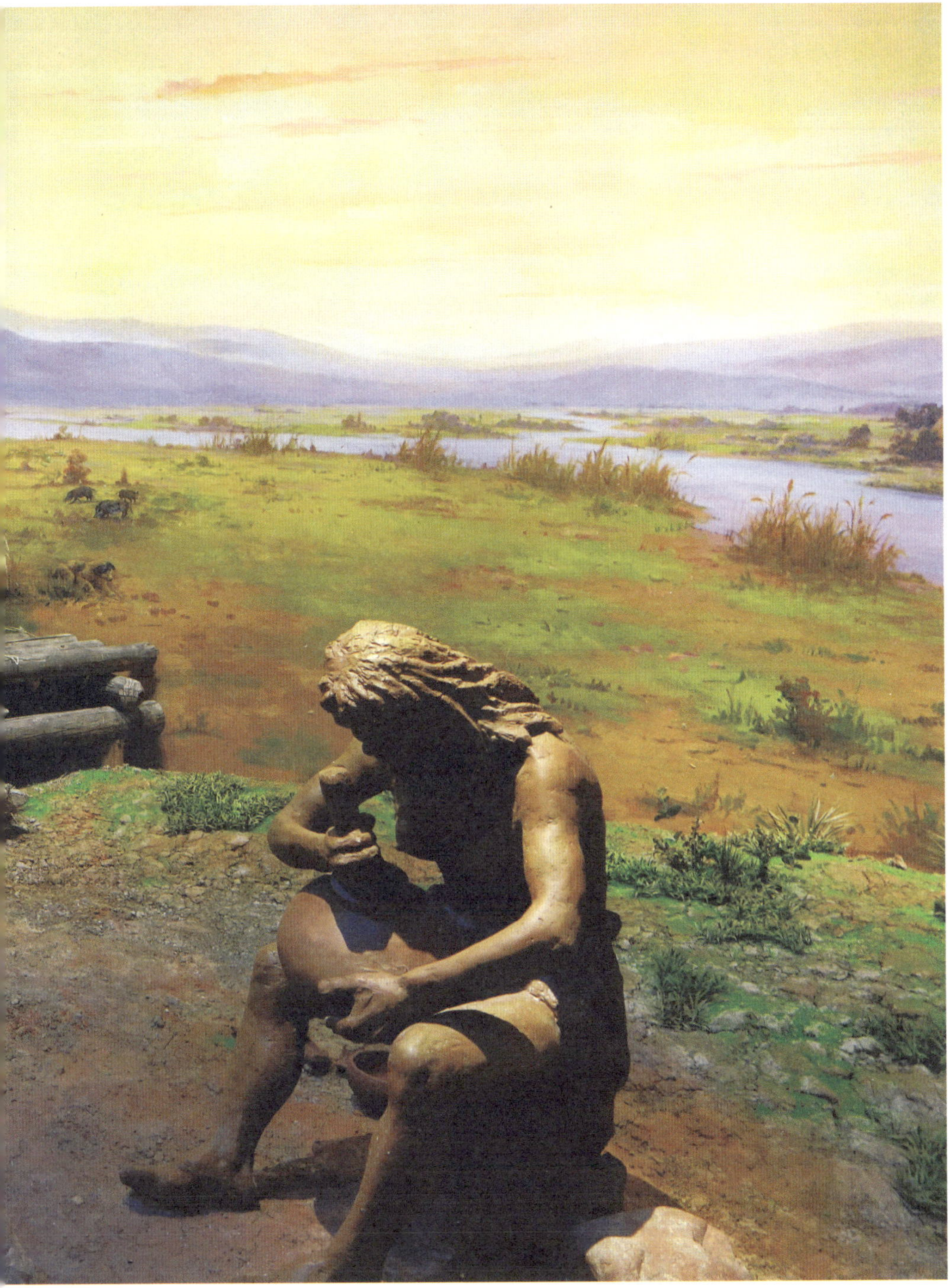

春秋战国时，这里为楚地，武昌一带名"鄂渚"，汉口一带名"夏浦"，今日武汉尚留有古琴台等多处楚文化遗存。屈原在今日武汉附近被流放过，其踪迹可考。《涉江》写道："乘鄂渚而反顾兮，欸秋冬之绪风。步余马兮山皋，邸余车兮方林。"《哀郢》："背夏浦而西思兮，哀故都之日远。登大坟以远望兮，聊以舒吾忧心。"此等诗句中，均能听见长江涛声，古镇旧韵。

秦灭楚，今武汉之地属南郡。汉代，属江夏。至汉末三国，魏、蜀、吴拥兵鼎立，这里既得长江水利之便，又能锁扼水陆交通，便成了兵家必争之地，也是一部真实的历史剧的大舞台之所在。曹魏力克江北，孙吴据守江南，西蜀则既联吴抗魏，又与东吴明争暗斗，百余年间计谋用尽，风波起伏，是为三国之争，然后又成为《三国演义》。武汉一带，遍布三国遗迹，蛇山有黄鹤楼，龟山有鲁肃墓和关羽洗马口，江中有因祢衡《鹦鹉赋》而得名的鹦鹉洲……

武汉三镇的逐渐兴盛，已在唐宋了，文人墨客纷至沓来。到南宋，三镇繁华，如陆游在《入蜀记》所说，"市邑雄富，列肆繁错"，"虽钱塘、建康不能过，隐然一大都会也"。

明代成化（1465—1487）初年，汉水下游改道，将原为一体的汉口、汉阳分为两处，汉口从一片芦洲上崛起，成为与江西景德镇、河南朱仙镇、广东佛山镇齐名的四大名镇之一：湖北汉口镇。

汉水最后造就了武汉三镇。

汉水，长江中游左岸支流，源出陕西省宁强县秦岭南麓，东南流，经陕西省南部、湖北省西北部和中部，不远千里从武汉市注入长江，长1 577千米，是万里长江最长的支流。流域面积15.9万平方千米，居各支流之冠，跨甘、陕、川、豫、鄂5省。北以秦岭、外方山和伏牛山与黄河流域分界；东北以伏牛山、桐柏山与淮河流域分界；西南以大巴山、荆山和嘉陵江、沮漳河相邻。河源至丹江口为上游，长925千米，为盆地峡谷相间河段，汉水被束缚在陡峻河谷之中，其间有汉中盆地，峡谷段水流湍急。丹江口至钟祥为中游，长270千米，为丘陵和河谷盆地。钟祥以下为下游，摆动于江汉平原，河床坡降很小，大堤束水，河道窄狭，汛期又为长江洪水顶托，泄洪不畅，极易决堤泛滥。

长江与汉水的不期而遇，本身便可看作是高山流水觅知音。而在龟山西麓、月湖之滨的古琴台上，伯牙与钟子期的故事及其《高山流水》曲，却诉说着知音不知何在之苦。

古琴台的位置，典籍所记各不相同，有说在泰山的，有说在嘉兴海盐的，《琴台记略》说："大凡古人游咏之处，后人往往附会为湖山增色，非独牙期事然也。"

伯牙、钟子期均为楚人，楚国当时音律惊世，古琴台应在楚地无疑。《汉阳县志》称："古琴台亦名伯牙台，一名碎琴山，在大别山（龟山）尾，相传钟子期听琴于此。又县西五十里马鞍山集贤村，相传是钟子期故居。"有学者认为，今汉水之滨一名叫琴断口的小镇，应是当年伯牙、子期相见之地。古琴台大概原在马鞍山江边钟子期坟台的山地上。"后来，琴台又从马鞍山一带迁到龟山脚下、月湖之滨，传说是因为原处一带常发洪水，道路不便"。

现在的琴台是1957年修葺过的，门前辟有琴台路，连接长江大桥和江汉桥。

古琴台碑刻中时间最早的是岭南宋湘题壁诗。

宋湘，曾任湖北督粮道，道光六年（1826年）游琴台，欲题诗，却无笔，于是束竹叶代笔饱蘸浓墨奔放挥毫：

噫嘻乎！伯牙之琴何以忽在高山之高，忽在流水之深？不传此曲愁人心！噫嘻乎！子期知音何以知在高山之高，知在流水之深？古无文字直至今。是耶非耶？相逢在此，万古高山，千秋流水，壁上题诗，吾去矣！

崔颢笔下"芳草萋萋鹦鹉洲"，如今安在哉？

真正的鹦鹉洲因汉末才子祢衡作《鹦鹉赋》而得名，位于武昌前面江中，《水经注》称："江之右岸，当鹦鹉洲南，有江水右迤，谓之驿渚……水下通樊口水。"《太平寰宇记》说："鹦鹉洲在大江中，与汉阳县分界。后汉黄祖为江夏太守，祖长子射大会宾客，有献鹦鹉于此洲，故名。"

从《后汉书》得知，当时鹦鹉洲便略具规模，已是人们踏青看春、迎宾送别之地。到唐宋沙洲涨成宽约400米长约5里的狭长小岛，有芦滩、野鸟、渔人及浣衣之女。

祢衡正向着鹦鹉洲走来。

祢衡，字正平，今山东临邑人。"少有才辩，而气尚刚傲，好矫时慢物"。怀藏一刺（名片）欲择而投之，"至于刺字漫灭"也未找到值得拜访的人。唯孔融、杨修还算可以一游，说："大儿孔文举，小儿杨德祖。余子碌碌，莫足数也。"孔融爱其才，上书荐举，说祢衡"目所一见，辄诵于口，耳所暂闻，不忘于心"，"忠果正直，志怀霜雪，见善若惊，疾恶如仇"。孔融在曹操面前时有称赞之后，曹操想见见祢衡到底是何等样人。祢衡托病不应，还出言不逊。曹操听说祢衡能击鼓，要他在宴会上表演，作鼓卒而当众羞辱之。按规定，在这盛宴礼仪之所挝鼓要换新衣，祢衡却穿旧衣而入，旁若无人击《渔阳参挝》，其声慷慨，悲壮催人，宾客为之动容。曹操部下仍命祢衡更衣，祢衡当着曹操的面脱了个精光赤条，席上哗然。曹操不能羞辱祢衡而反被祢衡羞辱，恨不能绑出去斩首，却又怕落个"不能容人"的恶名，于是就把祢衡转而荐送刘表。曹操不能容，何况刘表，借刀杀人也。

祢衡不改其性，"侮慢于表"，刘表又把他打发到江夏太守黄祖处。黄祖性烈暴躁，却还赏识祢衡。黄祖之子黄射为章陵太守，与祢衡也友善。一日黄射在鹦鹉洲大宴宾客，有献鹦鹉者，黄射请祢衡作赋。

祢衡文不加点一挥而就《鹦鹉赋》。

祢衡写鹦鹉"惟西域之灵鸟兮，挺自然之奇姿。体金精之妙质兮，合火德之明辉。性辩慧而能言兮，才聪明以识机"，"虽同族于羽毛"，"焉比德于众禽"！后来落入罗网，人之所加也，"虽纲维之备设，终一目之所加"。纵然"闭以雕笼，剪其翅羽"，仍眷恋故地，向往自由，"眷西路而长怀，望故乡而延伫。忖陋体之腥臊，亦何劳于鼎俎"，秋尽而冬至，寒风起萧瑟，鹦鹉以残躯发残音，"闻之者悲伤，见之者陨泪"。赋末是回想，"想昆山之高岳，思邓林之扶疏"，并且于怨痛之余表示愿尽力侍奉君子。

祢衡淋漓写鹦鹉浇心中块垒也。

祢衡不是因写《鹦鹉赋》而被杀的，而是后来在一个公开场合与黄祖顶撞，被黄祖怒而杀之。杀人后据说黄祖又后悔，将其厚葬于祢衡作《鹦鹉赋》的江洲之上。从此无论这江洲曾经是否有过名字，人们都称之为鹦鹉洲了。

因为《鹦鹉赋》的流传和祢衡的被害，来江汉三镇的人于黄鹤楼看"孤帆远影碧空尽，唯见长江天际流"之后，必去鹦鹉洲。祢衡墓前，芳草丛生，祢衡无言，下自成蹊。为祢衡鸣不平的诗文代有佳作，如李白于乾元二年（759年）或上元元年（760年）春，到江夏怀祢衡，在鹦鹉洲上百感交集，有诗句道："一忝青云客，三登黄鹤楼。顾惭祢处士，虚对鹦鹉洲。"另有一首《望鹦鹉洲悲祢衡》："魏帝营八极，蚁观一祢衡。黄祖斗筲人，杀之受恶名。吴江赋鹦鹉，落笔超群英。锵锵振金玉，句句欲飞鸣。鸷鹗啄孤凤，千春伤我情。五岳起方寸，隐然讵可平？才高竟何施，寡识冒天刑。至今芳洲上，兰蕙不忍生。"

鹦鹉洲长江大桥

长江流，汉水流，多少沙岛陷而复生，生而复陷，消消长长生生灭灭，世人独说鹦鹉洲。

鹦鹉洲在明末淹没。

鹦鹉洲又岂能淹没？

现在的鹦鹉洲是乾隆三十四年（1769年）淤出的新洲，当时名为补得洲，距祢衡之鹦鹉洲不远，因何补而何所得？后人因难舍祢衡，视补得洲为鹦鹉洲，总是其趣不一了。而今热闹非凡，已和汉阳连成一片，名洲非洲。

汉水是一条不寻常的河流。

《水经注》称汉水为沔水："沔水又东，径武侯垒南，诸葛武侯所居也。南枕沔水，水南有亮垒，背山向水，中有小城，回隔难解。沔水又东，径沔阳县故城南，城旧言汉祖在汉中萧何所筑也。汉建安二十四年（219年），刘备并刘璋，北定汉中，始立坛，即汉中王位于此。其城南临汉水，北带通逵，南面崩水三分之一。观其遗略，厥状时传，南对定军山。曹公南征汉中，张鲁降，乃命夏侯渊等守之。刘备自阳平关南渡沔水，遂斩渊首，保有汉中。诸葛亮之死也，遗令葬于其山，因即地势，不起坟垄。惟深松茂柏，攒蔚川阜，莫知墓茔所在……"

郦道元娓娓道来的本来是一段与沔水相关的风云动乱的历史，却说得那样从容，仿佛所讲的是一段他亲历却又经过岁月揉搓的家常往事……

汉水可记的实在太多了。

郦道元还写到汉水之再东后，引《汉中记》说，从西城越过黄金峭、寒泉岭、阳都坂，高崖重重，石壁万寻，登上峰顶以为已超过嵩山和泰山，再看前面的山岭，又高出很多。接下来郦道元又写道："言陟羊肠，超烟云之际，顾看向涂（途），杳然有不测之险。山丰野牛野羊，腾岩越岭，驰走若飞，触突树木，十围皆倒。"

这是汉水的另一种景象：林草丰茂，野生动物正奔突其间；山高水长，往事如烟而生机勃发。

汉水是长江最大的支流，同时也拥有众多很小的支流。

很小的支流有很美的故事。

很小的支流是独一无二的支流。

《长江大辞典》载：官渡河，又名九道梁水，汉江支流堵河南源。源出湖北省神农架林区大神农架北坡，北流经房县西北部，至竹山、竹溪两县界与汇湾河汇合，称堵河。长124千米，流域面积2 947平方千米。主要支流有洛阳河、公祖河、平渡河、铁峪河等。

南河，又名"粉水""粉青河"。汉江中游右岸支流，源出湖北省神农架林区东南，流经房县，在珠藏镇纳马栏河，继续东流始称南河。经保康县境，于谷城县汇入汉江，长245.7千米，流域面积6 497平方千米。

从神农架流出的水，在注入汉江的诸水之间，是不是要更为冰冷一些？更为古旧一些？

神农架位在湖北西北部的房县、兴山、巴东、保康等县之间，面积达3 250平方千米，海拔一般在千米以上。神农顶、大神农架等6座山峰高达3 000多米，属大巴山山脉褶皱带。据不完全统计，这里有2 000多种优良野生植物，1 000多种地球上已经残剩无几的稀有树种，有大片的第三纪古老植物群落，500多种珍禽异兽。

相传，上古时谷物与杂草杂树长在一起，草药也和野生野放的花朵为邻，人们不知道哪一些可作食物吃可以用来疗伤止痛。有神农氏，湖北随州历山人，率乡人来到一座荒无人烟的高山脚下，以藤条、木棍靠山崖层递而上搭梯架，共365层，神农逐架而攀遍尝百草，辨识麦、稻、谷、豆、高粱，五谷也。再尝百花，以其苦、涩、辣、香诸味治人间之疾，吃一花中毒而以另一花解毒，攀架越岩遍体鳞伤，以花草嚼而碎之涂抹，竟然止血，等等。收集完种根样草，神农要下山，却不见了搭架365层的木杆藤条，但见

冰雪神农架大九湖

满山葱郁绿涛起伏。

后人便把这片山峦林海叫作神农架。

神农架的洞穴是奇洞异穴之大观，非此莫有，它处所无。

燕子洞在神农架海拔2 400米的燕子垭右侧山壁间，洞口高有20米，前为大厅，千人可坐；右为幽洞，前直后曲，渐深渐暗；左是天洞，斜穿壁，有光照；后为里洞，混沌莫名，恍恍惚惚。洞顶岩壁上燕巢成千累万不知其数，一个挨一个精巧雅致，五六十个燕巢为一集群，其建构、纹理、布局尽得天然，俨然一幅幅藏之高山洞府的生物图案。

有一个燕子洞在神农架的大山里，有一群燕子决心不住人的屋檐下。

山中燕而非梁上燕。

官封鱼洞在官封河上游，产钱鱼，鳞片状如古钱，小头，嫩肉，味极鲜美。春雨过后，河水暴涨，水流湍急，群鱼活跃随泉涌出。鱼洞外接溪涧，内通暗河。冬也冷，鱼群入洞取暖过冬；春归时，雷声动，便迫不及待地涌出洞口，回到河流之中。当地农民说神农架"燕子有洞，鱼也有洞，待到春雷一动，便是钱鱼汹涌"。

神农架的自然环境似有一种特别的格局：即万物皆有洞。青蛙洞、蛇洞、老龙洞、风洞、雷洞、金洞、银洞、玉洞等举不胜举。从小当阳往下，还有一洞名潮水洞，每日早中晚涌潮三次，每次涨潮半小时。潮从何来？至今仍是个谜，莫非长江、汉水有地下暗河通山泉而接洞？

潮水洞里潮涨潮落都是水的启迪：哪里的山离得开水呢？当水的恩泽在一个山洞里涨涌时，我们就知道神山灵水并非虚言。

作为大巴山的余脉，神农架处在北亚热带与暖温带气候过渡带，海拔最高3 105米，最低398米，气温依地势高低而异，低山河谷向中山过渡，中山向高山过渡。过渡意味着镶嵌、连接、交叉、重叠，如此独特的地理环境为长江中游所少见，神农架由此成为天然的动植物王国。

这一不可多得的绿色宝库因拥有古老孑遗树种，如珙桐、冷杉、香果树、铁坚杉、鹅掌楸、红豆杉、水杉等格外珍奇。

珙桐树干高15米左右，叶似桑，边缘有尖齿，花开于春末夏初，淡雅而高贵，枝条上乳白色苞叶成双成对，内托圆珠形花团，苞叶如鸽子的双翅，风吹枝摇花动，满坪满树都做振翅欲飞状，西人爱其形，称之为中国鸽子树。

神农架南部和中部海拔600～1 400米的山坡上，生长着中国特有的松科杉属植物、常绿高大乔木铁坚杉。小当阳后山坡上有名为"神农老树"者，树龄约为900岁，胸径2.38米，高46米，胸围7.5米，积材80多立方米。

如今这棵阅尽人间春色的铁坚杉干似青铜，叩之有声，苔痕满身也似锈衣斑驳，古朴沧桑，威风凛凛。所不见者，是神农老树的根，在山岩裂隙间游走、攀援，支撑起九百春九百秋金刚不烂的栋梁之材。

成书于汉代的《神农本草》及明李时珍写的《本草纲目》，均记载神农架有奇珍中草药材，其中的特别名贵者，生于偏僻峻险之处，人迹难至。

头顶一颗珠：学名延龄草，生长在2 000多米的高山上，枝为独杆，长三片桃型绿叶。夏天，顶端开一朵黄灿灿的小花，秋天结出一粒豌豆大的深红色果实，叫天珠，夏开一枝花，秋结一粒珠，块根叫地珠，均可入药，有活血止疼、镇静安神、祛风除湿之神效。相传，三国时，魏、蜀、吴交界处住着三对夫妇，三个男人各为一国之君打仗，战死沙场。三个寡妇逃难在神农架的荒山里，由相识而同病相怜，结为姊妹，耕作采药之余，对天祷告祈求天下太平，刀兵不再，以救苍生。有一年夏天，她们垂泪祷告之处忽然长出一根独杆之草，生三片绿叶，秋日结一果，泪水成天珠。

江边一碗水：独茎圆叶，形似小碗，叶中常聚集雨水、露水，开紫红色小花，生长在神农架的黄宝坪、红河、马家屋场、小神农架等地，止痛、止血、散瘀，药到病除。传说神农采药时，从岩壁摔下，待醒来疼痛难忍且口渴，抬头看见有长着碗状叶的草，叶间盛满清亮的露水，一饮而尽，如获甘霖，伤痛即止，精神大振。再口嚼其叶，瘀血立散，是有"江边一碗水"之称。

文王一支笔：学名筒鞘蛇菰，别名"借母怀胎""观音莲"，为寄生草，寄生于神农架阴峪河海拔2 000米处山坡林荫下的树根上，长得像笔锋朝上的羊毫毛笔，因有"一支笔"之名。传说周文王访贤得姜子牙，姜子牙向文王索笔写"八百载垂长久"六字，文王将此笔视同国宝，传之后人意在敬贤、惜贤。昭王不施仁政，取道神农架攻打楚国，此笔失落，千军寻而不得，笔落草莽立地生根，成为名药，专治心病，心急跳骤慌之类，服之即可安宁。

七叶一枝花：百合科植物，别名灯台七、铁灯台等。茎顶之叶一般为七叶，其上单生一株绿色小花，故名。清热解毒止痛有奇效。神农架人又称之为"海螺七"，是说神农架之地由海洋而成陆时，有一只海螺变成一美貌少女，愿追求人间幸福。毒蛇闻之，居心不良，紧缠住海螺姑娘，两相拼斗，海螺姑娘以螺尖刺向毒蛇之七寸，毒蛇死，自己也中毒。海螺姑娘划破手指挤出毒血，却苦无止血之法，鲜血滴落长七叶之花。海螺姑娘吞而咽之，毒尽血止，因而也称"海螺七"。

神农架的野生动物多达五六百种，显然这个数据也出自不完全的统计，其中国家保护动物有金丝猴、苏门羚、云豹、小灵猫、大鲵等20多种。

海拔1 500～3 000米的大小神农架，是金丝猴出没之地。《南州异物志》描绘的金丝猴形象极有趣："体不过三尺，而尾长过头，鼻孔向天，雨则挂木上，以尾塞鼻孔。"据报载，神农架鸭子口曾出现过金丝猴大集群嬉戏的景观。

神农架有不少白色动物，如白熊、白鹿、白雕、白獐、白狼、白金丝猴、白松鼠等，甚至还在九冲发现了白蛇。白色动物点缀于老树古木、山花野草间，令人叹为观止。

这些白色动物到底是因变异产生，还是一种新的动物，目前还无法解释。人们从前只以为有北冰洋白熊，而神农架白熊是有一定数量的群体，曾经捕获过两只小白熊，其母熊与父熊均是白熊，而不是黑熊或棕熊。有专家认为，神农架白熊很可能是一个独立的种群，神农架白熊现为国家一级保护动物。

神农架野人的各种消息，也曾使世界关注，人类正在寻找野

神农架金丝猴

人——不知算不算我们的姨表兄弟——至少说明人活得很孤独也很迷惘。达尔文的进化论始终无法解释：人从哪里来？人到哪里去？

寻找野人基本上是一种精神的渴求、生命的困惑，至于到底有没有野人，则无关宏旨。

这就是神农架，看得见与看不见的神农架，难穷其究竟的神农架。

神农架所拥有的，也许要比我们想象的多得多。

神农架林区有一些老歌手，其声雄浑，其音忧郁，传唱"四游八传"等长歌。而此种歌唱主要用于丧事，为死者哭，为死者唱，为灵魂送行，《黑暗传》是最为著名的一首。这个题目就是惊心动魄的，黑暗之中的探求，实际上已经在追问混沌起源了：

久闻歌师有学问，
能知地理与天文，
今要与你论古今。
什么是黑暗与混沌？
什么是盘古来出身？
盘古拿的什么开天斧？
日月又怎样上天庭？
……
说的是远古那根痕，
无天无地也无日月星，
一片黑暗和混沌，
茫茫八极无一人。
乾坤暗暗如鸡蛋，
迷迷蒙蒙千万层。
盘古生在混沌中，
无爹无娘自长成……

神农歌师的歌本也许是远古存留的思想的残痕，其中关于神农的歌唱，与古籍中的记述大体相似，由此推断这些歌唱并非即兴随意的，而是旧有所本，口授相传。昆仑的形象屡有出现，用法和含义竟与《山海经》《楚辞》一脉相承，楚文化的意气飞扬甚为突出。

《黑暗传》的想象力及探索幽深的智慧，是最让人惊讶的。从天地形成到万物起源，到历朝历代，包括神话、传说，实为惊世之作。但，它却完全以民间形式流传，并辅以民间鼓乐，在殿堂之外而远比殿堂神圣高大。那是黑暗的奇妙及汪洋恣肆吗？

胡崇峻搜集整理已发表的《黑暗传》有3 000多行，当地民间还有不同版本的完整或残缺的手抄本，近2万行，可以视之为华夏民族的伟大史诗。

神农架，很难说你是这洋洋史诗的封面还是内页。看神农架的山水云雾，珍禽草木，风花雪月，倘若心怀敬畏，脚步轻轻，那种人生如梦的感觉在心灵丝丝缕缕地飘出时，便是黑暗与混沌吗？

神农架有众水奔流、环绕……
流向汉水，汇入长江，故垒西边硝烟已经不再，长江——长江流域——那些说不尽的帝王争霸与农人樵夫的耕种劳作以及神农架一起，使长江的涛声如此丰富多彩。如果巨大的历史不是因为细小的水珠包裹，我们的昨天能够有声有色吗？还有滋润，让所有的古老都潜伏生命之春光。
知音何在？
水啊水！

长江丝毫没有疲惫之感，它将走完中游的最后一段流程。名山，仍是江之所爱；大湖，仍是江之所往。

庐山·陶令·鄱阳湖

当迁飞时,
白鹤们展翅腾空会排出「一」字形或「人」字形,
高声鸣叫数番后离去,
那鸣声不断是以壮军威呢,还是眷恋故园?
那「人」字形,
是对人的赞美呢,还是对人的呼唤——
我是你们的至爱亲朋?!

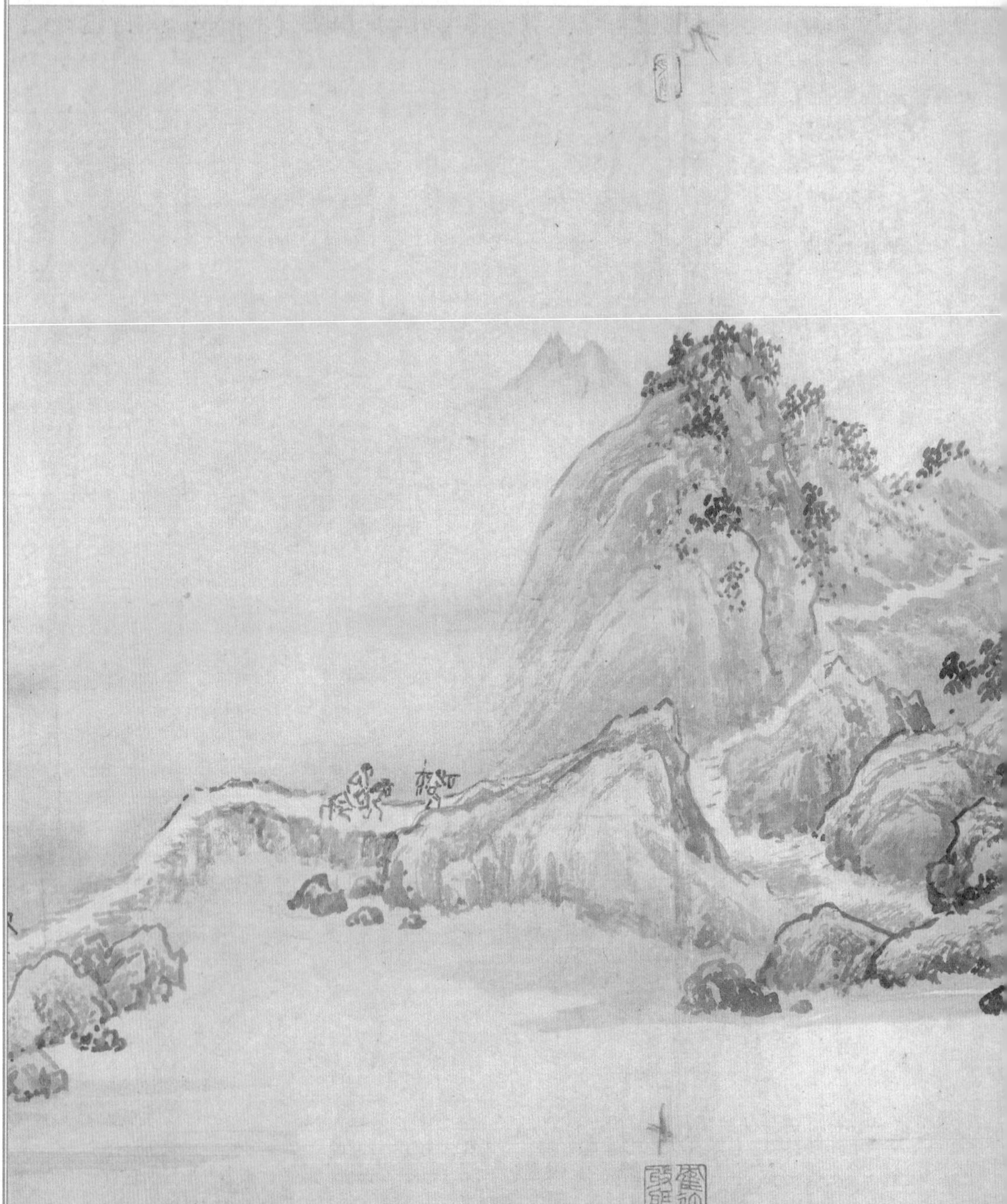

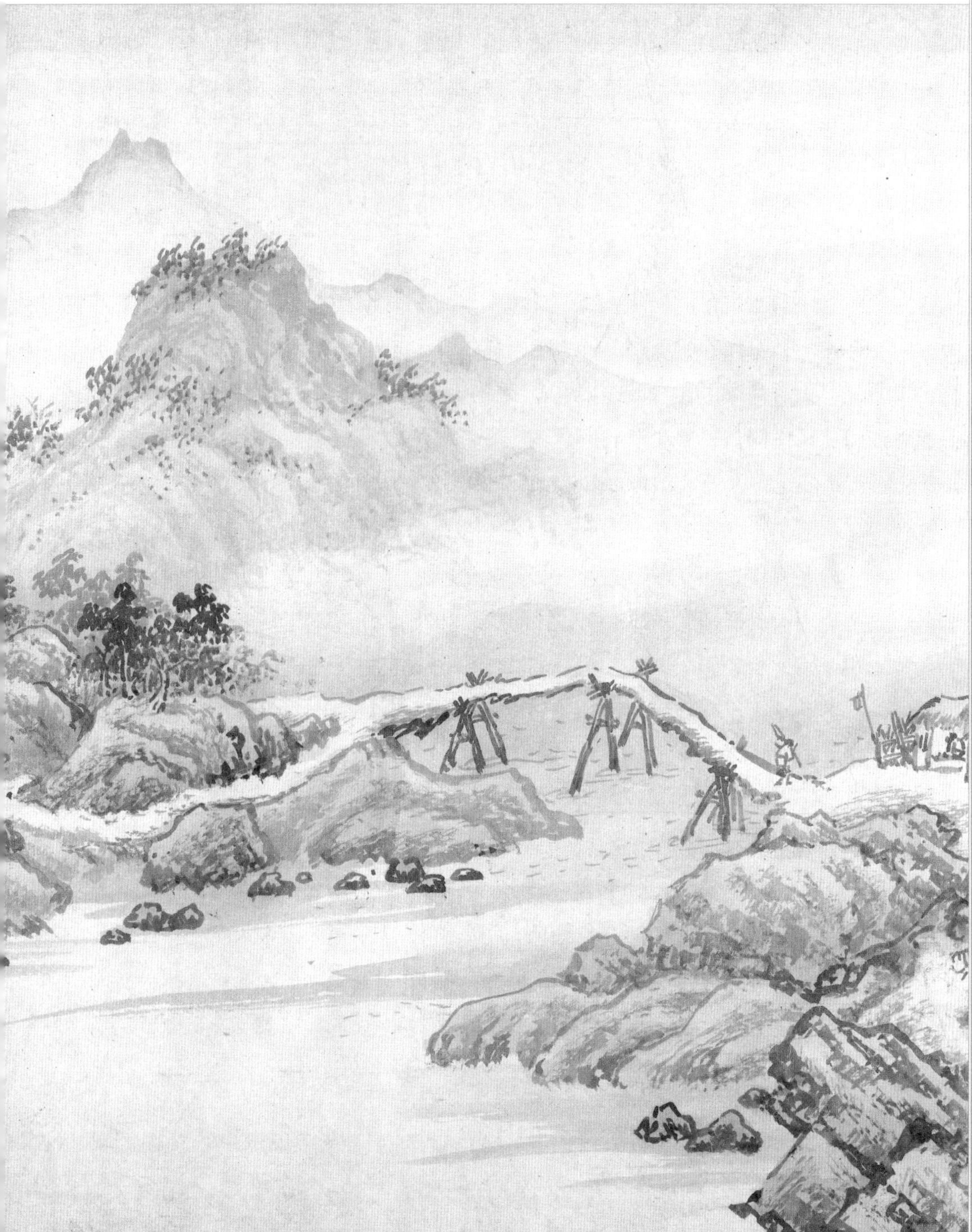

庐山，奇秀之山，位于江西九江之南，鄱阳湖口之西。

庐山之名，最早见于司马迁的《史记》，在《史记》前后的一些典籍中，庐山也称"天子都""南障山"。朱熹在《九江彭蠡辨》中认为，《尚书·禹贡》中的"敷浅原"即傅阳山、鄱阳山，今之庐山。与所有名山一样，云雾缭绕的庐山也有各种传说。

庐山一山都是鬼斧神工之作，面积约300平方千米，它是怎样孤傲神秘地崛起于长江南岸的呢？基于这样的疑问，于是便有了秦始皇赶山的传说。

秦始皇为了修筑自己的地下寝宫，以神鞭劈开骊山一角，并把这一角之山在风雷呼唤中鞭赶到长江、鄱阳湖边。然后去探海。秦始皇原本想以此填海铺一条通往蓬莱仙境之路，正待挥鞭再赶，丢失神鞭的南海观世音悄悄地把神鞭换走了。秦始皇再挥鞭时，庐山却不为所动，连挥九十九鞭，直到汗如雨下才作罢，仰天叹道："神鞭既不神，仙乡复何在？"遂扔鞭而去，策马回咸阳了。从此这九十九鞭挥打处便成了九十九道锦绣山谷，秦始皇跌落的汗水又惊醒了山岩中沉睡的流泉，一经释放便成飞瀑，那一根被扔下的赶山鞭落地生根直插云霄，是为桅杆峰，倘若风起帆张，是不是还要奔腾入海呢？

庐山云海

倘说庐山之恋在大海，那倒是事出有因的，庐山也是沧海桑田的明证，难以解释的只是：它为什么秀美若此？

在遥远而又遥远的地质年代，庐山之地是一片汪洋，地球造山运动中海底冒升的岩石使庐山得以突显。但可以推想的是，庐山初始很可能是乱石横陈，它已经高出海面了，但还不是很高，大约也谈不上俊逸美丽。今日庐山上不难发现的裸露的巨岩，比如"大月山粗砂岩"，便是元古代震旦纪时的古老岩石。

大约在近1亿年前的中生代白垩纪，地球又发生了强烈的燕山运动，庐山在南向挤压的伟力与江南古陆的夹挤下而大幅抬升，呈东北—西南走向，形成了长25千米、宽10千米、周长约70千米、海拔1 000米以上的山地。

庐山有了真正的高度了，在近乎一马平川的长江岸边，只要一山矗立，便有气象万千。庐山不是一次造山运动的创作，而是几次，这就意味着增加、删削、镶嵌，山形岩貌便由此而成。

庐山的出现，或许还与古长江的形成和变迁大体同步。唯其如此，它们才声气互通、相依相伴。

自从佛教传入中国，庐山便是一处胜地。东汉时山上寺院多达380余处，重峦叠嶂处寺庙凌空也似重峦叠嶂，山花烂漫时佛祖回眸如同山花烂漫。从东晋到南宋，庐山香火不断，佛教大行其道，有多少善男信女进山出山？史书无载，史书难载。后人尊为佛教净土宗始祖的东晋高僧慧远大师，在庐山创建东林寺。其寺正对香炉峰。峰势自北而西，环合四抱，有如城郭，东林在其中。徐霞客曾记道："寺南面庐山，北倚东林山，山不甚高，为庐之外廓。中有大溪，自南而西，驿路界其间，为九江至建昌（今永修县，笔者注）孔道。寺前临溪，入门为虎溪桥。"东林寺原址为西林寺旁的龙泉精舍，后建新寺，因在西林寺之东，故名。

381年，慧远到庐山，416年去世，与庐山结缘35年。在这期间，慧远

东林寺

"影不出山，迹不入俗"，在东林寺钻研佛理，聚徒讲法，并派迎远禅师等人，横跨荒漠前往天竺取经。取经者返回庐山后，在意远主持下把经文译成汉文，与长安的鸠摩罗什交换经本，慧远写《般若经》序文。前后所著经、论、序、铭、赞、记、诗文共10卷，辑为《庐山集》。达官显贵、骚人墨客、学者名流、农民起义军领袖等各色人物，只要问经礼佛，慧远来者不拒，一概与之交往，诚为大弘扬者。东林寺后的锦绣谷，相传是慧远诵经讲论之余荷锄种植药草之地。

庐山上除东林、西林、大林三大名寺外，还有秀峰、归宗、海会、万杉、栖贤，史称"庐山五大丛林"。

把庙宇称作"丛林"，这是佛教的一大发明，它使宗教有了绿色的美感。

在匡庐，除了白鹿洞书院招纳天下学人外，要数寻寻觅觅的诗人最为殷勤了。得意的、落魄的、狂傲的、淡泊的，都能在庐山拾到诗情画意，为庐山庇护而心灵得以暂时超脱，自由自在地叩问山壁，思接千古。陶渊明、王羲之、谢灵运、鲍照、孟浩然、韩愈、李白、白居易、范仲淹、欧阳修、苏东坡、王安石、黄庭坚、陆游等，皆在庐山流连忘返过。他们的名字加上他们的诗句，又何尝不是庐山看不见的奇峰峡谷呢？

牯岭西谷有花径，白居易暮春四月寻访庐山的拾级处。他发现山外、山里的景色是不一样的，时光的流动仿佛也有快慢，是以诗曰"人间四月芳菲尽，山寺桃花始盛开。长恨春归无觅处，不知转入此中来"。庐山向以凉、古、奇、秀闻名，夏日江西大热，而庐山之中却凉意沁人，气温要比山下低9℃左右。峰奇石怪变化无常，跌水流泉奔雷堆雪，云雾缥缈欲仙欲鬼，春有杜鹃秋有红枫，难怪李白到庐山后叹道："予行天下，所游览山水甚富，俊伟诡特，鲜有能过之者，真天下之壮观也。"

庐山多雾，庐山的雾不是烟尘污染物，而是江湖环抱所致，雨水和水汽不易蒸发，便湿漉漉地缠绵着。万物化生，四时常绿，迷迷茫茫，云烟飞

白鹿洞书院

渡，均有赖于此。一年之中大约190天是有雾之日，大雾中雾小雾，庐山真面目轻易不肯示人。也有云开日出时，迷雾顿消，山清谷朗，香炉峰上似有香烟，仙人洞里可望众仙，鹤鸣峰下能听鹤鸣。李白有诗赞道：

> 日照香炉生紫烟，遥看瀑布挂前川。
> 飞流直下三千尺，疑是银河落九天。

庐山没有艰深之作，面对庐山故作艰深的诗人不是真正的大诗人。庐山告诉我们：遥远、古旧、艰深、变异如庐山却只以诡奇秀丽示人，且结庐可寄，焚香可佛，樵人牧童皆可行之望之，山野村夫都能歌之咏之。

这就是庐山给人的启示：山可化人，人山皆辉；人若毁山，山人俱灭。

在人群里，诗人中有优秀者；在山色间，诗人只能是跋涉者、问道者、迷茫者。

白居易做江州司马，在九江住了四年，庐山是常游之地。李白三上庐山，曾经隐居。可惜杜甫贫病交加、穷愁潦倒，晚年漂泊在洞庭湖与湘江之间，未见有上庐山的记载。

庐山是可以畅想，容得狂放的。

李白《庐山谣寄卢侍御虚舟》诗云：

> 我本楚狂人，凤歌笑孔丘。手持绿玉杖，朝别黄鹤楼。五岳寻仙不辞远，一生好入名山游。庐山秀出南斗旁，屏风九叠云锦张，影落明湖青黛光。金阙前开二峰长，银河倒挂三石梁。香炉瀑布遥相望，回崖沓嶂凌苍苍。翠影红霞映朝日，鸟飞不到吴天长。登高壮观天地间，大江茫茫去不还。黄云万里动风色，白波九道流雪山。好为庐山谣，兴因庐山发。闲窥石镜清我心，谢公行处苍苔没。早服还丹无世

情，琴心三叠道初成。遥见仙人彩云里，手把芙蓉朝玉京。先期汗漫九垓上，愿接卢敖游太清。

庐山最高峰为大汉阳峰，海拔1 473.4米。山顶有汉阳台，夜来能望见汉阳万家灯火，汉阳峰是以得名。台之北有"庐山第一主峰"碑刻，台之南勒石"大汉阳峰"，东西两侧有联曰：

峰从何处飞来？历历汉阳，正是断魂迷楚雨；
我欲乘风归去，茫茫禹迹，可能留命待桑田。

这是光绪年间南康（今庐山市）知府王以慜所书。清代戏曲家李渔也曾登临大汉阳峰，并书一联。

汉阳峰前有禹王崖，据传大禹"疏九江"时曾坐崖上观察长江洪峰水势。李四光考察庐山冰川时多次登临，有《庐山地质志略》传世。汉阳峰仰天坪上有云中寺、袈裟泉。

从大汉阳峰顶上望紫霄峰千崖层叠险峻，再寻石室，心里会生出洪荒古老、苍凉神圣之感。《图经》明确指出："紫霄峰有石室，昔大禹治水时，常登此紫霄，以眺六合，望水湍，因刻于石室中。"大禹到底刻了些什么字？历朝历代的人都想解开这个谜，《一统志》载："紫霄石室极深阴，人不可至。有好事者，縋而下，摹得百约字。字奇古不可辨，惟'洪荒漾，予乃撵'六字可识之。"

大汉阳峰下康王谷是庐山之大峡谷，长约10千米。有野史道，秦灭六国时大将王翦穷追不舍楚康王于此，眼看康王束手被擒之时，五老峰上骤然雨云堆积，王翦为风雨所阻，而康王已进得山谷。王翦退兵，康王即在庐山峡谷隐居。谷内有田园村舍，鸡鸣狗叫，溪水清清，绿树成荫，红尘隔断，喧嚣全无，真世外桃源之地。康王谷离陶渊明故居不远，可以相望相闻。

五老峰海拔1 436米，低于汉阳峰，名声却远在汉阳峰之上。以风景奇绝论，堪称庐山主峰，却又比大汉阳峰矮了一截，因此有"庐山无主峰"之

五老峰

说。《庐山续志》中赵石梁却不以为然，他说："庐山之景，尽于东南，故五峰奇绝，竟无有与之相抗者，谁谓匡庐无主峰也。"五峰即五老峰，说它们像五位老人，毕竟是附会之说。五老峰的胜景在于奇峰怪石与丹崖铁壁的气象万千，再加上细雨薄雾、飘忽流动、红绿点缀、亦淡亦浓，一切都在虚虚实实、似与不似之间。

你可以想象，你难以想象，所有的想象似乎都到李白笔下为止了："青天削出金芙蓉。"

相比之下，栖贤寺名联却也稍逊一筹了：

前赐紫衣，后留玉带，遗泽千秋传不朽；
面朝五老，背傍七贤，壮观万古并称雄。

含鄱口在牯岭南，东有五老峰，西有太乙峰、九奇峰、汉阳峰，中间小小开阔处正好面对鄱阳湖。口含鄱阳，浪涛万顷，湖光山色，一岭而涵，这是怎样的神机妙算、造化天工啊！袁宏道说："登含鄱之巅。长江泛潋，浊波一线；鄱湖清澈如片照，细见帆影，湖中诸峦，或如蚀翠，或如砂斑之凸起……"前望是水，水波缥缈；左右皆峰，峰在雾里。雾携峰行，峰随雾走；雾本飘忽，峰也飘忽。明代有诗人叫阎尔梅的写道："峰余山外压空烟，上视曾无北半天。绝顶石头风欲坠，老僧庵在树梢悬。"

下山路上会想起徐霞客，当年他由西麓上庐山，在几乎垂直的"百丈梯"悬崖上，手攀青藤，脚抠石缝，贴壁游走而终于登临。寻山觅水何尝不是献身精神的楷模，都说徐霞客写的是游记，殊不知华夏之山因之而高，华夏之水因之而长。

伟哉！霞客。

庐山脚下，鄱阳湖畔，是陶渊明的故乡和隐居之地。

陶渊明，东晋末年人，生于365年（或372或376年），427年辞世，一名潜，字元亮。因曾作《五柳先生传》自况，亦称"五柳先生"。渊明死，其友颜延之作文悼之，因其亮节高风而呼以"靖节先生"。

江西浔阳柴桑，在今江西九江市西南，有村，村前有清风溪，溪上有柴桑桥，村乃陶渊明出生地，溪中流水清澈，桥上古风徐来。陶渊明曾祖陶侃是东晋开国元勋之一，获赠大司马，封长沙郡公。祖父陶茂曾任武昌太守，父亲陶逸也做过太守之类的官。陶家"望非世族，俗异诸华"，却也门第显赫。只是陶渊明出生时家道已经破落，加上他8岁丧父，因此"少而贫苦，居无仆妾，井臼弗任，藜菽不给"。从小一边种地一边读书，29岁出仕，做过江州祭酒一类小官。后为彭泽县令，耻于为五斗米而"向乡里小儿折腰"，上任80多天后辞官回家，躬耕田园，闲来写作，隐居20多年后病故。

陶渊明辞官回乡后，先住玉京山下——今庐山市——并写《饮酒》诗：

结庐在人境，而无车马喧。
问君何能尔？心远地自偏。
采菊东篱下，悠然见南山。
山气日夕佳，飞鸟相与还。
此中有真意，欲辨已忘言。

409年，陶渊明迁往出生地栗里村，即南村。小山村只十几户人家，山环水绕，尽得林泉之美。躬耕自给，读书自娱。"晨兴理荒秽，带月荷锄归"，而与乡里父老则"相见无杂言，但道桑麻长"，与颜延之、慧远等人有交往。陶渊明写《五柳先生传》，其实是写自己隐居田园的状况：诗人的生活极为清贫，但拒不出山，朝廷征召为著作郎，不就。晋之后，宋文帝元嘉三年（426年），江州刺史檀道济亲往南村登门拜访，仍不出仕。这时陶渊明已病饿在床，却将檀道济所赠粱肉拒之门外。次年冬日，陶渊明于饥寒交迫中病逝。

陶渊明的白描诗句是诗歌艺术的极致，而"平淡"的得来又谈何容易！钟嵘在《诗品》中称之为"隐逸诗人"，奉之为"隐逸诗人之宗"。诗风人格影响了千年万代，李白斗酒诗百篇的寄情山水自不必说了，杜甫有道"宽心应是酒，遣兴莫过诗。此意陶潜解，吾生后汝期"。而清腴如王维、闲远若孟浩然、峻洁似柳宗元等，"皆学陶焉而得其性之所近"。说陶渊明只说"采菊东篱下，悠然见南山"是不够的，而在魏晋文坛浮华艳丽之风弥漫，诗人们纷纷"俪采百字之偶，争价一句之奇"时，陶渊明以平淡特立独行，而平淡之后的胸次浩茫、惊涛骇浪、辛酸血泪虽然往往被忽略，却同样是巨大的存在。否则何来"忧道不忧贫""刑天舞干戚"之句？《桃花源记》更是"不知有汉，无论魏晋"，一任时光流动，美好自能隐逸的自然主义之不朽杰作。

陶渊明墓在栗里村附近的马回岭，绵羊山下的一座山冈上，坐北朝南，外廓为长形拱顶岩石，背靠汉阳峰，面临鄱阳湖，与诗人自知不久于人世而写的《挽歌诗》中的境界相仿佛："荒草何茫茫，白杨亦萧萧……死去何所道，托体同山阿。"临别留诗——那是生死之别——诗人有没有遗憾呢？陶渊明的生死观可谓来去自如："有生必有死，早终非命促。"有没有牵挂呢？似有非有："千秋万岁后，谁知荣与辱？"倘说遗憾，那也只是："但恨在世时，饮酒不得足。"

也许有关陶渊明的一切，包括争论已久的评说等，可以概括为一句话：他是诗人回到故乡的榜样，诗也回乡，魂也回乡。

眼前就是鄱阳湖了。

江湖交汇之处是九江，《尚书·禹贡》称："九江孔殷。"九江之名久矣。《晋太康地记》谓："九江，刘歆以为湖汉九水入彭蠡泽也。"九江在隋唐时为江州浔阳郡，因而是段长江也称"浔阳江"。九江乃历史名城，为千家万户、千秋万代所吟诵而名播天下。816年秋，时在江州司马任上的白居易到湓浦口送客，秋风明月古渡口，忽闻琵琶声，是有《琵琶行》，起首两句为"浔阳江头夜送客,枫叶荻花秋瑟瑟",结语是"座中泣下谁最多,江州司马青衫湿"。

白居易哭了。

因为自己的"越职言事"而被贬斥,面对长安女的流落江边,琵琶声的如泣如诉,是有"同是天涯沦落人,相逢何必曾相识"之句。

长江边上有"琵琶亭",旧址在湓浦口江畔浔阳驿站旁,为唐人所建。1853年毁于兵火战阵。现在九江长江大桥南端附近,为重建之物。寻访者多为感时言己,如欧阳修也因"越职言事"支持范仲淹而被贬夷陵(今宜昌),路过此地,其所作《琵琶亭》诗"乐天曾谪此江边,已叹天涯涕泫然。今日始知予罪大,夷陵此去更三千",属发牢骚、讲怪话之类,却无甚新意。宋人梅挚则不然,他想起了陶渊明,陶公好酒,酒醉之后弹无弦之琴而放声吟唱,其情可感,其声可叹!

陶渊明是不是在说:发为心声,弦又何用?

梅挚因而有了不同的感慨,其《琵琶亭》诗写道:

陶令归来为逸赋,乐天谪宦起悲歌。
有弦应被无弦笑,何况临弦泣更多。

佟法海的《浔阳楼》诗,更是劝白居易不要随便哭了:

琵琶一曲断肠声,触拨当筵谪宦情。
为语江州白司马,留将眼泪哭苍生。

陶令也罢,乐天也罢,有弦也罢,无弦也罢,各种各样的声音都已流进鄱阳湖了,水珠浪花,聚而为波澜壮阔,长江就是这样的,它绵长地包容,却又永不停止流动。

鄱阳湖位于江西省北部，长江中游南岸，地近庐山，在九江与南昌之间。湖呈葫芦状，全湖最大长度173千米，最宽处74千米，平均宽度16.9千米，入江水道最窄处的屏峰卡口仅约3千米，湖口最高水位21.71米时，湖体面积为3 283.4平方千米。

鄱阳湖是吞吐型、季节性的浅淡水湖，形态独特，高水时作湖相，低水时是河相，有"高水是湖，低水是河"，"洪水一片，低水一线"之喻。进入汛期，当诸河洪水汹涌而至，湖水漫滩，湖面骤然扩展，烟波浩渺，茫然无涯；冬春，湖水落槽，湖滩出露，湖面收缩，比降增大，无浩然之大却有湍急之流，与河道无异。

鄱阳湖水系完整，江西省的赣江、抚河、信江、饶河、修河及博阳河、西河（亦称"漳田河"）之水均注入湖中，相融相合，成为一水，在这里集贮、中转，经过调蓄后经湖口汇入长江。

鄱阳湖湖底水道由南向北渐降，由海拔12米降至湖口的1米，湖底平坦，湖水不深，平均水深8.4米。滩地有三种类型，沙滩分布在主航道两侧，数量少而海拔低。泥滩多于沙滩，海拔也略高。草滩海拔可达14～17米，分布在东、西、南部诸河入湖的交汇处三角洲。湖中共有岛屿41个，面积103平方千米，岛屿率为3.5%，莲湖山最是壮观，面积达41.6平方千米。最小的小岛如印山岛、落星墩，不足0.01平方千米。

若干数字告诉我们，鄱阳湖正经历着灾难性的变化，20世纪80年代末的统计说：鄱阳湖由于大量围垦，泥沙淤积，湖的面积与容积急剧减少。海拔22米的湖体水面面积，由1954年的4 390平方千米减少至1985年的3 222平方千米，31年减少了1 168平方千米；容积由336亿立方米减少到261亿立方米。围垦还使岸线缩短、变直。1987年湖岸线现长1 200千米，较之1954年减少了849千米。湖泊形态由不规则变为比较规则，湖面减少，湖的容积减少，但流域面积未变，鄱阳湖的困境便出现了：补给系数相对增大，调节能力大大减弱。

鄱阳湖

因为鄱阳湖所处气候区域，及其有时湖相有时河相，为长江及赣江、抚河、信江、饶河、修河五大河流水位制约而形成的亦河亦湖景观，所表现的水文特征便成了鄱阳湖独特的性格。

鄱阳湖水位受长江、内河洪水的双重影响，高水位时间长。每年4月至6月，湖水因内河洪水涌入而扶摇上涨；7月至9月，长江涨水而引起顶托或倒灌，水位又高又飘；10月开始稳定，是为退水季节，洲滩渐露，荒草丛生，小岛出水。

鄱阳湖的高水位，是鄱阳湖区洪涝之灾的主要原因之一。

倘若内河洪水推迟，长江洪水提前，两者洪峰相接，或虽不遭遇，但内河洪水汹涌澎湃，而长江洪水远远为小，称之"单峰型"；而内河洪水发生略早，长江洪水较迟，两者虽互有影响，却不至于洪流相接相连，是为"双峰型"。最高水位与峰型之间的关系一般是：单峰型的洪峰水位就是年最高水位，年最高水位发生在7月的次数占单峰型总数的88%，均超过18米，其中的50%超过20米。鄱阳湖的大洪水都属于这种情况。

鄱阳湖的7月，是洪水泛滥的季节。

另外一种情况是年最高水位为双峰型中的第二个峰，这是长江洪水影响所致，在1950年至1984年的34年中占32%，发生在7月至9月的占双峰型年数的80%，最高水位低于20米。

长江生态环境恶化，中下游洪水水位持续提高，鄱阳湖高水位出现的频率增大，并且还将继续增大，已是必然。以年最高水位20米以上为例，在1904年至1983年的79年中，九江共出现22次，后16年竟占10次，平均1.6年1次。进入20世纪90年代后，鄱阳湖水位更高、高水位出现次数更多，灾难重重地涌向20世纪末。

造成此种恶化的原因，显而易见主要是人为的，而不是天灾所致，择其要者列举如下：

长江中下游通江湖泊大部分被围垦，或造闸控制。解放初，长江中下游原有通江湖泊面积28 859平方千米，到1972年只剩下7 600平方千米，时至今日更是所剩无几了。长江之水失去大量的本来就属于长江水域的自然调蓄容积之后，洪水流量增大，水位必然提高。

1954年长江大洪水后，水利建设中的主要一项是加固加高中、下游圩堤。过去溃堤分洪水量现集中江槽下泄。如果1954年洪水重现，江堤无崩溃处，严防死守不分洪，则湖口最高洪水位，可能达到23.49～23.81米，比1983年最高水位高出1.8～2.12米，比1954年最高水位高出1.9～2.13米。

20世纪60年代以来，长江中下游沿江圩堤增加了几百万千瓦的电力排灌，汛期大量抽排内涝积水，长江洪水益发汹涌。（以上资料、数据引自《鄱阳湖研究》）

根据鄱阳湖流域历年资料进行分析计算，悬沙多年平均入湖年输沙总量为2 104.2万吨，主要来自赣江、抚河、信江等五河。由于流域内植被破坏导致的水土流失，鄱阳湖的含沙量有明显增大的趋势。

围垦湖区古已有之，是江湖地区的农民利用自然并做适度改造而进行农事的方式之一。但，近几十年来的围垦，为急功近利所驱动，有的已经到了不惜毁坏环境，与水争地的地步。如康山垦区，1966年开始兴建，围控面积达51.54万亩，其中围垦湖滩、草洲和水面32万亩，筑康山大堤时动员10万人上阵。到1982年止，除群众集资外，国家已投资3 400万元，仅锣鼓山与大湖口两座电排站便耗资440万元，仍无配套工程，毫无排渍效用。

一个盲目的垦区工程，其最恶劣之处，是树立了一个盲目的榜样。八方乡农眼看着康山16年仍是一副烂摊子之后，便各筑小堤自己围垸，形成了"大堤套小堤、垸内有子圩"的81座小圩垸。

康山工程是政府行为，我们能仅仅责怪农民吗？

康山垦区造成的生态环境失衡带来的影响，是最根本的遗祸子孙后代的罪过。仅仅围垦康山，使鄱阳湖水域缩小约8%，减少库容约18亿立方米，削弱了湖泊的调蓄功能，同时还切断了附近大莲子湖、云湖等产卵场鱼类的洄游路线。如此之下怎么能期望风调雨顺呢？人蛮横地损害了水，水为什么不能报复？1983年，康山垦区决堤成灾。

鄱阳湖是从远古的海陆巨变中演化而来的。

鄱阳湖的设计与创造又是如此非同一般。

鄱阳湖盆地及其陆上水系的形成与发展，是晚三叠世以来，内外地质营力长期作用的结果。具有特定流域系统和水域形态的鄱阳湖，深深地烙印着若干历史时期的自然痕迹。

全新世早期与中期的鄱阳湖水系，是广泛发育的河流景观。

鄱阳湖区最为广泛发育的第四纪沉积，是全新世流水沉积，尤以赣江河口为甚。它们的岩性、岩相及沉积组合特征，是推断古水系形态、古环境状况的无言而决不打诳的证据，其中有地质学上所说的"韵律"，它使我们由此而想到创生的某种节奏、层次，那是大韵律，因为有大创造。

鄱阳湖区内最厚的全新世沉积，现在赣江尾闾，自上而下，由砾石层而砂砾而砾砂而砂土夹粉细砂，砂砾粗碎屑成分逐渐减少，粘粒等细碎屑逐渐增多，其韵律表现为下粗上细的"二元结构"。而且每一韵律均自粗及细，地质学上称为"间断正韵律"。

鄱阳湖曾经是河。

今都昌县周溪街大屋场村南面城头山，伸入鄱阳湖，接近水域中心，据考证，这里是西汉初年（前201年）至南朝初年（421年）的鄡阳县城遗址。城头山西南坡脚有一地质剖面，"文化层"伏于灰色黏土层之下，覆于白垩纪基岩风化壳之上，其筒瓦、陶罐、花纹砖上有各种复杂纹饰，还有人捡拾到青铜箭镞与黄金碎块。城头山遗址表明：南朝初年时，这里曾经是繁荣的城镇，有山岩裸露。南朝初年之后一个说不清具体时间的岁月里，此处发生了大规模水侵，然后被废弃。

那时是湖还是河？或者河湖近似？有专家说，距今3 800多年以来，湖口地区才出现滞水回流的湖相环境。

湖口地区曾是一条急流冲刷谷道，很可能是外泄跌水，距今3 800多年以来，湖口地区才有滞水回流的环境。湖口谷道在开始全新世沉积时，其跌水形态很快消失，内水泄流受长江的大流量、高水位阻滞，致使大量悬浮细碎屑物质在湖口沉积，接下来的推论便是合情合理的了：湖口地区开始全新世沉积时，差不多才有了初始的北鄱阳湖。

《禹贡》所载的古长江河道上的彭蠡泽，大约相当于今天湖北的黄梅、武穴以东，安徽的望江、宿松以西，包括了长江北岸的龙感湖、大官湖等水域在内的长江河谷地区。《禹贡》又载"九江孔殷""东为彭蠡""彭蠡既潴，阳乌攸居"等文字，而《周礼》等先秦时代的典籍，记载了当时中国的许多湖泊，包括长江中下游的云梦泽、震泽，唯独不见"彭蠡"。这应该不是作者的疏忽，而只能说明当"禹贡彭蠡"时，其地理环境相当独特，陆水相间，水流纵横，野草丛生，为河流洪泛盆地。古长江穿泽而过，实际上是一处拓宽河谷，但又不尽然。

汉代，长江主泓逐渐形成，九江也"皆东合为大江"，江道南北两侧的洪泛盆地开始发育成为河漫湖，北侧的河漫湖在三国时代被称为"雷池"，南侧的即是湖口附近的彭蠡，汉代彭泽县遗址在今湖口县柳德昭村周边。

郦道元撰写《水经注》时，彭蠡湖水域可能已过婴子口扩大至松门山南北一带。隋代，彭蠡湖面向南扩展至今天的波阳县城附近。唐、宋、元时期（618—1368），鄱阳湖水域扩张情势，可从《鄱阳县志》圩堤、灾情的记载中得到旁证。唐时有二堤，即东湖堤、马公堤，分别为刺史李公复、马直所筑。至宋、元，堤防倍增，以陂相称，数量众多，如：黄花陂、彭公陂、

鄱阳湖进入枯水期，湖中古桥露真容

长风陂、亦岸陂、龙舌嘴陂、高家涛陂、新陂、松岭陂、梅塘陂……大水灾情也开始猛烈，如"庆元乙卯岁（1195年）夏五月中旬间，饶州大雨七昼夜，江湖皆溢，水入城者过六尺"等。

元末明初，鄱阳湖已经是一个真正浩瀚的大湖了。

《明史》有朱元璋与陈友谅在鄱阳湖上水战厮杀的记载，人物如云烟一般过去了，作为水战舞台的鄱阳湖其时之浩大，却可见一斑。不妨一记："友谅兵号六十万，联巨舟为阵，楼橹高十余丈，绵亘数十里，旌旗戈盾，望之如山。"

明、清以降，鄱阳湖的扩张趋势并未终止，清光绪年间编制的《江西全省舆图》所标明的鄱阳湖岸线，与现代湖泊岸线比较，可以清楚地看出尽管人为破坏严重，今天的鄱阳湖水域仍比那时要大。尤为明显的是，今鄱阳湖中的南矶岛，当时与赣江冲积平原相连接。而昔日进贤西北的罗溪湖、洞阳湖、武阳湖、日月湖、南阳湖等，原本是串联在山溪边缘的河漫水泊，而今已成为颇具规模的青岚湖、军山湖。除此之外，如今湖岸沿线伸入陆地的枝蔓港汊、康山南部的一些水面，也是明、清以来湖域扩展的成果。

鄱阳湖研究专家认为，如果不是历史与现实的筑堤围垸、争相围垦，鄱阳湖现代天然岸线将更为广阔，也就是说我们本来可以拥有一个更加辽阔的鄱阳湖。按照1983年的最高水位21.69米圈界，鄱阳湖域可西至永修、南昌一线，东达鄱阳、田畈街、油墩街一带，南至进贤、余干广大区域。

鄱阳湖萎缩的趋势要比洞庭湖缓慢，湖底泥沙淤积量也远比洞庭湖少，与1950年相比，两湖面积都在缩小，奈何洞庭湖消失得更多更快，当八百里洞庭风光不再时，鄱阳湖只好把中国第一大淡水湖的桂冠摘取，多少有点胜之不武的感慨。

总而言之，鄱阳湖是自汉代以来，由"禹贡彭蠡泽"的南部水域，也就是现在的湖口地区自北而南、由小及大，在鄱阳湖盆地中日积月累扩展而成的。湖泊水面越过松门山使南部水体形成的时间，约在南朝至隋朝、6世纪中叶以后。而汉代以前，今鄱阳湖南部湖区及松门山南北区域，是一片河网交织的冲积平原，历史上有名的膏腴之地：鄡阳平原。由此还可得出的一种联想是：鄱阳湖既成之后，它必须足够大，因为它要容纳五河洪峰而任其滔滔滚滚，所谓"调蓄"也就是这个意思。然后才有决堤，才有淹没，才有可以使洪水平息的泄洪区。

于水而言，这一切都很正常而且普遍，所以有惆怅之人而无惆怅之水，有怀古之人而无怀古之水，或者说人有新人、故人，水无故水、新水。

今日之鄱阳湖的形状，就像是系在万里长江腰带上的一只神仙葫芦。李白在湖上泛舟，大约也喝了不少酒，写过"开帆入天镜，直向彭湖东。落景转疏雨，晴云散远空"。

鄱阳胜景以"葫节颈"处为最美。于大湖最狭处突起一山，远看似鞋浮碧波，称"鞋山"，又名"大孤山""大姑山"，与附近长江中的小孤山（小姑山）遥遥相对，人称"姊妹山"。

大孤山周长仅百余米，海拔90米，北角有石穴可以泊船。这里曾是茫茫古战场，留下了多少战争的史料残页。相传三国东吴周瑜曾在这里操练水师；唐徐敬业讨伐武则天兵败之后，在岛上隐居为僧；朱元璋与陈友谅大战鄱阳湖，这里曾是主战场；明王守仁在此督兵击败宁王朱宸濠；太平天国大破湘军水师后，曾国藩惶急跳水自沉未遂处，也在这里。碧波荡漾，看似温柔，却原来经历过多少血雨腥风，依旧处之泰然。妙哉，水也！

落星石在星子城南三里的鄱阳湖中。《水经注》谓："落星石，周回百余步，高五丈，上生竹木，《传》曰：有星坠此，因以名焉。"宋人有诗道："今日湖中石，当年天上星。"五代时，此石因传说绚丽而被封为"宝石山"，宋代之初建有德星寺、清晖阁、玉京轩等，并有不少文人题咏碑刻，惜已不存。从别的典籍中搜索才可略知一二，如黄庭坚的《题落星寺》诗中有佳句流传："诗人昼吟山入座，醉客夜愕江撼床。"朱熹的《落星寺》："浩浩长江水，东逝无停波。及此一回薄，湖平烟浪多。孤屿屹中川，层台起周阿。晨望爱明灭，夕游惊荡磨。极目青冥茫，回瞻碧嵯峨。不复车马迹,唯闻榜人歌。我愿辞世纷,兹焉老渔蓑。会有沧浪子,鸣舷夜相过。"严时泰写落星石:"在天非纬亦非经,略有微光比露萤。落向中流称砥柱,须知为石胜为星。"

落星石也称"落星墩"。这块巨石的身世至今未有定论,有说是天上陨石,有说是庐山冰期遗存。原南康府衙故址东侧,是周敦颐赏莲处,写有《爱莲说》。1179年,朱熹重修爱莲池并刻《爱莲说》碑于池畔。

鄱阳湖由湖口入长江,石钟山在湖口入江处。北为下钟山,南为上钟山,相距不足1千米。下石钟山正当江湖汇合处,江浊湖清,清浊有界,继而合流,一览无余。下钟山上胜景,历来为人称道,尤其是苏东坡的《石钟山记》,争诵一时而流传后世,其中深意非一般游记可比。

鄱阳湖中的鱼类以名贵著称,如鳜鱼、银鱼、鲥鱼、鲟鱼。鳜鱼是淡水鱼中有海鲜味的鱼类。鲟鱼是古老的活化石,学名即中华鲟,为稀世之珍,已经鲜见,是国家一级保护动物。

彭泽县桃红岭有数量稀少的梅花鹿群,偶尔露面,闻声疾驰。

鄱阳湖南部广阔湖面的边缘地带,有大片湖滩芦洲芳草湿地,总面积超过30万亩。如果人们不再去围垦,让它保持荒野的宁静和天性,这里起起落落的天使的翅膀,将会给人与鄱阳湖带来天堂的祝福。

每年冬日,千千万万的候鸟便会从西伯利亚等地飞来越冬,在艰辛的不知怎样导航、如何辨别方向的长途飞行之后,候鸟们一落地便梳理羽毛,各种各群相邻而居,鸣唱互答,从无战事。其中有白天鹅、大鸿雁、白额雁、灰雁、白鹤以及白鹳、黑鹳等大鸟,此外便是嘈杂众多的野鸭——黄鸭、绿头鸭、花脸鸭、白眉鸭等。

鄱阳湖之冬,水浅草长,螺蚌与各种水生昆虫丰富多样,临湖傍岸芦荻丛丛,再加上遍地美味,便成了候鸟们在冬日里潇洒浪漫的胜地。鄱阳湖的候鸟近几年一直在增加中,自从把永修县吴城镇为中心的一大片草滩湖洲划归候鸟保护区之后,鄱阳湖便成了世界知名的天鹅湖。

这是鄱阳湖的荣耀,也是长江的荣耀。人类终将会从这里得到一

落星石

鄱阳湖白鹤

些启示，比如：生存的本质是什么？怎样的居住才是诗意的居住？倘若没有蓝天，翅膀能够自由吗？等等。也许真正有关生命的信息，恰恰已被人类忽略很久了。

很难说，是人在保护野生生物，还是野生生物在保护人。

国际鹤类会议曾经宣布：全世界只有200多只白鹤，属濒危鸟类，急需人类保护。但1980年冬，在鄱阳湖却出现了世界当今最大的白鹤群，据统计有2 800多只。这一消息，震动了中国和世界。但鸟类专家又告诫说，对于一种在历史上曾经难以计数的鸟的种群来说，2 000多只仍然太少了，如果不加悉心爱护，白鹤依然是濒危的。

白鹤是大型水禽，通体羽毛雪白，唯翅膀前端为黑色，故也有称之为"黑袖白鹤"的。其喙棕黄色，体长可达135厘米，"玉腿"修长，略呈粉红色。只要站着便亭亭玉立，时而单腿，状极迷人，荒泽草莽顿时为之动情而千姿百态。白鹤为"一夫一妻"制，求爱时，雌雄二鸟常常一同戏水，雄的扑水冲浪尽显英雄本色，并捉食喂饲雌鸟以示爱意。白鹤对爱情忠贞不渝，大约是天性使然。一对白鹤每年产两卵，只有一只幼鸟能成活，双生而独养，不知何故。我在鄱阳湖畔看两只白鹤带一只幼鸟漫步、觅食，此为一家；不远处另是一家，也是"二老一小"；从浅草丛中又走出一家，依然如此。湖滩广阔，那是白鹤以及别的候鸟的公共空间。

当迁飞时，白鹤们展翅腾空会排出"一"字形或"人"字形，高声鸣叫数番后离去，那鸣声不断是以壮军威呢，还是眷恋故园？那"人"字形，是对人的赞美呢，还是对人的呼唤——我是你们的至爱亲朋？！

我曾拜访过一位守护芦荡的老人，那一天正赶上老伴给他送饭，还带来了小孙女。白鹤离去的日子是忧郁的，在群鸡起舞的小院里，他们一起仰望长天，伸出手，以泪花晶莹的目光，回应着白鹤离去的鸣叫。

下游之水

长江不论是非,是亦人之是,非亦人之非。采石矶留下的不仅是一时成功者的脚印,还有愁肠百结的失败者的浩叹、落魄者的沉吟。这就是历史。

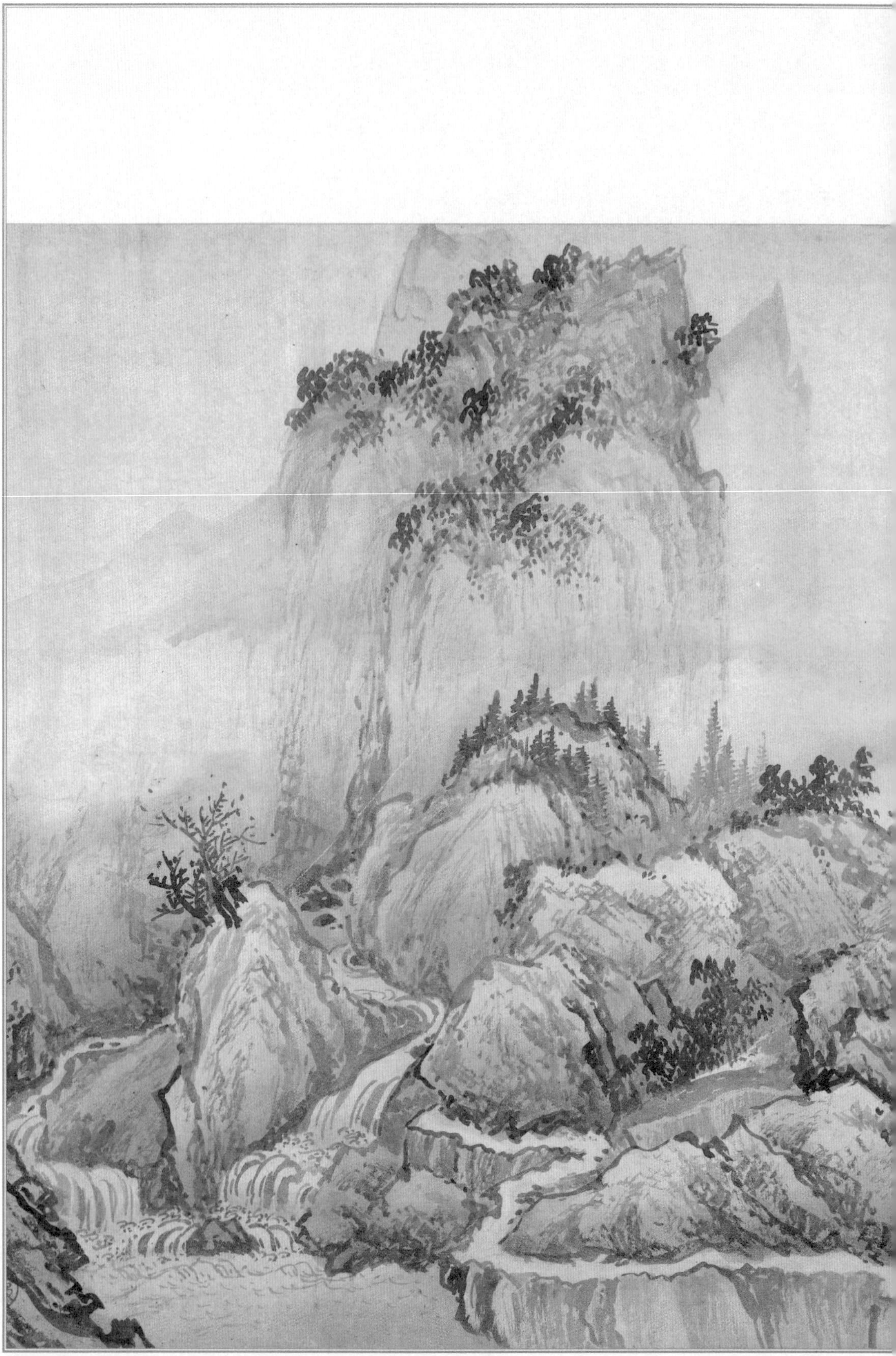

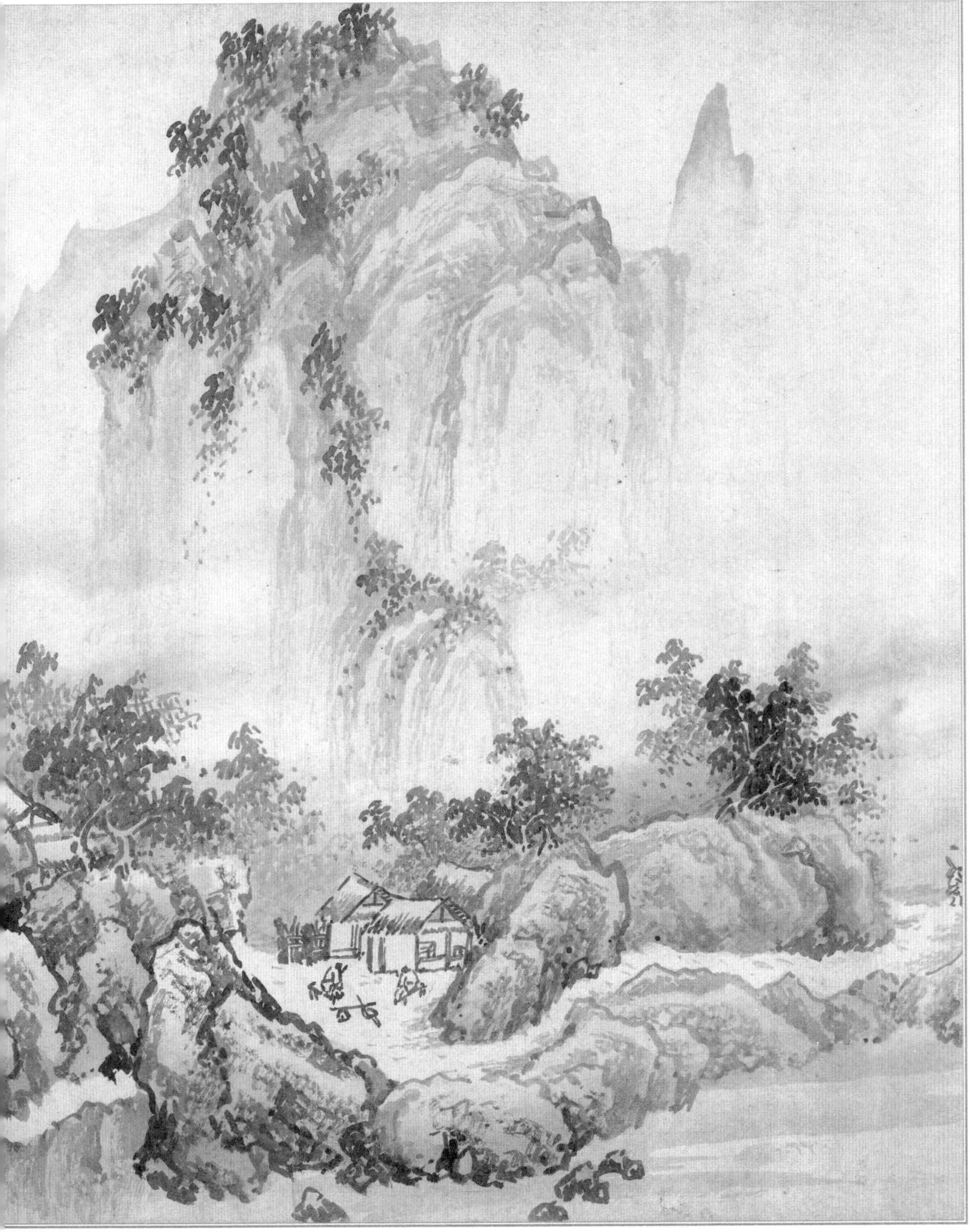

水出湖口，江天一色，长江下游航程于此开始。

在长江下游，东海的涛声已经渐行渐近了。

并不是百川都归大海的，但长江的方向却简单明了："江水又东"，东流入海。江海相连相接，标志着伟大而美妙的水循环的无时不作，且不见其首尾而莫论始终，可以问云问雨问雪。下游的渐近于海，在通常情况下并没有使长江失去从容。下游有下游的艰险，下游有下游的风光，长江下游的独特之处是处于两种过渡之间——从中游过渡而来，朝海洋过渡而去。

各种迹象表明，下游流程依然是多姿多彩的。

鄱阳湖由湖口入长江，如果是倾泻，长江水量猛增之下会顿时暴溢，湖口的流出应是平缓、有序而源源不绝的。湖口是束水之处，宽窄有度至关重要。800米的宽窄度应是长江和鄱阳湖达成的默契。一湖碧波与长江的浊浪汇流之后，开始仍保持着分明的界线，清水浊浪辗转达25千米，才渐渐混而为一色：大浑浊。

鄱阳湖的使命并非让长江变清，而长江却要让所有注入之水一起浑浊。这里除了日益严重的水土流失需另当别论之外，长江一定程度上的浑浊，所体现的是它的流程之长、高差之大、虚怀若谷、仁慈宽容。

　　当千百条支流及大大小小湖泊先后汇进长江，长江才能有大浑浊。

　　大浑浊是大气派。

　　大浑浊有大创造。

　　出湖口不远处的大江激流中，古城彭泽附近，有孤峰从波涛间昂然拔起，这就是有"江天一柱"之称的小孤山。山形似螺蛳发髻，旧称"髻山"。

　　小孤山上游矶峭水涌，下游烟波浩渺。陆游是这样激赏小孤山的："凡江中独山，如金山、焦山、落星之类，皆名天下，然峭拔秀丽，皆不可与小孤比，自数十里外望之，碧峰巉然孤起"，而且"愈近愈秀，冬夏晴雨，姿态万变"。

　　小孤山扼守江中，地势险要，元人手书"海门第一关"的石壁至今犹存。小孤山被誉为"楚蜀豫章诸水咽喉，东南吴越之屏障"。宋仁宗时宰相刘沆《小孤山》诗道："擎天有八柱，此一柱仍存。石笋千寻势，波流四面痕。江湖中作镇，风浪里盘根。平地安然者，饶他五岳尊。"

　　在这"天地偶然留砥柱，江山有此障狂澜"（谢枋得句）的小孤山前瞻后顾，从湖口上溯到城陵矶下流而至江阴河段，长约1 160多千米，流动于间有山丘阶地的冲积平原上，汊道河湾，纵横发育，属低度分汊河道。此一河段的另一特色是众矶肃立、暗伏玄机，所谓众矶已经完全不同于长江上游金沙江、三峡河段的高亢壁立、严厉收束了。矶石是松散于河段各处的，是矗立江边如屏如障的基岩，一样可以激水扬波，同为惊险，程度却不大相同。众矶之中，赫赫有名的有湖南城陵矶，湖北黄陵矶、谌家矶，江西彭郎矶、马垱矶，安徽太子矶、采石矶，南京燕子矶等。

　　有矶必有山，石头也是声气相通的。

小孤山

这1 000多千米的江岸与众矶呼应的是大大小小的山丘，如蒲圻赤壁山、嘉鱼鱼岳山、武汉龟蛇二山、湖口石钟山、南京狮子山等。这一系列的矶与山丘很早就濒临大江了，它们稳固着江岸，使长江之水即便在进入广阔的平原后，也只能在一定程度上自由摆动，同时又形成了长江河道的多样性。在矶头突出处，河床较窄，过了矶头，河床渐宽，呈藕节状。

这也是长江两岸众多的"节点"，是天然之节，造化之点。河床因而有宽窄，水流为此有缓急。矶的附近，湍急之流涌过窄窄的河道，成为束水攻沙，泥沙很难沉积；一旦出矶，水速骤减又江面开阔，便会淤积而出江心洲，河道于是分汊，宽宽狭狭，缓缓急急，时分时合，沙洲生灭。长江在每一段流出的过程中，都显现着它的独特性，并且也可以由此推断上游河段的若干生态状况。不完全的统计说，下荆江以下的江中，分布有大小江心洲120多个，汊道100多处，总长650千米，为此一河段全长的56%。江心洲的形成还与水流上涨时的河水漫滩、水流切滩有关。

> 古代长江江深水急，江面也要远为宽阔。秦汉以前的史料有关江心洲的记载极少，魏晋以后长江流域的开发程度与日俱增，上游和中游的植被破坏加大了水土流失，江中泥沙大量增多，江心洲也随之纷纷出水面世。

历史上长江荆江以下河段的江心洲并岸，大都并向左岸，而下荆江的洪流自然裁弯，则通常是在右岸切开，然后左右合力使长江主槽南移。这一左岸向右岸迁徙的趋势，形成了左岸多宽阔滩地、右岸为矶头林立的框架。但是也不妨这样认为，长江右岸的矶头坚挺，也是促使河槽南移的因素之一。

长江中下游河段的特征，除了江心洲与汊道的消长，历史上还不乏崩岸的记录，且多数发生在九江以下江岸。究其原因，长江在这一段流程中，所经之处大部分是江岸疏松的泛滥平原，江流冲激、大浪淘沙之下，便是堤坏岸崩。

大崩岸是轰然大声。

安徽铜陵胥坝，岿岿然壮哉，明朝正德年后坍入江中；扬州的江都古城，古巷古墙古风，在三国时坍落水底；而名噪一时的瓜洲城在清光绪十年全部塌陷于江涛之下。至于码头废弃，古渡口的淹没、迁移，更是举不胜举。

略写长江这一段河道自然演变的若干情节，是为长江下游的多彩多姿、风土人情做一铺垫。矶情水势、沙洲汊道实际上已经告诉我们：长江下游风雨变幻，而自有其下游的景观。

亲爱的读者，让我们回到小孤山，稍稍从容地顺流而下，读矶和山、人与城，拂去历史的尘封。

出小孤山启秀寺，便是小姑梳妆亭，亭对面是彭郎矶。

彭泽县东北约15千米的长江南岸，是长江天险马当矶，闻名中外的要塞。马当矶上依彭郎矶、小孤山，下有采石矶、将军庙做屏障，过江便是一处沙洲与之对峙，航道窄而水流急，是一夫把矶万夫莫敌之地。

马当矶一带，江风忽而迅猛忽而平和，古人有变幻莫测之慨，因而有"马当神风"之称。过往船只上的艄公纤夫，对马当矶上的山神庙至为虔诚，为求神明保护而免覆舟之苦。初唐时，王勃往洪都（今南昌），舟行于此，风高浪急，泊马当矶下，自己净手更衣登山求神，果然风向一变，北风骤起，飞流而至洪都，意气风发，乃作《滕王阁序》。

长江之水，从马当矶向东，流入安徽境内，和源出大别山的皖河汇合，这一段长江江段又有皖江之称，而在大江北岸就是古城安庆。枕大龙山脉，临大江流水，古人称安庆"上控洞庭、彭蠡，下扼石城、京口，分疆则锁钥南北，坐镇则呼吸东西，中流天堑，万里长城于是乎在"。明末抗清将领史可法镇守安庆，曾刻石称之为"天堑"。南宋筑城始，安庆便是皖西的中心要地。清康熙元年（1662年），安徽巡抚以安庆为驻节之地。到1945年抗日战争结束，安庆一直是安徽省会所在地。

安庆城东南有迎江寺，寺内有振风塔，重建于明穆宗隆庆四年（1570年），七层八角，高72米，盘旋168阶而上，外有白玉栏杆环绕，角悬铜

振风塔

铃，摇荡迎风。如是天高云淡之日，或风清月朗之夜，塔上清风扑面，塔下大江东去，登高望远的人便和让人望远登高的塔一起，倒映江面，这便是名列安庆胜景之首的"塔影横江"。

提到安庆，人们还会想起黄梅戏。黄梅戏的发源地应是湖北黄梅一带，原为采茶歌，再加上多云山的樵歌、太白湖的渔歌，于民间传唱中成为黄梅调。大约在清道光年间，黄梅调从黄梅、宿松、望江等地沿长江向东传播，在以怀宁为中心的安庆地区得到发展，为农民所喜闻乐见。1926年，黄梅调从农村唱进安庆古城，很可能得益于艺人叶炳迟用安庆话演唱。安庆话在当时可称作"小普通话"，南人北人皆能听懂。安庆其时是怀宁府，又称其为"怀调"或"府调"，由是黄梅调成为破土而出散发泥土芳香的黄梅戏。

在长江沿岸的地方戏曲史乃至地方文化史中，安庆的贡献是卓越而有成效的，它创造了一个剧种，其中的奥秘却离不开语言——当时的安庆话。

一条长江滋润了不知多少特色鲜明的方言和乡音，但，当人们要让话语传出本乡本土时，其阻隔便也很坚实了。

这大概也就是在本乡本土的湖北黄梅采茶调，到怀宁安庆便成了黄梅戏的道理所在。

长江从安庆到芜湖，又是一番景象了。

古城芜湖位于安徽省东南部，青弋江与长江汇合处，长江下游南岸。因"地势低洼，鸠鸟云集"而初名"鸠兹"。《左传·襄公三年》："楚子重伐吴，克鸠兹。"此后"鸠兹"之名不绝于书。汉元封二年（前109年），武帝刘彻改鄣郡为丹阳郡，辖17县，于鸠兹设芜湖县。顾祖禹在《读史方舆纪要》中说：芜湖"以地卑蓄水，而生芜藻，因名"。

芜湖，原本是荒芜之地。但，芜湖因为雄踞长江，又成为兵家攻守之地。三国时，刘备曾说："江东形势，先有建业，次有芜湖。"

鸠兹古镇

芜湖地处江南水乡，清光绪二年（1876年）辟为通商口岸，是中国四大米市之首，即芜湖、长沙、九江、无锡。每年交易大米800万担，船列江边待运时，雪白的大米"堆则如山"，而倾泻入库时"销则如江"。

赭山位于芜湖市区西北，传说战国时，干将、莫邪夫妇曾造剑于此。赭山石与众不同，殷红色，如玛瑙，是故名"赭山"，传为干将、莫邪造剑之火熊熊而烧红。就连丹阳郡名也出自赭山之艳。《江南地理志》谓："赭山丹赤，故郡名丹阳。"

> 赭山是中国和世界最早冶炼钢铁的遗址，宋代时有"铁到芜湖自成钢"之誉，民间还说"山呈丹赤必有宝"。

马鞍山市西南约7千米处便是翠螺山，明清后也称"采石山"，远眺形似巨螺横卧江畔，山上苍翠欲滴，是有"翠螺"之名。明工部右侍郎周忱巡视江南，在翠螺山采石矶感叹不已，流连忘返，并下令地方官好生保护，于山上遍植树木，不得随意樵采，使孤岩不显、山石不露，当地民众也有种树护山的传统，翠螺山至今仍然苍翠。

采石矶是翠螺山突入长江之中的悬崖峭壁，秦以前称"牛渚矶"。《舆地志》说，古时此处山崖间曾有金牛出没山洞。陆游《入蜀记》称："采石，一名牛渚，与和州对岸，江面比瓜洲为狭。故隋韩擒虎平陈及本朝曹彬下南唐，皆自此渡。然微风辄浪作，不可行。刘宾客云'芦苇晚风起，秋江鳞甲生'，王文公云'一风微吹万舟阻'，皆谓此矶也。"采石矶之名始见于六朝，到唐置采石军，此后史籍便以采石替牛渚，沿袭至今。"凤台东出无多地，牛渚南来第一矶"（清吴国鼎诗句）。采石矶与南京燕子矶、岳阳城陵矶一起，自古以来便有"长江三矶"之称，而采石矶更以其山峻水险、风光明丽而独领风骚。

翠螺山海拔131.4米，周长约5千米，而采石矶更是翠螺山之一角，若以高低大小论之，实在微不足道，可它又的的确确是历史、文化的大舞台，江南著名的古战场，为何？

采石矶三元洞

山水形胜，距离使然。控江流而屏金陵，"西来帆影三千舳，北拱宸京亿万秋"也。再者，借大江、借青山、以绝壁、以林木天然造园和谐如斯者，也莫过于采石矶。

采石矶就是一部大书。

采石矶与多少历史上著名的人事相关联，或者说多少兴兴衰衰与采石矶密不可分，举其要者：司马氏灭吴，苏峻取建康，韩擒虎伐陈，黄巢北渡，赵匡胤攻南唐，虞允文大破金军，朱元璋占太平（今安徽当涂），陈友谅称帝，洪秀全守天京，或攻或守均离不开采石矶。而赵匡胤使樊若水搭浮桥架江南渡的成功，更是古代战争史的创举，刀光剑影飞掠长江而传为美谈。

文天祥在广东抗元兵败被俘，被押送往元都燕京途中，舟泊采石矶，江涛滚滚往事如潮，令这位本来写诗后去打仗的民族英雄，写下了《采石》："不上蛾眉二十岁，重来为堕山河泪。今人不见虞允文，古人曾有樊若水。"

采石矶为李白晚年的游历之地。采石矶上有太白楼，后人为纪念李白在唐元和年间所造，为兵火劫，屡毁屡建，今之存者已是清光绪年间的建筑了。揽月捉月，举杯邀月，山间漫步，林下独吟，其实饱含凄凉，李白已经贫病交加了。

曾经被唐玄宗征召，"扬眉吐气，激昂青云"地要"奋其智能，愿为辅弼"，在临去长安时写的《南陵别儿童入京》的结束两句为："仰天大笑出门去，我辈岂是蓬蒿人。"

天宝三年，即744年，李白出长安。是年夏，在东都洛阳和杜甫首度相识。其时，李白44岁，杜甫33岁。

　　天宝四年，李白、杜甫在齐鲁第三次会面。诗酒情浓，肝胆相照，"醉眠秋共被，携手日同行"。冬天拜别，相约来日。李白去江东漫游，后因永王璘事件而被流放，遇赦，再漫游，终老长江。杜甫去长安又出长安，离乱纷纷，贫病交加，后来死于洞庭湖畔。

相约来日竟然没有来日。

他们只能以诗寄情，尤其是李白获罪流放后，杜甫入梦便看见李白，遂有"水深波浪阔，无使蛟龙得"，"冠盖满京华，斯人独憔悴"，"千秋万岁名，寂寞身后事"之句。

李白一生的最后三年，始终浪迹在长江之上或长江之滨。759年遇赦自三峡而下，写"两岸猿声啼不住"，到江夏小住，一度又有了诗酒放诞的豪兴，说是"去岁左迁夜郎道，琉璃砚水常枯槁。今年敕放巫山阳，蛟龙笔翰生辉光"。秋日，陪族叔刑部侍郎李晔及中书贾舍人游洞庭湖。才情洋溢，豪兴襟抱，佳构妙语，均不输当年：

南湖秋水夜无烟，耐可乘流直上天。
且就洞庭赊月色，将船买酒白云边。

李白一生的最后两年，与大江帆影涛声相伴，漂泊于宣城和金陵一带，穷愁潦倒却自由自在。761年，朝廷以李光弼为副元帅、太尉兼侍中，率大军出镇临淮，准备和率精骑包围宋州直逼东南的史朝义接阵。李白是年61岁，闻讯赶往临淮请缨，半途病倒，折返金陵，长叹曰："天夺壮士心，长吁别吴京！"

是年秋天，李白离开金陵第七次游当涂，投靠当涂县令李阳冰。762年，李白病重，于病榻上把一生全部著作托给李阳冰，后由李阳冰编成《草堂集》10卷。是年末，枫叶落地、荻花飘扬时，李白作古，终年62岁。

临终前，李白写了绝笔之作《临路歌》：

大鹏飞兮振八裔，中天摧兮力不济。
余风激兮万世，游扶桑兮挂石袂。
后人得之传此，仲尼亡兮谁为出涕！

李白死了，但，李白的诗永远活着。李白的足迹，在长江沿岸的名山胜地俯首可拾。李白的诗魂随着滔滔江水拍击山川，高歌而去。

天门山，位于当涂、和县之间的长江两岸，东为金陵之屏，西是八皖之障，为长江咽喉，与江阴相伯仲。李白有诗道："天门中断楚江开，碧水东流至此回。两岸青山相对出，孤帆一片日边来。"

宣城有谢朓楼，唐初所建，登楼可北望敬亭山，又称"北望楼"。

谢朓（464—499），字玄晖，曾任宣城太守，故又称"谢宣城"。其诗风格清丽高远，他的"余霞散成绮，澄江静如练"等佳句传为绝唱。李白在《秋登宣城谢朓北楼》中写道："江城如画里，山晚望晴空。两水夹明镜，双桥落彩虹。人烟寒橘柚，秋色老梧桐。谁念北楼上，临风怀谢公。"

敬亭山在谢朓楼之北，李白有《独坐敬亭山》：

众鸟高飞尽，孤云独去闲。

相看两不厌，只有敬亭山。

江水又东……

那撞壁声，那拍岸声，那呼啸声，那呜咽声，瞬息便去，继而又作，谁能判定这是历史的余音回响呢，还是现实的尘嚣喧嚷？

如果默默地漫步江畔，回想昨天，浑浊的江涛中我们能看到的，永远只是一部大书的扉页，那华丽辞章却已经教人目不暇接了。仅以李白论，笔者每每江畔独步倾听涛声，波峰间总会骤然响起已经苍老的歌吟：

中夜四五叹，常为大国忧！

谢朓楼

金陵王气

李煜不做皇帝去做诗人就好了,而做了皇上却又迷恋于写诗填词、司乐唱戏、尽情表演的,大体都是亡国之君、亡国之兆。

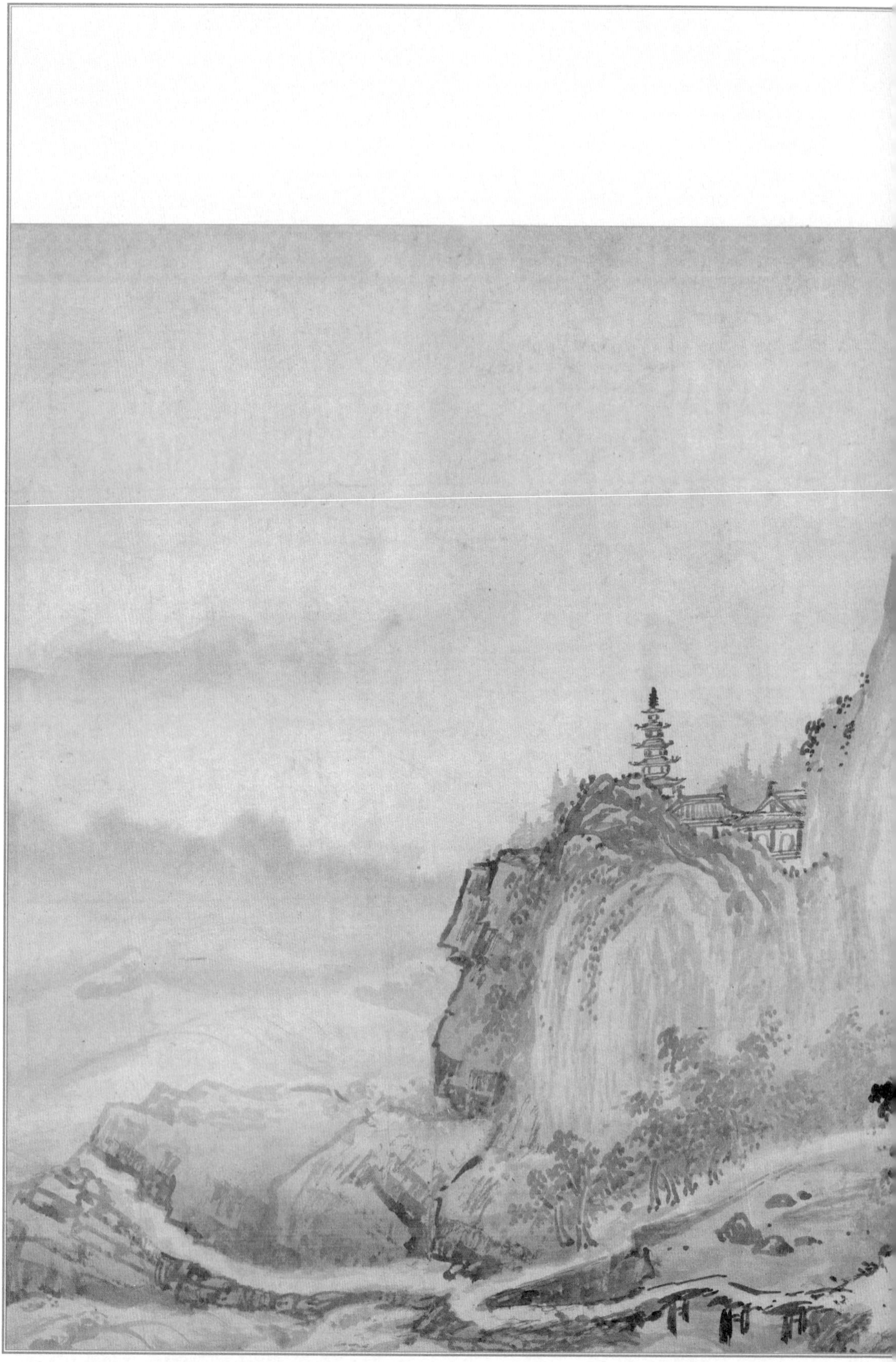

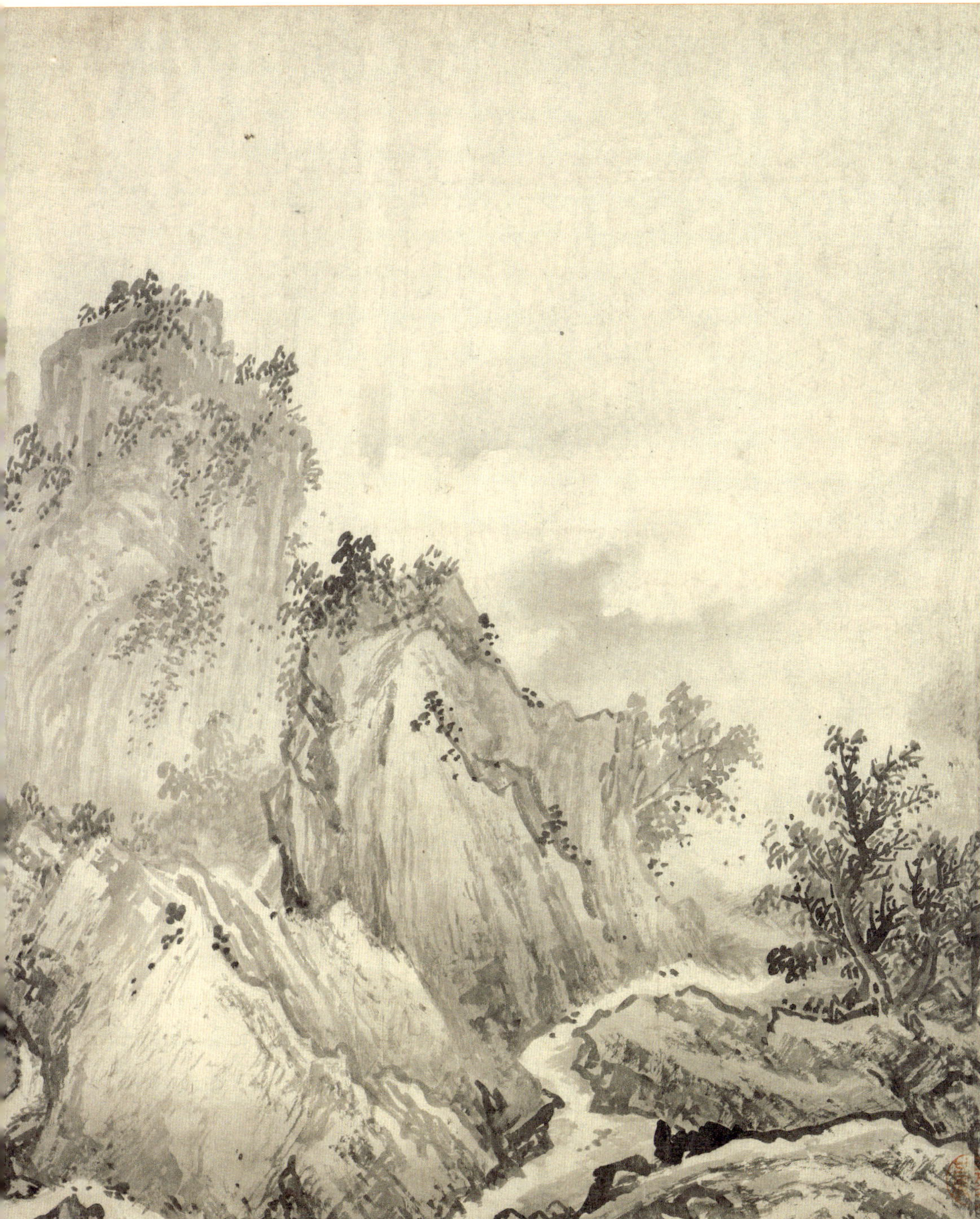

江水又东……

南京，古称"金陵"，地处长江下游平原，却又坐落在险峻而又秀丽的丘陵地带，北依号称"天堑"的长江，东南耸峙着以钟山为首的群峰，西边有石头山为终结的诸山做屏障，南面秦淮河与太湖水系沟通和长江三角洲相连。玄武湖、莫愁湖如两面镜子，镶嵌在古城的东北角和西南角。

山水形胜，必有名城。

现在我们经常引用的是三国时代诸葛亮出使东湖，途经金陵骑马上石头山时的感叹："钟阜龙蟠，石头虎踞，真乃帝王之宅也。"之后，三国时的东吴，东晋，南朝宋、齐、梁、陈，五代南唐，明朝开国之初以及太平天国、民国均曾于此建都，为中国七大古都之一。

人类之初，更多的是为了生存，漂泊流徙，是为了寻找安身的洞穴，捕鱼种稻、造城建都那是后来的事情了。

考古发掘证实：早在前6000年至前5000年的新石器时代，南京便已经是原始先民的劳动栖息之地。那时人和地都是无名的，没有文字，如果有感叹也付之大江流水了，只留下一些埋没的石器与谷糠之类。

前495年，吴王夫差在今南京城西朝天宫一带筑城，冶炼青铜器，名曰"冶城"。这是南京地面上最早的一座土城，它所给出的信息却是明明白白的：城为剑而筑。前473年，卧薪尝胆之后的越王勾践灭吴，大臣范蠡在今秦淮河附近筑了一座较大的土城，名为"越城"，周遭"二里八十步"。前333年，楚国并吞越国。相传楚威王为南京山川气势所动，为防以后有人在这里称王称霸，埋黄金以为镇而压之，再筑城邑，故称"金陵邑"。后来秦始皇东巡会稽，途经栖霞山见金陵散发王者之气，便下令开凿秦淮河斩断王气，并改金陵邑为"秣陵县"。212年，孙权改秣陵为"建业"，并以石头山旧金陵邑为基础筑造"石头城"。229年，孙权迁都至此。于石头城东修建业城，城周20里19步。东晋时加累砖石，隋、唐两次重修，明洪武年间，石头山段古城又加筑，成为城的一部分。

石头山残存一段长约3 000米的古城墙，城基在天然山岩上开凿，山岩石质发赭红色，中段怪石突起，其状狰狞，形似鬼脸，又称"鬼脸城"。

> 当年，长江恰从石头山下流过，山水之险于此为极，临江的西面石壁在江涛冲击之下，濡湿光滑，易守难攻，所谓大江天险，金汤之势，于此可见。

孙权还做过一件声名远播的事情：230年，他点将派兵共10 000人，由金陵出发远航台湾（时称夷洲）。可惜金陵王气终于没有成就东吴天下霸业，不过50年，石头城上降幡飘飘。西晋太康元年，即280年，晋将王濬率兵从长江上游顺流而下，直扑石头城，东吴后主孙皓之将以铁索横江却阻挡不住，晋军火攻打到石头城下。大势已去，孙皓竖起降幡自缚双手，抬着棺材开门投降。刘禹锡后来有诗记道："王濬楼船下益州，金陵王气黯然收。千寻铁锁沉江底，一片降幡出石头。"

西晋灭吴，建业改称"建邺""建康"。东晋时（317—420）再次成为国都，然后是南朝（420—589）宋、齐、梁、陈均以金陵为都，开始了南京历史上的极盛时期，史称"六朝繁华梦"，更有"六朝金粉"之称。东吴的

鬼脸城

土墙全部推倒，改用砖砌，皇宫有内外三道城墙护卫，称为"台城"，有皇家花园。东之青溪，南之朱雀桥、乌衣巷为贵族富绅聚居地，南北东西各20 000米，人口280 000户。

台城有宫门6座，亭台楼阁3 500间，御花园10处，美女无数，是历代帝王奢侈享乐之处，也是败亡辱国之地。589年，隋兵伐陈，兵临城下时六朝末代王朝的末代皇帝陈后主还在宫中与嫔妃宴乐，奏乐府吴声《玉树后庭花》《临春曲》。直到兵破台城，陈后主才慌忙走避，带宠妃张丽华、孔贵妃潜入景阳殿侧一枯井中。隋兵将其吊起活捉时，两个贵妃脸上胭脂竟染红井上石栏，拭之不尽，余迹犹存，是为"胭脂井"。

"六朝如梦鸟空啼"（韦庄句），亡国之后的六朝遗迹仅存一段古城雉，唯六朝陵墓石雕群仍不失当年风采，是我国古代的石雕艺术珍品。

六朝以后，五代十国的南唐于937年定都金陵，开国皇帝李昪，中主李璟，后主李煜。

李璟不会做皇帝，南唐国势日衰，但李璟的诗词却写得不错，词中有名句流传："细雨梦回鸡塞远，小楼吹彻玉笙寒。多少泪珠何限恨，倚阑干。""手卷真珠上玉钩，依前春恨锁重楼。风里落花谁是主，思悠悠！"

李璟死后，李煜继位，他的词写得更为出神入化，而且每每真情毕露，皇帝却做得更糟，一看公文就头痛。975年，南唐为宋所灭。金陵破城之时，李煜正在写诗，接报后不走不避，肉袒出降，逮往东京（今开封）。去国时写道："四十年来家国，三千里地山河。凤阁龙楼连霄汉，琼枝玉树作烟萝。几曾识干戈？一旦归为臣虏，沈腰潘鬓消磨。最是仓皇辞庙日，教坊犹奏别离歌。垂泪对宫娥。"囚居北方后，李煜思念故国家园，写有万古流传的《虞美人》词："春花秋月何时了，往事知多少？小楼昨夜又东风，故国不堪回首月明中。雕栏玉砌应犹在，只是朱颜改。问君能有几多愁？恰似一江春水向东流。"

宋太宗赵光义读后震怒，指使其弟赵廷美在李煜42岁生日时，赐药酒，李煜被毒死。

雪后台城风光

亡国之君、亡国之人连思念故乡的权利也被剥夺了。

故乡的本源神圣，只是体现在因为各种原因而离乡去国者的思绪中。

李煜不做皇帝去做诗人就好了，贫困如杜甫还可以漂泊，得罪皇上获流刑遇赦者有李白，而做了皇上却又迷恋于写诗填词、司乐唱戏、尽情表演的，大体都是亡国之君、亡国之兆。

两宋而元，金陵不断更名，先后被称"建宁府""建康府""建康路""集庆路"。1356年，朱元璋攻占集庆改名"应天府"，在谋士朱升的"高筑墙，广积粮，缓称王"进言之下，筑高大坚固城垣，21年乃成。1368年朱元璋在应天府登帝位，称"明太祖"，是为洪武元年。1420年，明成祖以北京为都城，称应天为"南京"。

1853年，太平军攻克南京，改称"天京"，为国都。1864年，曾国藩之弟曾国荃率清兵攻陷天京，火烧天王府。1911年辛亥革命后，南京一度是孙中山的大总统府所在地、民国首都。

佛教传到江南，当在东吴时。后来"南朝四百八十寺，多少楼台烟雨中"，江南已经佛寺林立了。可以说这是佛法无边，也可以说芸芸众生的心里都有潜伏着的宗教信仰之需求，捷足先登者便占尽风气了。孙权时，在建业修建江东第一座佛寺：建初寺，又名"大市寺"。到南朝，仅建康一地佛寺过500，僧众达10万，其中有名僧，如道场寺的法显，曾周游中亚、尼泊尔、印度、斯里兰卡等地，著有《佛国记》（一称《法显传》）。还有宝云和尚，翻译订正了《新无量寿经》等数十种佛经，对梵文之精通到了边读边译的程度。佛教艺术也随之兴旺，东晋顾恺之在瓦官寺作大幅壁画维摩诘居士像，点睛之日观者人头攒动，点睛之后目光辉照全寺；东晋戴逵为瓦官寺雕铸5尊铜佛像，一壁画5铜佛加上狮子国（今斯里兰卡）送的4.2尺洁白玉佛像，并称为"瓦官寺旷世三绝"。南朝时又在栖霞山开凿千佛岩。

鸡鸣山上有鸡鸣寺，寺在山东麓，原为梁武帝所建同泰寺。梁武帝萧衍是南朝诸君中执政时间最长的，在位47年，曾经轻劳役、施文教、减税赋，

夕照千佛岩

治国有方。

秦淮河发源于苏南低山丘陵,全长110千米。最初名"龙藏浦",后称"淮水"。秦始皇"凿秦淮河以断金陵王气"之说其实不确,秦时"开凿方山,断垄为渎"处是方山附近的石坝山,秦淮河自古以来便是长江的一条天然支流。

秦淮河分内河、外河。从东水关入城,经夫子庙、镇淮桥出西水关的为内河,也就是史书有名的"十里秦淮"。东晋以来,十里秦淮已成粉黛佳丽、南曲靡靡的代名词。歌舞楼阁,游船画舫,琵琶弦子,轻吟慢唱,成为迷醉之乡。六朝时朱雀桥、乌衣巷、桃叶渡均在秦淮河两岸,住有名门望族如谢安等,一时珠光宝气车水马龙,后来也都烟消云散了。刘禹锡访金陵,在乌衣巷前颇有感慨道:"朱雀桥边野草花,乌衣巷口夕阳斜。旧时王谢堂前燕。飞入寻常百姓家。"桃叶渡因东晋大书法家王献之在这里迎爱妾桃叶归渡,并赋《桃叶歌》而得名,"桃渡临流",后来成为骚人墨客唱和之地。

晚唐诗人杜牧夜泊秦淮河,作《泊秦淮》:

烟笼寒水月笼沙,夜泊秦淮近酒家。
商女不知亡国恨,隔江犹唱《后庭花》。

秦淮风月,到明代为极盛,民国仍有灯船泛舟河上。1923年8月的一个夜晚,朱自清与俞平伯乘船同游秦淮河,游毕同以《桨声灯影里的秦淮河》为题作文,朱自清的散文一发表,便轰动文学界,被誉为"模范的美术文",至今仍有无数读者为之倾倒。

民国以后秦淮河日渐衰败,淤泥浊流,臭气四溢。曾经太繁华,远远超过了它的环境容量,后来的不堪入目便是必然的了。

奢侈繁华、糜烂腐败无疑会影响当代,而更加严重的后果却在后世。

秦淮河

雨花台在中华门外500米开外，是长有3 000米，高约100米的丘岗，曾经有不少游人拾得过彩色卵石。其实雨花台不产雨花石，那些彩色卵石很可能是在很久以前由江水冲刷而来的。南京人爱说"落花如雨"，指梁时有云光法师在山顶说法，苍天为其所动，遂降雨，雨有彩色，坠地成石，雨花台因而得名。

诸多传说不再列举，但雨花台"其旁冢累累，其下藏碧血"却是千真万确的。这里是南宋抗金英雄杨邦乂被剖腹取心处。杨邦乂，北宋进士，1129年金兵攻占建康，杨邦乂被俘，金兀术要他投降，杨大骂不从，被"剖腹取心"杀害。还有明代方孝孺墓。方孝孺为建文帝的侍讲学士。燕王朱棣夺位自立为帝，是为明成祖。方孝孺指朱棣篡位，被明成祖所杀，灭九族之外加上师友一族，"以足十族之数，谓之'瓜蔓抄'"。清代，太平天国将士与清军江北大营多次在这一带激战。辛亥革命时起义军也在雨花台上战斗过，现存当年阵亡将士墓2座。1927—1949年，在雨花台下殉难的更是多达10万！

中山陵坐落在明孝陵东侧，从花岗岩牌坊拾级而上至墓室，要经过392个台阶、8个平台，距离700米，落差70米。

民国元年（1912年）元旦，孙中山先生在南京就任临时大总统，谒明孝陵时说："他年诸事摒挡清楚，即在明陵左近结一茅庐，以明祖为邻，以终天年。"91天后，辞去临时大总统之职，次日清晨邀胡汉民等去紫金山打猎，于南坡休息，眺山望水，殷殷切切，又说："候他日去世，当向国民乞一抔土以安置躯壳耳！"

南京是一座有灵魂的城市。

孙中山先生在《建国方略》中说："南京为中国古都，在北京之前，而其位置乃在一美善之地区，其地有高山，有深水，有平原，此三种天工，钟毓一处，在世界中之大都市诚难觅如此佳境也。"

南京作为十代古都，其文化知识、科学技术也曾独步当时。南朝时建

南京中山陵

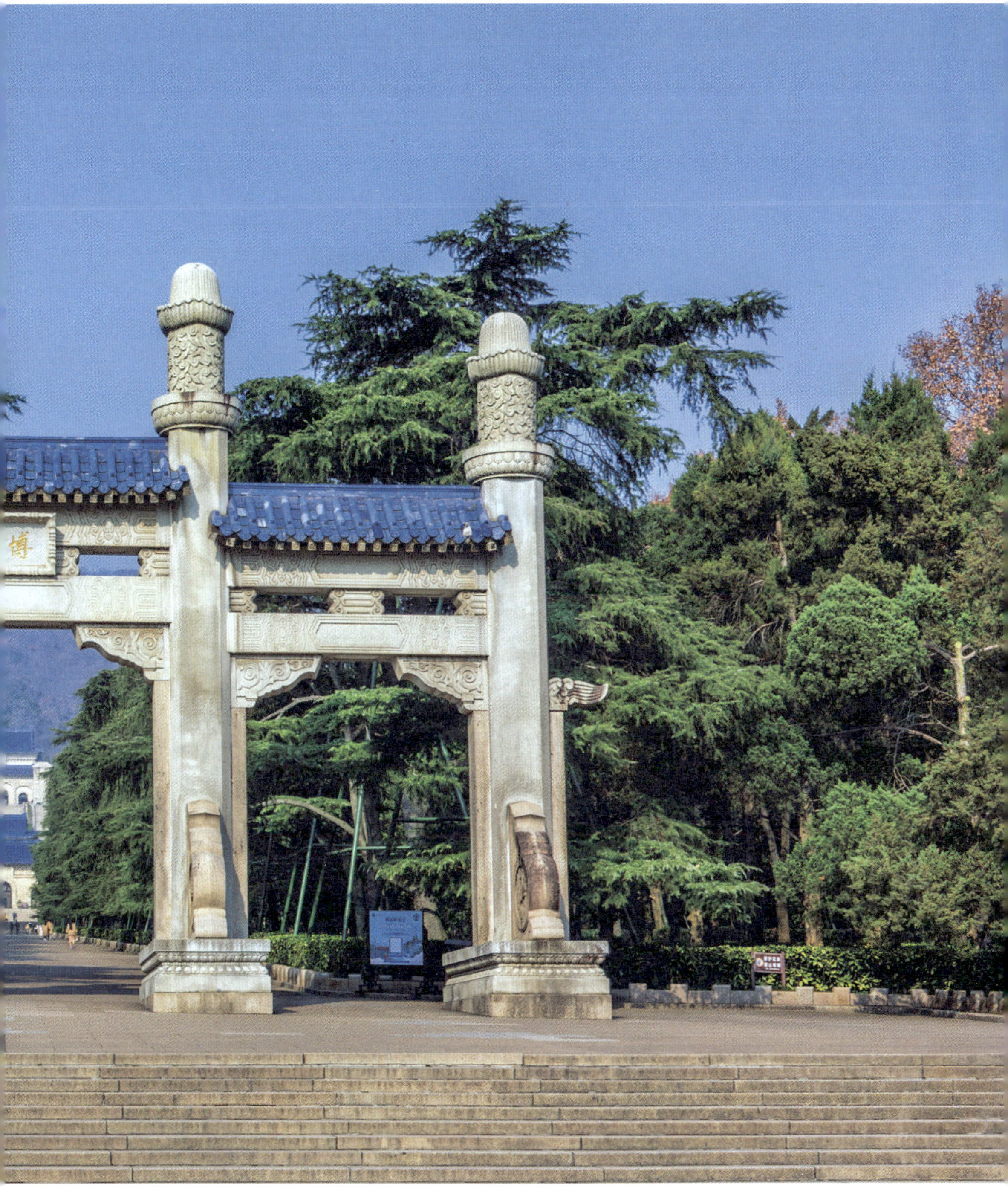
博

康有儒学、玄学、文学和史学四大学馆，不少名著均成书于此，如刘义庆的《世说新语》、刘勰的《文心雕龙》、钟嵘的《诗品》、萧统编撰的《文选》及《后汉书》《三国志注》《宋书》《南齐书》等。470年，还建立了可以称之为科学研究的机构总明观，范缜发表《神灭论》，祖冲之"圆周率"的计算，"大明历"的创制以及千里船、指南车均在建康完成。

洪武十四年（1381年）夏至洪武十五年五月，鸡鸣山下建成了一座大学城——国子监——最盛时学生多达9 000人，编印了各种书籍，包括《永乐大典》。

鸡鸣山最高处，南朝就建过日观台，明洪武十八年设测候台，由钦天监管理，置有浑天仪等。利玛窦于万历二十六年（1598年）至二十八年两次到南京，曾参观测候台，他记载道："此台以建筑宏伟著称。……司天者夜夜鹄立于此，以察天象，无论星陨、彗孛，皆详记奏闻。所陈仪器皆铸以青铜，制作精美，装饰华丽，其宏伟雅致非欧洲所能匹敌。且诸器屹立于此垂二百五十年，几经风霜雨雪，迄无所损。"

明朝，南京拥有的织锦、印刷、造船和建筑业，都曾辉煌一时。李时珍的《本草纲目》在这里出版。龙江宝船厂建造了郑和下西洋的宝船。至清代，《红楼梦》的作者曹雪芹在南京出生，并度过了少年时代。写《儒林外史》的吴敬梓、《随园诗话》的袁枚都曾长期居住金陵，等等人物，举不胜举。

别金陵，买舟而下，大运河与长江的交汇处是扬州。

扬州之名初见于《尚书·禹贡》："淮海惟扬州。"又据说，大禹分天下为九州，淮海东南一带濒江临水，只能以水为界，"州界多水，水扬波"，扬州因而得名。当时扬州，区域广大，淮水以南尽在州界之内。扬州古城，已有2 400多年的历史了。

远古人类在扬州的足迹，以长江江岸的变迁而流徙，即：始终离不开长江，又随着江岸的移动而在江岸左近渔猎、农耕、筑城。远古时，长江北岸直抵今扬州北界与西北的蜀岗南缘。后来因泥沙冲积，江岸不断南移。又由于长江主泓道在扬州、镇江之间南北摆动，岸线也常有变化。

紫金山天文台

人类的足迹便也摆动，在摆动中熟悉长江、适应长江。旧的家园废弃了，新的家园又建立了。

在很多时候，人们并不是一往无前的，犹豫、观望与摇摆，将贯穿人类历程的始终。

春秋时，长江北岸有邗国，它很可能就是扬州之初。后被吴国所灭。吴王夫差筑邗城于今扬州西北郊，并利用天然湖泊开挖邗沟以通江淮，为北上伐齐做准备，时在前486年，即周敬王三十四年。邗沟南起长江，经扬州城外北抵淮安，是大运河全线最古老沧桑的一段。前319年，楚怀王在邗城城址筑广陵城。西汉时置江都县、江都国、广陵国。东汉时为广陵郡治。东晋时，桓温又重筑广陵城。北周时改称"吴州"。

隋统一全国后，改吴州为扬州。隋炀帝极爱扬州之地，筑扬州十宫曰：春草、归雁、回流、光汾、九里、九华、枫林、松林、大雷、小雷。更有"上下金碧，千门万户"。隋炀帝还征发百姓100多万，开凿了一条从洛阳西苑到淮水南岸的通济渠，再征百姓10多万疏浚沟通今淮安到江都的邗沟。大业三年（607年）、六年、十二年，隋炀帝3次乘龙舟从洛阳南下扬州，在位14年，在扬州住了2年多。当隋末农民起义风起云涌时，隋炀帝还在扬州宫中寻欢作乐，后被勒死于行宫归葬雷塘。

唐初设扬州大都督，以后又设淮南节度使，是为有名的商埠和全国最大的港口。除长安、洛阳外，与益州共称繁华之所，并有"扬一益二"之说。江畔舟船列队，城中青楼林立，市井酒肆、商家店铺数不胜数，号称"春风十里扬州路""二十四桥明月夜"。扬州其时已是国际性港口，船只可远航日本、东南亚、东非。天宝十二年（753年），鉴真和尚5次东渡失败后再从扬州出发，到达日本。李白三下扬州，有钱时"不逾一年，散金三十万"；杜甫大概一直很穷，曾向胡商打听扬州米价，准备卖舟东游；杜牧曾在淮南节度府做书记，夜晚常去青楼妓馆荒唐，自嘲说"十年一觉扬州梦，赢得青楼薄幸名"。

清雍正、乾隆年间成为长江下游的文化中心，画史著称的"扬州八怪"使长江文化的特色更趋鲜明，既有对传统的继承又有深刻的反叛。"扬州八怪"以郑板桥最著名。郑板桥为扬州兴化人，生于1693年，卒于1765年。做过山东范县县令，去官后一心作画随意挥洒，竹石兰蕙尽脱流俗，书法也独具一格，以行、草、隶相间相合，自称"六分半书"，时人称之"乱石铺街"，似贬而实为褒也。"难得糊涂"之句盛传不衰，庙堂高官、荒村野老，无不知之。郑板桥晚年卖画为生，自订画格，愿者上钩，现付白银为佳，谓："大幅六两，中幅四两，小幅二两，条幅对联一两，扇子斗方五钱。凡送礼物食物，总不如白银为妙，公之所送，未必弟之所好也。送现银则心中喜乐、书画皆佳。礼物既属纠缠，赊欠尤为赖账。年老体倦，亦不能陪诸君子作无益语言也。"

郑板桥有言："冗繁删尽留清瘦。"画竹乎？写人乎？

瓜洲在扬州城南20千米处，原是扬子江中沙洲，其状如瓜，后涨出，北与扬州相连，地处古运河与长江的交汇点，斜对古京口镇江。唐开元以后，为南北交通枢纽，古人论瓜洲说："瓜洲虽弹丸，然瞰京口，接建康，际沧海，襟大江，实七省咽喉，全扬保障也。且每岁漕舟数百万，浮江而至，百州贸易迁涉之人，往返络绎，必停于是，其为南北之利，讵可忽哉？"

瓜洲今是瓜洲镇，也称"瓜洲古渡"。

瓜洲古渡系南北水运必经之地，也是迎来送往的远游之地、别离之地、相思之地，这个古渡港湾去也载过来也载过，喜也载过，愁也载过。白居易在《长相思》中写道："汴水流，泗水流，流到瓜洲古渡头，吴山点点愁。"写瓜洲的另一名篇是张祜的《题金陵渡》："金陵津渡小山楼，一宿行人自可愁。潮落夜江斜月里，两三星火是瓜洲。"

一说瓜洲总是愁，这与文人的视角与感觉相关，是漂泊流离中的平常心情。王安石《泊船瓜洲》的一个"绿"字，读来仍让人击节："京口瓜洲一水间，钟山只隔数重山。春风又绿江南岸，明月何时照我还。"

瘦西湖钓鱼台

扬州园林，扬州盆景，扬州琼花，扬州曲艺，扬州美食，无不名噪一时。现今留存的5 300公斤[①]玉雕《大禹治水图》，是清乾隆年间耗时6年雕琢而成的。清之末，扬州漆器便远销海外，梁福盛漆器作坊的展品，还曾于1910年和1915年的南洋劝业会、巴拿马万国博览会上，获一等金牌奖，一等银牌奖。

镇江古称"京口"，与扬州隔江相望。这一带的长江江段又称"扬子江"。北面江边有一座高不到50米的小山，即京口第一山——北固山。山不在高，险要者名，北固山"下临长江，其势险固，因以为名"。北固山在唐朝以前就如半岛伸入江中，三面临水，气雄势奇。东吴孙权注意到这里的山川形势非同小可，在北固山前峰筑一城堡。"丘绝高曰京"，故名"京城"；小而坚，状似铁瓮，又称"铁瓮城"。因山为垒，俯临大江，后来又有了"京口"之称。

北宋政和三年（1113年）升润州为镇江府，"镇江"之名由此而始，一江之镇也。宋室南渡，长江成为抗金的战略防线，镇江重兵驻守控扼江口。1130年，有梁红玉击鼓退金兵之战。元灭宋，镇江江面有水师大会战。元末，朱元璋夺占金陵后，由镇江南进取苏州，再渡江北伐。明末清初，郑成功发兵进入长江，先取瓜洲和镇江，"断瓜洲则山东之师不下"，"据北固则两浙之路不通"。1842年，英国炮舰闯进长江，镇江江面一时炮火连天，焦山炮台的守军开炮迎敌。英军登陆后，镇江全城军民浴血奋战。英军夺占镇江后随之包围南京，胁迫清政府签订了中国近代史第一个臭名昭著的不平等条约——《南京条约》。太平天国战争时，陈玉成在镇江大败清军，先破镇江之围，继而扫荡清军江北大营和江南大营。

沧桑镇江，世事兴衰，如辛弃疾游北固山后的忧愤之句："千古兴亡多少事，悠悠，不尽长江滚滚流。"

唯独三山依旧。

金山在清中叶以前是长江中的一个小岛，后因长江主泓道北移，道光年

---

① 1公斤为1千克。

北固山

间因泥沙淤积而与陆地相连。从此不再坐船而是"骑骡上金山"。金山高不过60米,绕山一周也仅500米,山上却是寺院相接,香烟缭绕,包裹着小小金山,是有"金山寺裹山"之说。

北固山、金山之外,还有焦山。焦山位于镇江市区东北长江中,高约100米,周长2 000米。满山尽苍翠,远望如碧玉,古时又称"浮玉山"。相传东汉焦光隐居于此,三诏不出,焦山因而得名。山不高却峭壁嵯峨,草木斜出,以古寺古碑出名。隐没山腹的定慧寺、华严阁有1 700多年的历史。寺隐山中,因而焦山也有"焦山山裹寺"之称。

沿山西行,不多远便是焦光三诏不出的隐居地——三诏洞。

焦山西麓,有一处摩崖石刻,为陆游所书。

陆游,生活于1125—1210年间,今浙江绍兴人。因主战而屡遭贬。1178年启蜀东返,第三次游镇江。江山破碎,壮志未酬,作《浪淘沙·丹阳浮玉亭席上作》,以寄无限怅惘:

> 绿树暗长亭,几把离樽。阳关常恨不堪闻。何况今朝秋色里,身是行人。
>
> 清泪浥罗巾,各自消魂。一江离恨恰平分。安得千寻横铁锁,截断烟津!

焦山有古木,六朝柏、宋槐、明银杏树等。

干枝虬曲,苍老沉默,千百年风吹浪打,依然兀立,不言古今,无论兴亡,只是看大江东去将入海,听涛声拍岸春又来。

江水又东……

江水又东……

江水又东……

亲爱的读者,现在我们要去长江的咽喉之地——江阴。江阴临江多山,又是江防要塞。江阴城东北为风景秀丽的黄山,西端有鹅鼻山,突出江中,与江北的孤山相对相峙、相望相闻。长江流经江阴时,由下游河口段常见的几千米宽,骤然收缩至1 000多米,从此而下长江的流动中的一切调适,都是为了一个目标:奔流入海。

江阴是继吴淞口之后的江防要地,为入海之门,是锁江之钥。

春秋时,江阴属楚春申君封地。424年,南朝宋文帝为防止北魏太武帝南渡,从采石矶到江阴、黄山列营以守。五代南唐置江阴军,设水师重兵。南宋时,江阴更为必守之地,韩世忠及夫人梁红玉曾移师江阴屯扎,岳飞、李宝、辛弃疾等先后在黄山一线驻守或抗击金兵。明朱元璋在江阴率军督战,戚继光也曾在这里指挥过抗倭斗争……千古黄山一岩一松无不阅尽人间春色,也目睹了时光流转、王朝更替时多少名将,多少战阵,多少流血牺牲……

1949年4月21日,中国人民解放军百万雄师过大江,黄山国民党军起义,捉江阴要塞司令。

长江洪流滚滚,已非往日景象了。

江阴南歧村,是徐霞客的故乡。

徐霞客(1587—1641),痛恨明末政治丑恶官场腐败,好读书不入仕,博览地理图经。由读书而实行,察山问水,专心旅途,从22岁踏出第一步,历时34年,足迹遍及23省。日行百里,夜宿荒山,掬水而饮,摘果乃食,是寻常之事。观察、访问、推想所得,按日记录,身后留有40多万字的珍贵资料、游历文章。由季梦良等整理成《徐霞客游记》,是当时世界独一无二的地学著作,且文笔极佳堪称美文。

徐霞客故居保持着明代建筑的风格,梁粗檩大,雕刻彩绘,门槛用独木,为三进。村前胜水桥也有400多年了,桥面石柱内外侧有两副对联,其中之一为:曾有霞仙居北宅,依然虹影卧南阳。

徐霞客毕生专事游历,其母王氏不仅支持而且也身体力行,年逾花甲后随徐霞客作江南游。母了同行,其情壮哉!徐霞客不能在家尽孝,对母亲极为敬重,或者说在他独行的身后,总有母亲的影子相随呵护。明万历四十八年(1620年),王氏大病初愈,徐霞客在胜水桥附近建晴山堂。崇祯三年(1630年),王氏辞世,徐霞客失声痛哭,并将家藏书法手迹镌石嵌于晴山

徐霞客故居

堂，诗文94篇出自88位高手，有宋濂、倪瓒、文徵明、祝允明、高攀龙、董其昌等。徐霞客墓在晴山堂后院。面对霞仙故里，如我这样的后生者能说些什么呢？

  曾经追问长江的源头：何所出？何以流？终于归去大化：因此出，所以流。

长江三楼

除开建筑本身的凝固岁月之外，岳阳楼的格调一开始就是忧郁的，是失意之人的登高之地。岳阳楼作为文化意义上的美丽与广大，则是由失意心灵绽放的忧郁之花流动散射的。

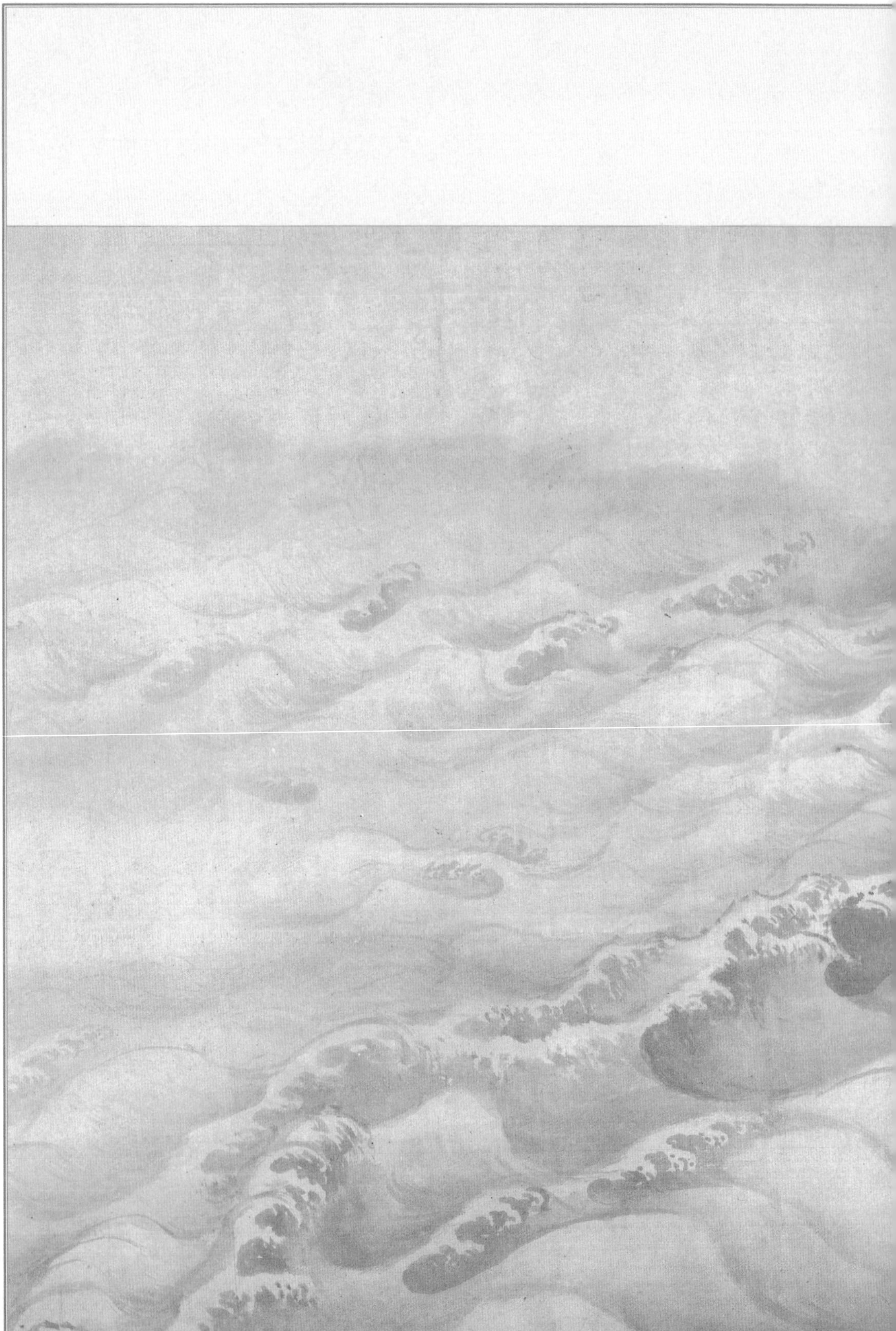

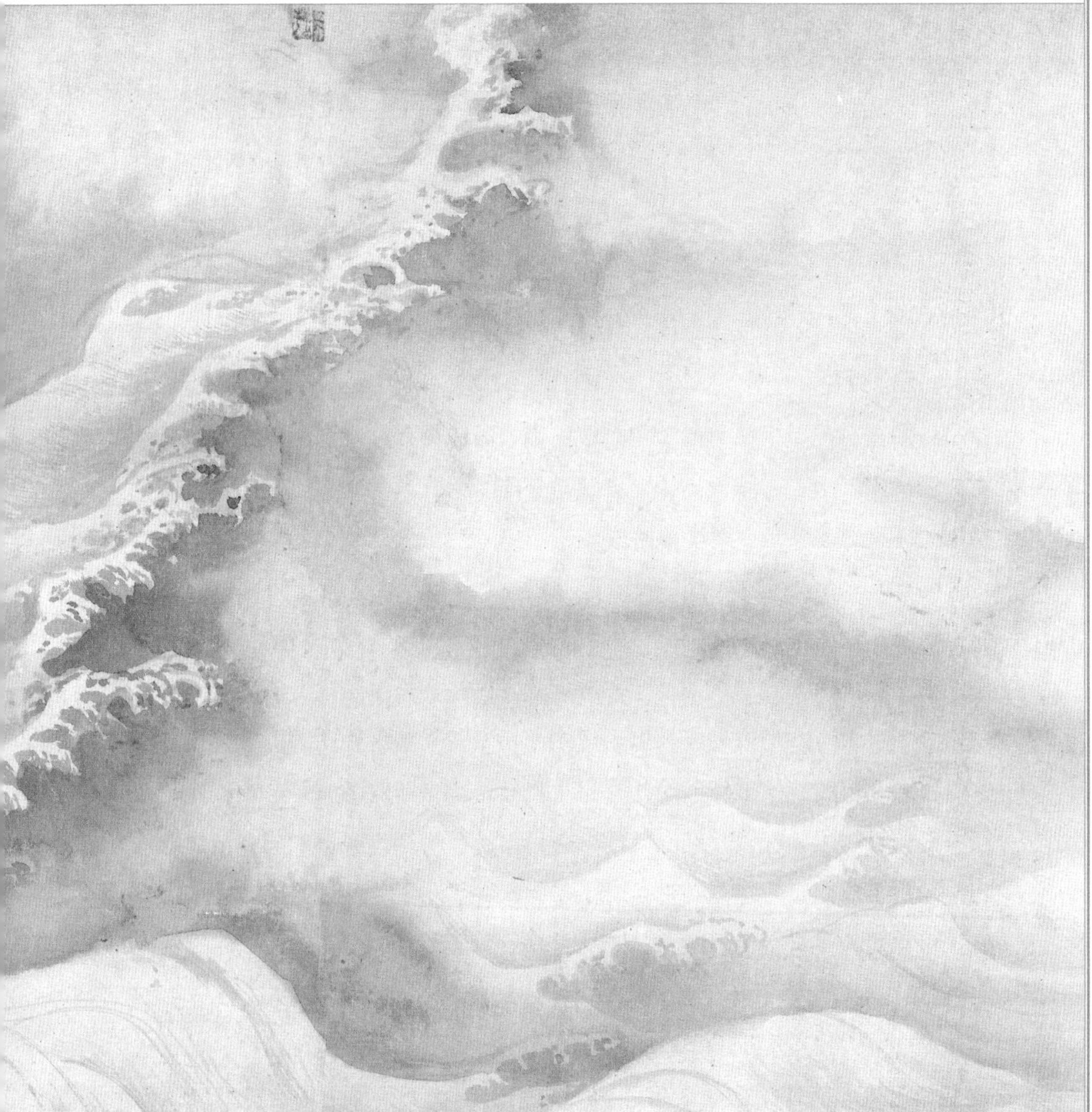

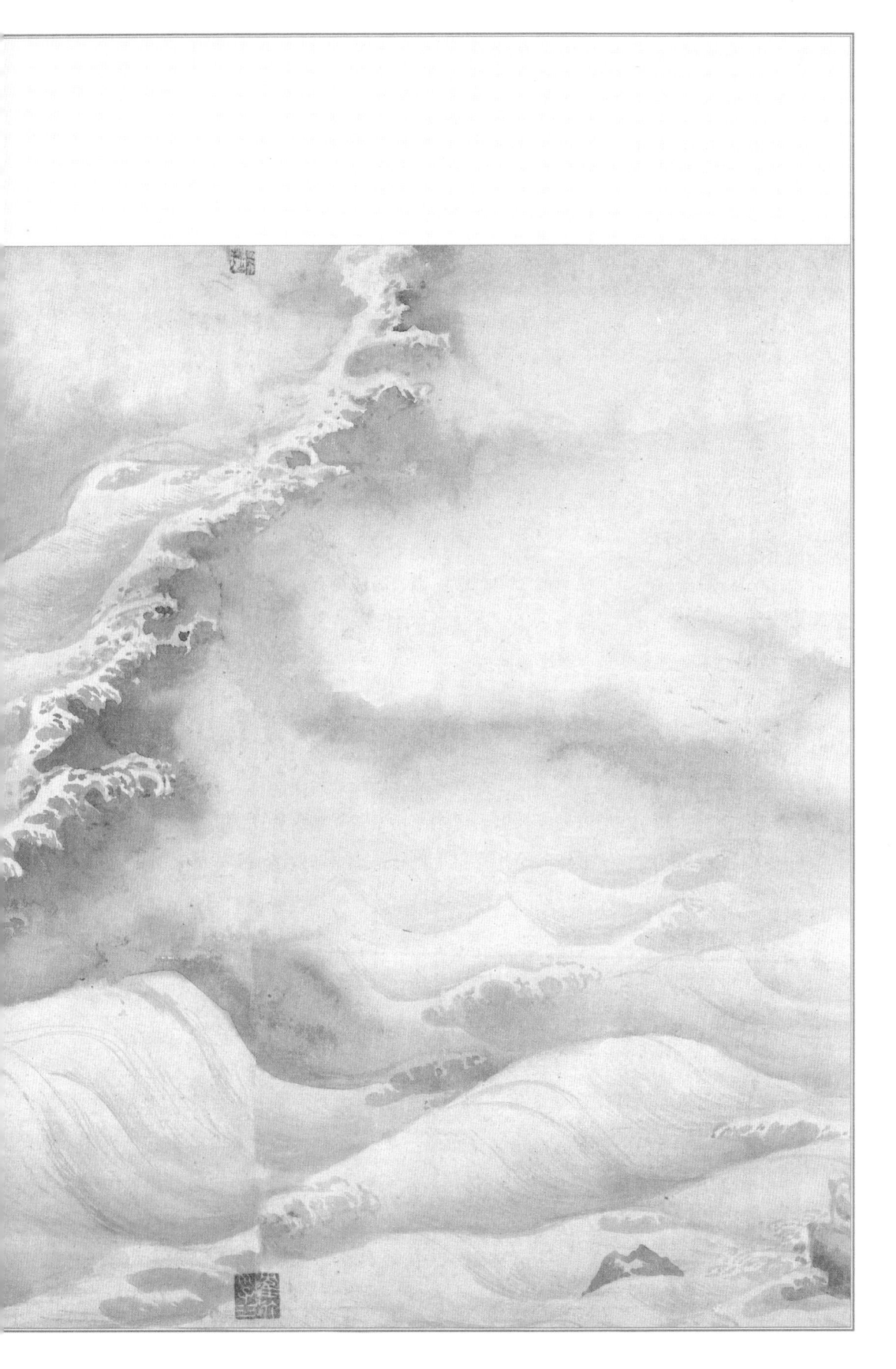

岳阳楼自古以来便与武汉黄鹤楼、南昌滕王阁并称"江南三大名楼"，有"洞庭天下水，岳阳天下楼"之说。它屹立洞庭湖畔，枕巴山而得厚重，瞰湖光而收缥缈，是岳阳城西门城楼。

岳阳楼何时始建？清以前均称"莫详其始"。清同治年间所修的《巴陵县志》，据宋范致明《岳阳风土志》的巴丘"郡城乃鲁公所筑"之说，推测"岳阳楼或曰鲁肃阅军楼"。光绪年的《巴陵县志》从之，后人采此说者甚众。不过也有持异议的，如熊培庚在《岳阳天下楼》中认为，东吴横江将军鲁肃驻守巴陵，筑城楼以为防守是很自然的，但所筑的应是"谯楼"。谯楼是瞭望敌阵之楼，"兵列于其间，下为门，上为楼，或曰谯门，或曰谯楼也"。岳阳地当要冲，鲁肃领军，谯楼是非筑不可的，而谯楼非阅军楼。

可以肯定的是，岳阳楼作为岳阳城的西门城楼，其改造、扩建及其声名初播，与张说分不开。张说（667—731），字道济，洛阳人。唐开元四年（716年）贬守岳州，此时张说历仕四朝，阅尽人事，饱经风霜，便借扩修城楼之机，而寄情山水。城楼竣工后，因位在天岳山之南，故名"岳阳楼"。楼成之后，临风把酒，月下品茗，才子云集，诗文流传。此后，李白、杜甫、白居易、李商隐、刘禹锡、孟浩然均登楼，吟诵题壁，传唱江南，岳阳楼开始声名远播。而文心雕楼第一人却是南朝宋的文学家颜延之

岳阳楼

（384—456），颜与谢灵运齐名，世称"颜谢"。南朝宋初任太子舍人，少帝时为今广西桂林太守，调任建康途经岳阳时，登巴陵城楼有感留诗，其中有"江汉分楚望，衡巫镇南服"之句，对后世的人与诗影响极大，可谓奠基之作。而作为岳阳楼母体的巴陵西门城楼，在两晋南北朝几无声息的300多年中，由颜延之首开先河与诗并存。

除开建筑本身的凝固岁月之外，岳阳楼的格调一开始就是忧郁的，是失意之人的登高之地。岳阳楼作为文化意义上的美丽与广大，则是由失意心灵绽放的忧郁之花流动散射的。

于是，我们便有了诗文中的岳阳楼，这是更美更具有个性的岳阳楼。

孟浩然《临洞庭上张丞相》云："八月湖水平，涵虚混太清。气蒸云梦泽，波撼岳阳城。欲济无舟楫，端居耻圣明。坐观垂钓者，徒有羡鱼情。"这八句的前四句写洞庭景观，得之天然，高浑雄阔，写八百里湖色的一个"平"字，写洞庭水天一色的一个"混"字，均是极大手笔。后人如元初的方回还将"气蒸云梦泽，波撼岳阳城"两句一联，与杜甫的"吴楚东南坼，乾坤日夜浮"相并列，称"后人不敢复题"。

李白流放夜郎，取道四川至中途遇赦，沿江东到岳阳，饮酒写诗，《与夏十二登岳阳楼》即为其中之一："楼观岳阳尽，川迥洞庭开。雁引愁心去，山衔好月来。云间连下榻，天上接行杯。醉后凉风起，吹人舞袖回。"

岳阳楼的吟咏诗作中，真正无可匹敌、首屈一指的，当是杜甫的《登岳阳楼》：

> 昔闻洞庭水，今上岳阳楼。
> 吴楚东南坼，乾坤日夜浮。
> 亲朋无一字，老病有孤舟。
> 戎马关山北，凭轩涕泗流。

这一首苦心孤诣、情豪势雄的千古绝唱，写于唐大历三年（768年）岁暮。时年57岁的杜甫飘零于洞庭湖，身无长物，衣食皆缺，饱经离乱忧患的他身患肺病、风湿，右臂瘫、左耳聋，人之既老又逢万方多难，而报国之怀，对杜甫来说依然是"落日心犹壮"。杜甫的这次登临，可谓百感交集，笔下所展现的"洞庭天下水"的气概，与诗人心忧天下的襟抱一起豁然洞开，文墨一如既往的素朴之外，更多了一层悲苦凝重。清查慎行谓："于开阔处俯仰一身，凄然欲绝。"而结末两句，一大一小，一虚一实，"胸襟气象，一等相称"。浩荡水天中的风波小舟，那已是诗人末路，可是拳拳之心思接古今，才雄当世，又有谁人可比？

岳阳楼因而有名联：

吴楚乾坤天下句，江湖廊庙古人心。

毛泽东曾手书此诗，笔走龙蛇，意气奔放，布局严谨，阔狭顿异，已勒石嵌于岳阳楼碑廊。

世人知道更多，成为范文读本流传的是范仲淹的《岳阳楼记》，其使岳阳楼真正名扬天下，成为一代又一代中国人心中的无限风光之楼。

范仲淹（989—1052），苏州人，北宋著名政治家、文学家。出身贫寒，两岁丧父，应滕子京约写《岳阳楼记》时，在邓州任上。

《岳阳楼记》全文360余字，字字金玉，不可多其一，不可失其半：

庆历四年春，滕子京谪守巴陵郡。越明年，政通人和，百废俱兴。乃重修岳阳楼，增其旧制，刻唐贤今人诗赋于其上。属予作文以记之。

予观夫巴陵胜状，在洞庭一湖。衔远山，吞长江，浩浩汤汤，横无际涯；朝晖夕阴，气象万千。此则岳阳楼之大观也。前人之述备矣。然则北通巫峡，南极潇湘，迁客骚人，多会于此，览物之情，得无异乎？

若夫霪雨霏霏，连月不开，阴风怒号，浊浪排空；日星隐曜，山岳潜形；商旅不行，樯倾楫摧；薄暮冥冥，虎啸猿啼。登斯楼也，则有去国怀乡，忧谗畏讥，满目萧然，感极而悲者矣。

至若春和景明，波澜不惊，上下天光，一碧万顷；沙鸥翔集，锦鳞游泳；岸芷汀兰，郁郁青青。而或长烟一空，皓月千里；浮光跃金，静影沉璧；渔歌互答，此乐何极！登斯楼也，则有心旷神怡，宠辱偕忘，把酒临风，其喜洋洋者矣。

嗟夫！予尝求古仁人之心，或异二者之为，何哉？不以物喜，不以己悲。居庙堂之高，则忧其民；处江湖之远，则忧其君。是进亦忧，退亦忧。然则何时而乐耶？其必曰"先天下之忧而忧，后天下之乐而乐"欤！噫！微斯人，吾谁与归！

时六年九月十五日。

范仲淹的《岳阳楼记》送达岳阳后，即由苏舜钦书丹，邵竦篆刻陈列楼中，顿时满壁生辉，趋而观之者络绎不绝。时人把滕子京修楼、范仲淹作文、苏舜钦书丹、邵竦篆刻誉为"天下四绝"，可惜后来碑毁人亡。现存于一、二楼的《岳阳楼记》紫檀木雕屏，落款均为张照，一真一赝。二楼所存为真品，乾隆八年（1743年）六月张照遵当时岳州知府黄凝道之嘱而书。张照（1691—1745），江苏华亭（今上海）人，康熙进士，官至刑部尚书，精音律，工书法。

岳阳楼名联众多，何绍基书的102字长联为：

一楼何奇？杜少陵五言绝唱，范希文两字关情，滕子京百废俱兴，吕纯阳三过必醉。诗耶？儒耶？吏耶？仙耶？前不见古人，使我怆然涕下。

诸君试看：洞庭湖南极潇湘，扬子江北通巫峡，巴陵山西来爽气，岳阳城东道岩疆。渚者！流者！峙者！镇者！此中有真意，问谁领会得来。

岳阳楼碑廊

岳阳楼三楼柱上有传为李白所书的"水天一色，风月无边"之联。其他名联有明魏允贞的"洞庭天下水，岳阳天下楼"；明杨一清的"眼前忧乐谁无意，天下江山此最雄"；清熊少牧的"十五年胜地重游，云外神仙应识我；八百里长天一览，湖边风月最宜秋"；清胡林翼的"放不开眼底乾坤，何必登斯楼把酒；吞得尽胸中云梦，方可对仙人吟诗"；郑家溉的"湖景依然，谁为长醉吕仙，理乱不闻惟把酒；昔人往矣，安得忧时范相，疮痍满目一登楼"。

民国时期湖南省政府主席何健于1933年手书笔力雄健的"岳阳楼"三字，置于三楼楼额横匾。1961年前岳阳楼悬挂的都是这块横匾。但何健是反动政客，在湖南制造了"马日事变"，犯下了严重罪行。新中国成立后，湖南民众强烈要求更换岳阳楼额横匾。但当时国家初创，一时来不及办理此事。直到1961年政府拨款修缮岳阳楼时，决定同时换掉何健所书的横匾。取而代之的是郭沫若所写的墨迹，拙朴潇洒，但没有落款署名，因郭沫若以为岳阳楼乃天下名楼，署一己之名不甚相宜。

因有洞庭湖，才得岳阳楼。现在的多少登楼者担心的是，洞庭湖如此之快地萎缩，当风波不再时，岳阳楼岂非空有其名？

楼，可以一修再修；湖，不能一损再损了！

黄鹤楼始建于三国，时为223年，距今1 700多年。东吴孙权建黄鹤楼的目的，是用于军事上的瞭望，其初始很可能就是一座岗楼。其后战事平息，便成了登临望江之地。凡这样的所在，文人墨客必定会云集。从魏晋南北朝起，不仅登楼赋诗者渐众，民间还出了传说故事，使黄鹤楼之名较之岳阳楼、滕王阁更多了一层神秘色彩。一说是神仙聚散于黄鹤楼，驾云而来，乘鹤而去，宋《太平寰宇记》称："黄鹤楼在县西二百八十步。昔费祎登仙，每乘黄鹤于此憩驾，故号为'黄鹤楼'。"更多的史学家认为是以山名楼。黄鹤楼所在的山，本名黄鹄山，古时"鹄""鹤"通用。《元和郡县志》谓："吴黄武二年，城江夏以安屯戍地也。城西临大江，西南角因矶为楼，

黄鹤楼

名'黄鹤楼'。"《武昌要览》云："黄鹄山，起城东而达于西隅，黄鹤楼枕焉。山旧名紫竹岭，以有黄鹄腾紫竹间，故名'黄鹄'。鹄转音为鹤，故又名'黄鹤山'。"

沉浮桑田，陵谷变迁，人烟繁杂，鹦鹉洲消失，天鹅已经远去他乡，就连至今不肯离别长江的江鸥，也只能栖息于航标灯上了。

黄鹤楼屡建屡毁，最后一楼被焚于清光绪十年（1884年）。1 700多年间，名虽不改，楼曾几易；100多年间，空有其名，实无其楼。只有楼址废墟，思忆萧瑟。1985年6月，经五年的砌石重垒，精雕细刻，钢筋混凝土仿木结构的五层黄鹤楼重新耸峙于黄鹄山上。

人们常常会想象黄鹤楼初成时的样子，可惜没有资料，其建筑形制，无从描述。

唐代的黄鹤楼也只能从有限的文字中去勾勒，如阎伯瑾在《黄鹤楼记》中所写："耸构巍峨，高标巃嵸，上倚河汉，下临江流，重檐翼馆，四闼霞敞，坐窥井邑，俯拍云烟，亦荆吴形胜之最也。"而贾岛诗中说是："高槛危檐势若飞，孤云野水共依依"。由此看来，唐时黄鹤楼已有相当规模，并非只是一楼高耸，已经有了辅助建筑。

宋元时黄鹤楼形制已有图画可鉴。宋时为单层建筑，衬以脊、亭、阁，简洁明了。元时主楼有两层，屋顶为重檐歇山，楼作矩形，三开中隔，朗然清秀。

明画家安正文的一幅黄鹤楼画中，主楼立于高台，台形似宋制，台之周曲廊外挑较少。主楼两层则又如元之楼阁。楼顶重檐，檐下有布篷遮阳，楼座外挑，楼内分隔雅间，楼侧辅以小厅，楼群进口处为一牌坊，施以粉墙。明270多年间，黄鹤楼曾四次重建，战乱时毁，治世时建，一楼兴废，天下兴亡。清同治年间的黄鹤楼有三层，呈四面八角形。层有围廊，楼与围廊间均以落地门窗分隔，檐角高高挑起，楼顶以二叠形葫芦收结。有清一代建楼修楼，使之不绝于世，而最后被毁，却也离清朝寿终正寝不远了。

黄鹤楼，此照拍摄于光绪十年（1884年）被焚前

黄鹤楼的最近一次毁于火灾，时在1884年9月22日，有"中国近代信史"之誉的《申报》消息为证。清光绪十年八月初九的《申报》文章以《鄂垣大火》为题说：

> 初四晚，鄂垣北风劲疾，江上雪浪如山。七点半钟时，汉阳门外街东门坡①地方，张姓骨货作坊失火。……附近黄鹤楼之官厅与涌泉台②亭顶，同付一炬，幸胡文忠公祠、祖师殿、鲁班阁并茶馆无恙。……

一张旧时报纸，一则旧时消息，读来弥足珍贵。

黄鹤楼地处九省通衢的武汉，俯瞰长江，临流耸峙，自古到今文人毕至，传世诗文琳琅满目。除年代最早的唐阎伯瑾所作的《黄鹤楼记》外，还有清代学者汪中所写的《黄鹤楼铭》。汪中（1745—1794），江苏江都人，乾隆年间著名学者，著有《述学》内外篇。乾隆五十四年（1789年），汪中到武昌做湖广总督毕沅的幕僚，写《黄鹤楼铭》。序文写地理形势及楼名由来兴废："江出峡东，至于巴丘，沅湘二水入焉；又东至于夏口，汉水入焉。于是西自岷山，西南自牂牁，南自桂岭，西北自嶓冢，五水所经半天下，皆汇于是，以注于海。而江夏黄鹄山当其冲……"结末处有隽永之叹："川逝无停，人往不作。我纪兹游，思同民乐。"

黄鹤楼到底没有《岳阳楼记》《滕王阁序》这样的惊世不朽之作，实在是一大遗憾！

相比起来，影响更大的是诗词，以崔颢的《黄鹤楼》为影响最巨者：

> 昔人已乘黄鹤去，此地空余黄鹤楼。
> 黄鹤一去不复返，白云千载空悠悠。
> 晴川历历汉阳树，芳草萋萋鹦鹉洲。

---

① 应为董家坡。
② 应为涌月台。

日暮乡关何处是，烟波江上使人愁。

《唐才子传》说，李白登黄鹤楼本想赋诗，见崔颢诗作，一叹而搁笔："眼前有景道不得，崔颢题诗在上头。"黄鹤楼上因有"搁笔亭"。

该出手时便出手，当搁笔处须搁笔。

又据《唐诗纪事》《苕溪渔隐丛话》称，李白在黄鹤楼搁笔后于心耿耿，以同韵同律写《登金陵凤凰台》：

凤凰台上凤凰游，凤去台空江自流。
吴宫花草埋幽径，晋代衣冠成古丘。
三山半落青天外，二水中分白鹭洲。
总为浮云能蔽日，长安不见使人愁。

其实李白有几十首写黄鹤楼的诗，上述传言可视为诗坛佳话，或由后人创作也未可知。而"一为迁客去长沙，西望长安不见家。黄鹤楼中吹玉笛，江城五月落梅花"，同样也是千古绝唱。

岳飞镇守黄鹤楼下鄂州（今湖北武昌）达七年之久，三次北伐均以鄂州为基地，因而《满江红·登黄鹤楼有感》传为岳飞所写似非空穴来风。其慷慨激烈、词锋毕露之间的浩然之气，感人肺腑：

遥望中原，荒烟外，许多城郭。想当年，花遮柳护，凤楼龙阁。万岁山前珠翠绕，蓬壶殿里笙歌作。到而今，铁骑满郊畿，风尘恶。
兵安在？膏锋锷。民安在？填沟壑。叹江山如故，千村寥落。何日请缨提锐旅，一鞭直渡清河洛。却归来，再续汉阳游，骑黄鹤。

滕王阁建于唐永徽四年（653年），位于南昌城西北角章江门外，赣江东岸的冈峦之上，为赣江、抚河交汇之处，李世民之弟李元婴所建。李元婴时任洪州（今江西南昌）都督，封为滕王，故有"滕王阁"之名。有趣的是，岳阳楼、黄鹤楼、滕王阁这三座名楼在历史上的兴盛期，均在7世纪至10世纪的唐代。黄鹤楼与岳阳楼在始建后，一直声名不彰，隐而不显，仿佛在期待着滕王阁的出现。然后到唐代，社会相对稳定、繁荣时，便有了三大名楼的烘托、联唱。

这三座名楼，或者"衔远山，吞长江"，或者"孤帆远影碧空尽，唯见长江天际流"，或者"半是半非君莫问，好山长在水长流"，都离不开长江，都在长江水系的血脉相连中。兴也废也，风流神采，蹉跎岁月，莫不因为附丽于长江而使人一见生情，流连忘返。

写滕王阁，不能不先说"初唐四杰"之一的王勃。675年，王勃去交趾（今越南）探亲，为风浪所阻于长江马当矶，后赶路到南昌，正赶上洪州都督阎伯屿为重修滕王阁竣工而举行盛宴，王勃也在被邀宾客之列。席间都督请宾客题诗作文，众皆推辞，王勃却道盛情难却，挥笔疾书。阎都督心中不悦，以为王勃年轻太狂，而其女婿吴子章本已准备好一篇文章的，大显文才之机被王勃占先了。阎伯屿拂袖而出，令手下随时报告王勃所写的每一句话。"豫章故郡，洪都新府"为起句，阎都督不以为然："老生常谈耳。"又有一吏报说："星分翼轸，地接衡庐。"阎都督道："故事也。"再报："襟三江而带五湖，控蛮荆而引瓯越。"阎都督不语。又报："物华天宝，龙光射牛斗之墟；人杰地灵，徐孺下陈蕃之榻。"阎都督仍不语。待到报说"落霞与孤鹜齐飞，秋水共长天一色"时，阎都督坐不住了："此子落笔有神助，真天才也，此文当垂不朽矣！"是为《滕王阁序》。俟王勃搁笔，阎都督携王勃之手，称赞说："帝子之阁，风流千古，有子之文，使吾等今日雅会，亦得闻于后世。从此洪都风月，江山无价！"

王勃滕王阁之文，使滕王阁名满天下，屡毁屡建已经很难分清是为存乎斯楼还是惜乎斯文。王勃之后，登临题咏者纷至沓来并引以为荣。文化，有时候只是一篇好文章，其凝聚力却可以连续古今，陶醉千秋。790年、820年，御史中丞、洪都观察使王仲舒两次重修滕王阁，并作《修阁记》，再由王绪作《滕王阁赋》。一序一记一赋，作者均为王姓，合称"三王"。韩愈在《新修滕王阁记》中写道："愈少时，则闻江南多临观之美，而滕王阁独为第一，有瑰伟绝特之称；及得三王所为序赋记等，壮其文辞，盖欲往一观而读之，以忘吾忧……"当时王仲舒请韩愈为滕王阁作文，韩愈何等大文豪也，"以未得造观为叹，窃喜载名其上，词列三王之次，有荣耀焉，乃不辞而承公命"。

滕王阁不仅是宴乐吟诗之地，还建有戏台。在明代，演出过《牡丹亭》。汤显祖有诗记盛："韵若笙箫气若丝，牡丹魂梦去来时。河移客散江波起，不解销魂不遣知。"

因为王勃、韩愈的"诗文传阁"，自宋代始，江西一地，才子辈出，诗兴勃发，出现了欧阳修、曾巩、王安石、朱熹、文天祥、解缙、汤显祖、邹韬奋等名人大家。而滕王阁当视之为近源头临活水的孕育之地。

滕王阁的楹联多文采意境。

明初，江西才子解缙与友人在滕王阁共作联语。解状元见阁中鸽飞而去，便出上联："滕王阁，阁藏鸽，鸽飞阁不飞。"对方无词以对，解缙手指赣江景色道："瞧槛外风光便有了。"友人答以下联："扬子洲，洲停舟，舟行洲不行。"清初宋荦有联曰："依然极浦遥山，想见阁中帝子；安得长风巨浪，送来江上才人。"

会稽人周峋芝的一联别有况味：

滕王何在？剩高阁千秋，剧怜画栋珠帘，都化作空潭云影；
阁公能传，仗书生一序，寄语东南宾主，莫轻看过路才人。

一山一水，一草一木，一楼一阁，兴兴衰衰均与国运和时代相关。滕王阁的迭废迭兴，反复修建有文字可考者为29次，第29次重建竣工，时在20世

滕王阁

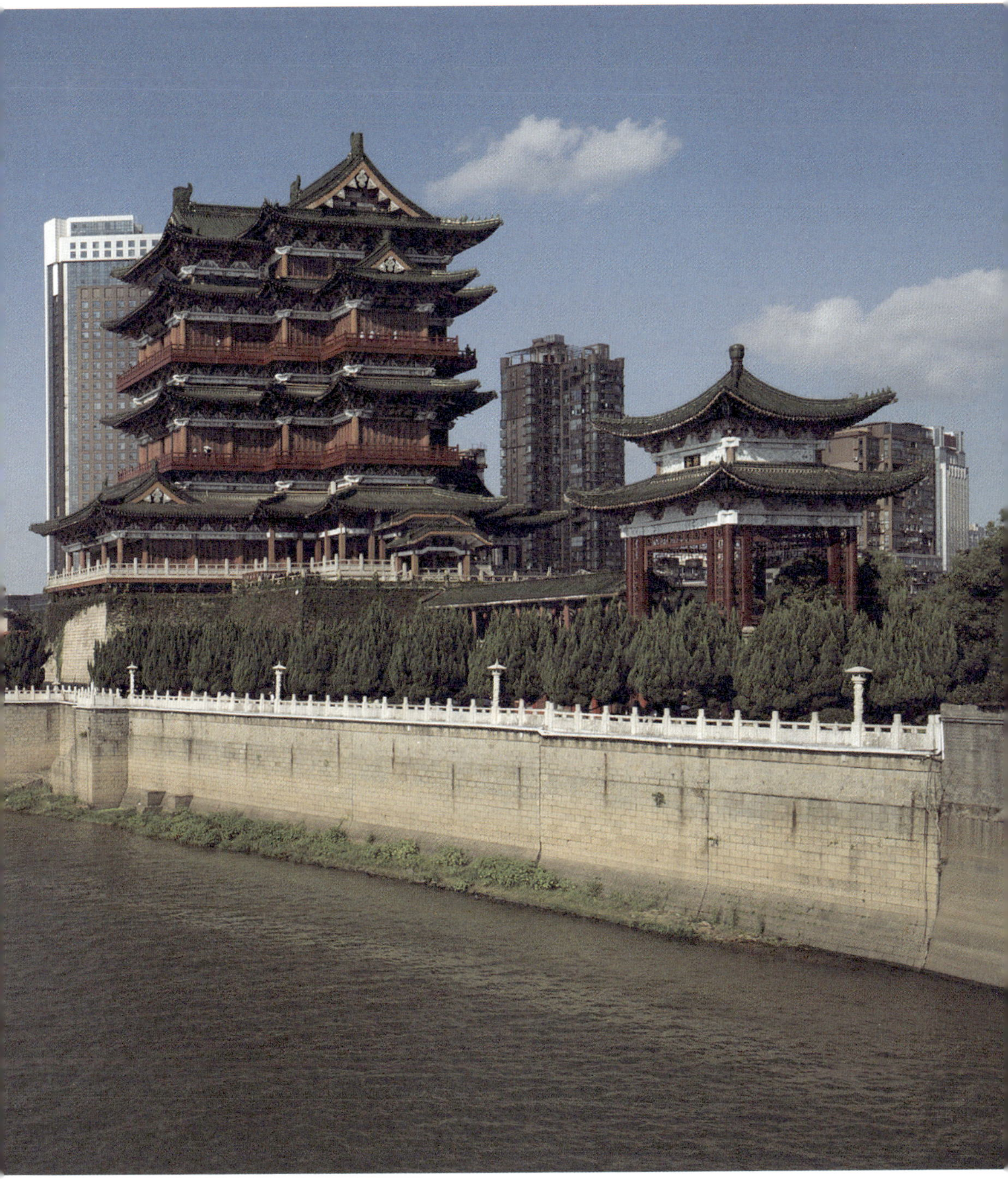

纪80年代之末了。

唐宣宗大中二年（848年）夏，滕王阁首次毁于火灾，初唐之阁不复存在。集材重建，规模宏大，工程亦最为坚固，经200余年，直到宋徽宗大观年间始加重修，主阁增高十之一，并造"压江""挹翠"两亭于主阁南北。南宋时因赣江江岸坍塌，滕王阁改建于城墙之上，有"豫章城上滕王阁"的诗句为证。元代100多年中，滕王阁两次重建，规模有所缩小，但"材石坚致，位置周密，檐宇虚敞，丹刻华丽，有加于昔焉"。明代之初，元时滕王阁遗构犹存，朱元璋伐陈友谅，曾在阁中宴请诸将。不久，此阁在风雨飘摇中"颓压以尽，遗址倾沦于江"。重修，名"迎恩馆"，1452年毁于火。再修改构为"西江第一楼"。成化四年（1468年）又修，"高四寻，广倍之，深逾于高寻有二尺，四周缭以回廊"，复称之"滕王阁"。自明代开始，在阁上演戏并增设戏台。

至清代，滕王阁兴废更为频繁，重修重建达13次之多。1654年，重建之滕王阁改明代面向正南为面向正西，恢复唐宋旧观。都察院左副都御史蔡士英有鉴于"江山之好，亦赖文章为助，古今不朽之业，其必有籍以存乎"，而亲自为滕王阁重建撰写《征诗文檄》，征集诗文460余篇，辑作《重修滕王阁集》，可谓一时之盛。此后或因火灾或因木质结构在风吹雨淋中的朽坏，而一修再修。到宣统元年（1909年）清廷内外交困民穷财竭，其最后一次重修之滕王阁简陋潦草，不再恢宏，盖气数将尽也！

1926年10月，北伐军攻打南昌，赣军唯恐城外建筑居高临下为革命军所用，于10月12日组织工兵400余名，令其集中煤油于德胜、章江、广润、惠民四座城楼之上，再以消防枪喷激至城外民房商埠，投以硫黄弹。弹爆油烧，江岸成为火海，城外街巷尽成焦土，滕王阁彻底化作灰烬。

当千年古迹成为攻防之所时，毫无疑问便是这一片土地蒙难之日、沉沦之际。

抗日战争时，滕王阁旧址成为日本侵略者的养马场，由此出发，军马驰

滕王阁,1926年被北洋军阀邓如琢焚毁,此照摄于民国初年

骋，践踏我同胞血肉。其中，仅有六间小平房及一些古树，古阁之迹已不可觅得。

1942年5月，中国营造学社主持人、古建筑大师梁思成及其助手莫宗江考察南方古建筑路过江西，在省建设厅厅长杨绰庵盛情之请下，梁思成以中国营造学社名义，绘制了《重建滕王阁计划草图》，包括彩色透视图一幅，平面、立面及断面结构图七幅。梁思成、莫宗江的设计图是根据明收藏家项子京旧藏宋画底本，再参照唐代建筑样式融合而成的。唐阁踞丘临江，南宋移阁于城墙之上，可见滕王阁基座高度之重要。梁思成的设计图中主楼坐落于高基之上，采北京正阳门箭楼之制，匠心独运。

1957年11月6日，江西省文物管理委员会为滕王阁的设计致函梁思成先生。11月19日梁复信中强调："……请特别注意，滕王阁原是建在城墙上的，因此重建时也应为它建一个高约十公尺[①]的高台，以代替原来的城墙。"直到1983年3月29日，南昌市重建滕王阁筹备委员会成立，确定在赣江与抚河交汇处的堵河口筑阁。此处离唐代阁址仅100多米，距清时旧址300多米，仍为王勃序文中的意境所在地。采用宋式建制，以梁思成、莫宗江的草图为依据，重新进行施工图的设计。1983年10月1日，举行"重建滕王阁奠基典礼"。

1984年12月11日，胡耀邦视察南昌时说：

滕王阁是要修的。在旅游上，它可以和庐山联系起来。要修就修好一点，修高一点，地基搞高一点，要有长远的眼光。

1985年12月31日，滕王阁筹建处决定：原象征古城墙的大台座以上的"明二暗五"（内部实为五层）两层平座格式，改为"明三暗七"（内部实为七层）三层平座格式，阁高54.5米（此为结构标高），建筑标高57.5米，主体建筑面积为9 400平方米。1989年10月8日，农历九九重阳节，滕王阁落

---

① 1公尺为1米。

成，万人欢庆。

1986年9月，滕王阁重建伊始，笔者去南昌讲学时应邀往访，时值台座初垒，夕阳西下，江涛跃金，心中最为悲凉地想起的却是梁思成先生。他毕生奔波，都是为了保护中国的古建筑，包括北京的古城墙。当这一切纷纷倒地时，他的心已经破碎。他一生不知画了多少图纸，而江西一直如珍宝一样保存着他的滕王阁草图，今日之阁有梁先生的智慧心血在。

我们必须要回答一个庄严的提问：无情地毁坏历史的人们，能够多情地创造未来吗？

杜甫写滕王阁诗《滕王亭子二首》谓："君王台榭枕巴山，万丈丹梯尚可攀。"这里说的君王即滕王李元婴，而滕王阁已经不是南昌赣江边上之阁，而是阆中嘉陵江畔的滕王阁了。

李元婴在洪州任上，因"屡犯宪章"，贬滁州，转而寿州，再接任隆州（今阆中）刺史五年。在隆州，李元婴依旧骄狂放纵，按皇宫格局建造府第，并于玉台山南麓造另一个滕王阁，作"宴饮歌舞，狎昵厮养，田猎游玩"之场所。阆中滕王阁声名远在南昌滕王阁之下，大约与缺王勃之序有关，却均是李元婴所建，均为长江水脉所滋润。

赣江、抚河、嘉陵江，它们除了各自的流程，还共有一个方向：汇入长江。关于家园枯荣、楼阁兴废、人事更替，关于山的庄严、树的自尊、草的柔顺，长江，你还能告诉我们一些什么？

哪里还有敬畏江河、倾听涛声的心灵？长江便只能把颂歌、思虑与泥沙一起携往大海了。

长江水患

"人啊，你要看见绿色你就得救了"
在中华民族未来的跋涉之路上，
当母亲河黄河、长江被重重捆绑而面临着断流、
洪涝的危重病态时，
只有绿色才是我们的希望所在。

連越舊從來遺俗帶巴渝重
重梵刹高僧隱處旗亭倦客
酣地氣涵蒸雲夢澤天光倒
洞庭湘峽門島道轉能自亞峽
猿聲若可呼擊楫中流空自撫
擾韃南向謾長呼御風我欲君
境搆作鉤波一釣徒
古畫家宗口趙巖所作長江萬
里圖也布景之妙千態萬狀有
不可得而形容者迩來岳大之餘

萬里江山入畫圖遠從西蜀到東
吳屏藩形勝今猶昔煙雨溟濛
有若無晨唱夜歌開巨艦暮投
野店閉前途斜陽迎曙千峯

世界河流的总水量不到地球之上总水量的万分之一，人类更接近的是河流，取用的是河流之水。因此尽管河流只是地球水体的一点点，其直接做出的贡献却关乎家园枯荣、生命延续。

中国有众多的江河，长江是其中之一。

中华民族的先祖最早就是在黄河、长江两岸漫游生息的，没有这一江一河，没有中国大地上诸多河流的洋洋流水，怎会有中华民族的存在？更不用说灿烂辉煌的历史与文化了。

江河就是历史，每一滴水珠都包含源出之地的高度以及流动的方向和历程。江河从不依赖人，或者说无求于人，人与河流的密切关系是因为人类生存发展的需要，因此便有了它的另一面：灾难。

灾难，往往是太过密切的同义词。

中国地形的复杂多样以及气候的变化多端，是中国河流发育的主要条件，因而与世界同纬度国家或面积相当的地区和国家相比，中国的河流便有了明显的特点：数量多、流程长，丰沛的水量随季节而变化，地区差异显著和水系类型多样。

长江水系在中国河流中，是近乎完美的一条水系。它的北部以秦岭、伏牛山、大别山与黄河、淮河为界；南以南岭、黔中高原、大庾岭、武夷山、天目山等与珠江、浙闽水系分列。东西跨越31个经度，南北相距11个纬度，拥有170多万平方千米的流域面积，遍及16个省、市、自治区。流域内65%是高原山地，22%是丘陵，11%是平原，2%是河流、湖泊与沼泽湿地。

全流域除上游河段伸入青藏高原腹地，年降水量在500毫米以下，其他地区均在1 000毫米以上，有的甚至高达2 000毫米。

丰沛的降水，使长江生机无限。

长江水系如一棵枝叶交叉、繁茂旺盛的大树，干枝分明，根须相连，时而缠结，时而分离。长江拥有的一级支流就达700多条，其中流域面积10万平方千米以上的4条，5万平方千米以上的9条，1万平方千米以上的40多条。雅砻江、岷江、嘉陵江、乌江、沅江、湘江、汉江与赣江等8条支流的多年平均流量均在1 000立方米/秒以上，超过了黄河的水量。长江较大的支流，几乎全都集中在长江干流中游的四川盆地及洞庭湖、鄱阳湖地区。长江干流从雅砻江河口到鄱阳湖湖口，流程1 761千米，占长江长度的28%，得到的水量补给近8 000亿立方米，占入海水量的80%。

长江中下游是中国著名的湖泊稠密区，河湖相通，江湖相接，有吞有吐，恰似瓜藤相依。古人所说的五湖即鄱阳湖、洞庭湖、太湖、洪泽湖与巢湖，均在长江中下游。据不完全统计，仅湘、鄂、赣三省沿长江两岸面积百亩以上的湖泊就有1 200多个，面积在200平方千米以上的为18个。长江流域现存湖泊总面积为22 000多平方千米，中下游两岸约21 000平方千米，占97.8%。长江中下游在50年前、100年前湖泊数量更多，主要因为人类活动中的围湖造田而大量消失。以湖北论，在1949年还有"千湖之省"的美名，现在已所剩不多了。

巢湖在安徽省境内，面积为753平方千米，是中国第五大淡水湖，湖的

红嘴鸥在巢湖上空嬉戏

形状似一只两角菱，也似鸟巢，因而得名。巢湖上游有丰乐河、杭埠河、南淝河汇入，经巢湖闸出湖，顺裕溪河向东南流至裕溪口入长江。

太湖面积为2 420平方千米，中国第三大淡水湖，是长江三角洲发育过程中形成的滨海潟湖，波带江浙，包孕吴越。纳苕溪、南溪之水，由浏河、吴淞江、黄浦江注入长江。有航运水产之利，是江南水网中心。湖中大小岛屿有48个，连同沿湖半岛诸丘，号称"七十二峰"。湖西是天目山，北、东、南三面是辽阔的太湖平原。唐时名句"千里莺啼绿映红，水村山郭酒旗风"，说的就是此地当年景象。

洪泽湖面积为2 069平方千米，是中国第四大淡水湖。洪泽湖一带原为小湖群，地势低洼，因1194年黄河一举夺淮入海，淮河水溢而成洪泽大湖。几百年来湖底淤积升高，现在已成为湖底高出周围地面的悬湖。洪泽湖群本属淮河流域，由于这一带的天然河道与人工运河已把淮河、长江紧密相连，洪泽湖群实际上已成为长江水系之一部分。

> 长江对于中华民族的重要性，我们可以从下列数字中看出端倪：长江流域人口为3.8亿，耕地为3.6亿亩，流域工农业总产值和粮食产量，均占全国的40%；长江流域拥有我国最大的水陆空运输网，干流横贯东西，支流沟通南北，通航河流有3 600余条，水路通航里程达1万多千米；流域内拥有110多种矿产资源，其中相当一部分的储量占全国的50%以上；流域森林蓄积量占中国总蓄积量的1/3；生物资源居全国之首；长江流域汇集了我国40%的智力资源和科技力量；长江沿岸分布有重要的工业带和商品粮油棉基地。

可以说这是人类的创造与劳动成果，是中华民族孜孜不倦地开发利用长江的辉煌史诗。但，同时也不妨这样认为：长江为中华民族付出的已经太多太多了，我们不能断言说长江已经老了，可以确认的是长江已经累了，在太多的泥沙俱下之后，长江的流出已经不再顺畅。人类对长江过分地依赖、过度地索取，便引发了洪水的灾难。

太湖明月湾古老码头

长江似乎已经失去耐心。

长江流域的水旱之灾，比起黄河流域，不过是九牛一毛。但，无论如何，它也是古已有之的，而且随着时间的推进、社会生产力的发展与人类经济活动的频繁，而同步加剧。

《中国救荒史》说，"两宋前后四百八十七年，遭受各种灾害，总计八百七十四次。其中最多的是水灾，达一百九十三次；其次是旱灾，达一百八十三次；再次是雹灾，达一百零一次。其余风灾有九十三次，蝗灾有九十次，歉饥有八十七次，地震有七十七次。此外还有疫灾三十二次，霜雪之灾十八次。"

1153年（绍兴二十三年）洪水，是长江流域已经发现的最早一次特大洪水，四川忠县有两处宋代洪水石刻，一处为"绍兴二十三年六月二十七日水此"，另一处为"绍兴二十三年癸酉六月二十六日江水泛涨"。测得洪水位高程为156.60米（资用吴淞基面），忠县城区进水。

1153年的洪水主要来自沱江、涪江及嘉陵江中下游。史籍中涪江的三台、遂宁，沱江的金堂，嘉陵江的合川，均有是次洪水的文字记载。潼川府（三台）"江溢，浸城内外民庐"；遂宁"夏大水，庙毁"；金堂"县城冲，毁坏庐舍数千"；合川"癸酉涨江之遗迹，旧有监乐堂，水至毁矣"。长江中下游的资料说，沅水之常德，是年大水"平地丈有五尺"；下游的安徽、太湖均受泛滥之苦。1153年的洪水，很可能是一场全流域的大洪水。

"据洪水调查资料推算，万县最高洪水位为149.46米，宜昌约58.06米，相应洪峰流量为92 800立方米/秒，估计重现期约为210年一遇"。

1191年春，涪州先发疫灾，死数千人。正月，大雨冰雹。到二月又降大雪，然后暴雨，赣州城墙毁坏490丈。"三月，大风雨雹，大如桃李实"（邓拓语），平地盈尺，毁坏房舍5 000余家。七月，嘉陵江暴溢泛滥，淹没民房3 490多处。

1193年春，上高、奉新、镇江大雨，长江汹涌，平地之水高达3丈余。秋季江西9州37个县被洪水淹没，大风激涛，田庐漂没。

1288年，杭州、苏州连岁大水，京杭大运河决堤。

1583年（万历十一年）6月，汉江发生特大洪水，汉江上游安康河段洪峰流量达36 000立方米/秒，安康城灭顶，街道荡然，民居漂散，死5 000多人。丹江口洪峰流量更是高达61 000立方米/秒。安康下游蜀河镇临江山崖上有石刻记道："万历十一年水至此高三尺四月二十三日起。"换算成公历应为1583年6月12日，洪水位高程为222.43米。

1583年汉江洪水的突发性，安康城的毁灭便足以为证了。我们可以想象，大水冲毁之前安康的民生安定，安康人不是不知道汉江洪水的季节性：4月下旬至5月末为桃汛，7月至10月上旬为伏秋汛，6月介于二汛之间本应是枯水时节，安康人有理由以为不会发洪水的6月，却大祸来临了。

既有一般便有特殊，江河在异常天气条件下，往往会突发大水，把一般规律冲决。这是历史的教训。

1788年（乾隆五十三年）长江洪水，宜昌洪峰流量为86 000立方米/秒，荆江大堤分崩离析，自万城堤至御路口决口22处，城在江中，一片狂澜，淹死者10 000多人。

1788年的洪水是荆江大堤毁坏最严重的一次，自此以后荆江之险、大堤安危，也更为国人所深刻了解。

1840年8月（道光二十年），自下旬起，四川盆地连续暴雨，江河水涨，波涛汹涌，暴雨区东自渠江，西到岷江支流青衣江，横贯嘉陵江、涪江和沱江，笼罩面积达13.7万平方千米，四川盆地一盆都是满满的水了。然后暴溢，8月27日至29日，岷江、沱江、嘉陵江洪水先后暴发，北碚洪峰流量为52 100立方米/秒。受灾区域30多个县，沱江沿岸灾情最重，舟楫可通行城中。宜昌被淹，大水涌进文昌门。中游的江陵、公安、石首、监利均在严重

1978年，江苏无锡，京杭大运河里的船只

受灾之列。

这是一场比一般洪水发生期晚了一个多月的长江大洪水。

1860年（咸丰十年）6月下旬至7月上旬，金沙江、三峡、乌江、清江、沮漳河与荆江有大雨，汉水与湖南滨湖地区暴雨。清江、沮漳河、澧水奔溢，宜昌、枝江出现特大洪水。屏山、丰都、万县、云阳、巫山、巴东、秭归、宜昌、宜都等地，或者庐舍漂没，水淹良田，或者毁墙破城，登堂入室。洪水冲开藕池口成为藕池河，分流进洞庭湖之后，洞庭湖不堪重负而引发湖区水灾。

1860年与后边要记录的1870年洪灾，是长江上游历史上发生的最大的两次洪水，其共同点是上游之浩大洪峰，均与三峡区间洪水发生冲撞，宜昌首当其冲。

自1860年洪流冲开藕池口，大量泥沙开始进入洞庭湖，江湖关系的平衡被彻底冲垮，洞庭湖环境与江湖关系走向恶化。

我们应当记取，特大洪水的发生虽然有各种原因，但由近及远，当能看到长江上游的水土流失趋于严重，洪水挟大量泥沙之后对水位的影响。而在有的史籍中只记水淹多少城多少人，却鲜见多少水土被冲走及长江河道与洞庭湖淤积的记载。

此种淤积是灾难的铺垫。

它表明：另一次长江大水将为期不远，随淤积的增高，洪灾会表现得更加凶猛而张扬。

清同治六年即1867年，又是汉江大洪水，上游褒河古栈道受冲激而毁，沔阳武侯祠香火旺盛千年也为大水所淹，岚皋县城完全无力抵挡而冲毁，安康县城又一次在劫难逃，并祸及下游。

汉江有时让人困惑，它喜欢汹涌，在长江流域汛期终止最晚，当别河安澜，它依然澎湃。

1870年（同治九年）7月中，长江上游大雨暴雨势如天破，嘉陵江、三峡的雨情记载惊心动魄，所采用的文字见所未见，如合川、万县方志有"雨如悬绳连三昼夜"的实录。

1882年（光绪八年）的"光绪壬午年水灾"故事曾经广为流传于安徽、浙江地区，这是发生在大别山东南侧及皖南山区的暴雨洪水之灾，山丘区的29个县受灾。

暴雨山洪是江南丘陵地区洪水灾害的主要形式，其带有破坏性，更迅速也更猛烈。局部暴雨可能会引起局部山洪，雨区广大山洪也广大。倘若此一地带有完好植被、茂密森林，则又另当别论。大雨化小，小雨化了，这是森林截留、节蓄雨水的神奇之功能。

宜昌站自1877年有正式水文观测记录至1994年，其间118载，而以1896年（光绪二十二年）的洪水为最大。其发生时在秋季，最大洪峰流量出现在9月4日，而雨情紧急始于8月9日至9月初，金沙江中下游与三峡区间，暴雨连连。宜昌站洪峰流量71 100立方米/秒。洪峰流量大于50 000立方米/秒的大洪水，90%集中在7月份和8月份，1896年却因秋雨暴烈而长江发难。

我们还要留意9月的长江。

1904年、1905年（光绪三十年、三十一年），长江上游连续两年出现大洪水。1905年8月，金沙江南岸永善、会泽、昆明等地大雨不止，雨云纷乱堆积向西偏北移动，鹤庆、中甸等地倾盆之雨从8月11日下到20日。不知道金沙江是被激活了还是激怒了，顿时急浪巨流回响于山谷之间，与岷江汇合后，在长江干流李庄，洪峰流量增至61 600立方米/秒，而汇入嘉陵江以后的长江干流寸滩站洪峰流量更是高达85 100立方米/秒。

1917年7月19日至22日，岷江流域下了4天4夜的大暴雨，笼罩面积达90 000平方千米，暴雨中心位在青衣江和岷江干流中下游，近百年来岷江最大的一场洪水于是发生。

1922年江苏、浙江、安徽大水，三省灾民共1 200万人。湖南大旱。武昌、汉口飓风嚣张，长江水溢。

1924年8月，金沙江发生近200年来最大洪水，屏山站洪峰流量为36 900立方米/秒，洪水历时半个月。相邻的澜沧江也同时鼓荡而起。云南受灾的有36个州、县。

1926年6月下旬至7月初，洞庭湖水系连续降雨，间有倾盆大雨。长沙6月28日雨量达114.3毫米。湘江、资水、沅江中下游及汨罗江流域发生20世纪以来最大洪水。

1927年6月中旬至7月上旬，长江中下游阴雨连绵，汉口19天降水量达511.3毫米，鄂东地区的举水、巴水、浠水、蕲水流域同时发生暴雨，延续时间6～7天。汉口7月6日雨量125.2毫米，金口7月7日雨量达131毫米。

这就是1927年7月的湖北大洪水，举水、巴水、浠水地区中小河流同时暴发50～100年一遇的洪水之灾。应城全城浸泡水中，淹死近千人。麻城、罗田、黄冈、广济等县及汉水下游均为重灾区。

> 区域性暴雨引发的中小河流水患，是对我们的一种提醒：在长江流域之内，江无分长短，湖不论大小，都是长江的延伸，牵一发而动千钧。

1931年，从生态意义上说，是中国的灾难之年。

1931年的全国性水灾，是近代中国生存环境进一步恶化的转折点。

1931年入夏以后，全国气候反常。6月至8月的3个月间，珠江、长江、淮河、海河以及辽河、松花江流域降雨天数为35～50天，桂林为59天，其间还不断出现大雨和暴雨。从南到北大江小河一起泛滥，造成全国性大水灾。而湘、鄂、赣、浙、皖、苏、鲁、豫八省灾情最重，《中国救荒史》称："八省大水，被灾区域达三十二万平方里，灾民一万万人，被淹田亩二万五千五百万亩。……其中以皖省灾情最重，占八省百分之二十二，县份

1917年，四川都江堰，岷江（西德尼·甘博在中国四川拍摄的图片，后经手工上色）

百四十四中间，有百三十一县大地沉没者达数个月。"

1931年洪水造成的损失，据当时报章记载，长江流域受灾人口2 887万余人，死亡14.54万人，受灾农田377.3万公顷，损毁房屋约178万间，估计直接经济损失达13.84亿银圆。

长江洪水中最可怕的是连续、多次、大面积暴雨，然后是干流与支流的洪水不期而遇，合流而下，这便带来整个长江全流域的洪水之灾。

1935年，长江中游一场区域性的特大洪水，澧水、汉水流域遭极为惨重之灾，仅淹死者便达14.2万人。

我无法用笔墨去描述如下的景象：这场昏天黑地的大暴雨的笼罩面积达11.9万平方千米，澧水、清江、三峡地区及汉水中下游，尽在剧烈而绵长的大雨之中。

舟楫不通，港口关闭，雨下得地动山摇，山上石梁断裂滚落，人们躲在屋子里提心吊胆等死，所有的遮蔽均毫无安全感可言。

自宜昌至汉口，一片又一片堤崩岸决，荆江大堤横店子、堆金台、德胜台及麻布拐子先后溃决，江汉平原江水滔滔，洞庭湖区湘、资、沅、澧等四水尾闾圩堤大量溃决。最惨不忍睹的是汉江中下游和澧水下游，汉江左岸溃决，一夜之间淹死80 000多人，澧水下游慈利、石门等沿江市镇在惊涛骇浪中淹死30 000余人，居民房屋财产、大小牲畜全部付之东流。

为了研究水患，看来得首先研究暴雨，暴雨无一例外是洪水的先声，不能只知道堵决口而不去了解中国暴雨，因为决口是永远堵不完的。

20世纪中国大陆上发生的强度最大的两场暴雨，先是1935年7月的长江暴雨，后是1963年8月的海河暴雨。两相比较，时空分布的特征十分接近，但更多的奥秘仍然不得而知。

1949年6月，长江中下游又遭洪涝之灾，死亡5.7万人。

1954年，长江出现百年罕见的流域性特大洪水，与1931年的洪灾相类似，成为20世纪前60年内两次最大的长江水患。两岸凡经历过这两次水灾的老百姓，心有余悸而没齿不忘。

长江全流域暴雨如泼。

鄱阳湖、洞庭湖水系，似乎是首当其冲者。赣江在6月初、7月初发生洪水；沅江于5月下旬、6月下旬、7月中旬连续发生洪水；湘江比沅江略晚，大水发生在6月初之后，6月30日湘潭站最大洪峰流量达18 300立方米/秒；澧水、资水也同时洪峰骤起。在这期间，汉水与大别山南侧各支流到7月中旬和8月上旬时，也终于按捺不住而洪流滚滚。汉口以下到湖口以上区间支流最大入江流量，7月13日已经达到13 600立方米/秒。在不断的降雨及浪潮鼓荡之下，江湖纷纷活跃，水位急速上涨。汉口站在突破警戒水位26.3米之后，于7月18日超过1931年的最高水位28.28米。

长江中下游水位全面抬高的危急情势下，6月25日到9月6日，长江上游又连续发生4次大洪水，宜昌站先后出现4次大于50 000立方米/秒的洪峰流量，8月7日竟高达66 800立方米/秒，而枝城站更达71 900立方米/秒。为了荆江大堤不致土崩瓦解，在7月下旬至8月上旬，3次从太平口分洪闸分洪，分洪量分别为23.53亿立方米、17.17亿立方米、81.86亿立方米，总计分洪量122.56亿立方米。洪峰依然居高不下，便扒口分洪，分洪总量为1 023亿立方米时，沙市水位44.67米，城陵矶水位33.95米，汉口水位29.73米，湖口水位21.68米，均为历史上从未有过的最高纪录。

水利学家做过并非虚妄的推算：假如不分洪、不扒口、不溃堤，城陵矶站最大流量应为108 900立方米/秒，汉口则是114 183立方米/秒。

文字已根本无法表达其惊心动魄的洪水过程：长江上游干流洪水经荆江分洪、四口分流后，8月7日洪峰到达石首，最高水位39.89米。8月8日监利最高水位36.57米。洪峰涌过监利，8月8日到螺山站，最高水位33.17米，最大流量78 800立方米/秒。洪峰到汉口，汉水洪峰涌起，汉口站出现最大流量76 100立方米/秒，18日达到最高水位29.73米。鄱阳湖水系的洪峰来得早，下游安庆、大通等站最大洪峰出现时间早汉口约半个月，大通站8月1日最高水位16.64米，最大流量92 600立方米/秒。

1954年的长江大洪水，过来人记忆犹新，而相关资料只要触及便令人有心慌目眩之感：

长江干堤及汉水下游堤防溃决61处，扒口13处，支堤民垸崩塌无数。洞庭湖区圩垸溃决70%，淹没耕地25.7万公顷，受灾人165万。溃口的分洪量达245亿立方米，湖水淹没耕地87.5万公顷，538万人沦为灾民。鄱阳湖区五河尾闾，周遭圩堤大部被毁，16.2万公顷耕地成为泽国，灾民171万。安徽无为大堤决口，淹耕地34.3万公顷，灾民290万。

1954年长江洪水与1931年成因类似。1949年中华人民共和国成立后，开始整修堤防，建设荆江分洪工程，得以保住武汉，同时也开始了新中国大规模军民合力抗洪救灾的历史。

1955年6月，鄂东滠、举、巴、浠、蕲等河，于下旬先后暴发洪水或特大洪水，这些河流集水面积有限，但在洪峰共起、众水汇集之下，对下游平原地区造成了严重洪涝灾害。

1962年6月赣江洪水的特点是，仅仅相隔10天时间，便先后出现两次20 000立方米/秒左右的大洪水。赣东大堤自新干县以下毁圩溃堤62条，决口74处；吉安市内3条大街洪水横流，沿江路面水深3米；南昌几乎不保。31.3万公顷农田颗粒无收。

1969年7月长江中下游湖北、安徽两省发生特大暴雨，潜山大水河站7天累计雨量1 229.8毫米，暴雨带东西绵延1 200多千米。清江出现1949年以来最大洪水，下游洪峰流量达18 900立方米/秒。洪水形势极其怪异，陡然高涨，陡然跌落，其峰尖削，其形略瘦，非长波阔浪。两省灾情严重。

1976年7月的湘江洪水仅小于1968年，为数十年中第二大洪水。湘江极易受珠江流域西江的影响，当来自南海的水汽沿南岭垭口伸至湘江上游时，信息的传递便也在江河之间开始了。

1981年7月四川洪水是20世纪巴蜀最严重的洪水灾害，全省1500多万人受灾。7月9日至14日，岷江、沱江和嘉陵江流域连续大暴雨，原广元市上寺12日雨量达345.8毫米，苍溪县九龙山13日雨量为242.4毫米。暴雨过程在时空分配上都相当集中，是这次特大洪水的主因。在119个受灾县市中，被淹的达53个。成都273条街道大水茫茫，市区受淹面积为48平方千米。农田受灾面积87.4万公顷，冲毁耕地7.5万公顷，粮食减产13.3亿公斤。因水灾停产半停产的工矿企业2 691个。成昆、成渝、宝成三条铁路干线中断了10～20天，省内有80条公路干线和482条县以上公路被冲断，占全部省、县公路的32.3%。

1981年8月14日至23日，川北、陕南及关中地区又出现大面积连续暴雨，嘉陵江、涪江、渠江、汉水上游及渭河流域大洪水，同时引发大量的滑坡、泥石流。

没有洪水的大江不是真正意义上的大江，或者说从来就没有无洪水的长河巨川。

流域广大支流众多的长江，在它流动的形态中，就已经给出了洪涝之灾的某种启示：水灾的连续性，有时表现为周期性。影响它的主要因素一是天上的暴雨过程，二是地上的人类活动。

1983年汉江夏季大洪水出现在8月初。安康站最大洪峰流量31 000立方米/秒，最高水位超过安康防洪堤1～2米，安康老城没顶。秋季洪水发生于10

1979年，南京，村民们沿着堤坝行走。该堤坝是为防止长江洪水而建

月上旬，丹江口入库洪峰流量为34 200立方米/秒，仅次于1935年的50 000立方米/秒。

1991年太湖洪水，流域内农田受灾面积仅次于1954年的大水灾，而全流域的经济损失，因苏州、无锡、常州大批乡镇企业被淹，所以是历史上最为严重的一年。

> 在叙述洪水过程之前，有必要先指出，这一次洪水的另一侧面，是太湖在生态环境恶化之后的大规模报复行为。损失最严重的乡镇企业，恰恰也是使太湖环境恶化的罪魁祸首。
>
> 你想无休止地得到，你肯定会失去，而且很可能失去更多。

太湖流域农田受灾面积76.9万公顷，损失粮食1.28亿公斤，减产8.13亿公斤，受灾人口1 182万，倒塌房舍11万间。江苏省受灾最重，苏州、无锡、常州民居、仓库大量被淹，2 549个工矿企业停产，17 370家乡镇企业被洪水浸泡。太湖地区直接经济损失97.4亿元，其中农业占45.8亿元，为47%，乡镇企业及城镇企事业占51.6亿元，为53%。这个比例是前所未有的，同时也给出了前所未有的教训。

洪水涌进上海市区，住宅进水的达34万户次，还有1万多家商店、工厂、仓库进水。上海市郊被淹的农田为6万公顷。

> 1991年太湖洪水告诉我们：经济发展，洪水也发展。经济以掠夺的方式追求发展，洪水以淹没的方式实行报复。而在没有洪涝之灾时，水则是被污染的脏水、臭水，这一切均意味着太湖逐步走向毁灭——如果不再改变我们的行为方式的话。

1998年，揪心的长江之夏。

长江决溢，风浪嘉鱼，茫茫大水中的簰洲湾近100平方千米间，53 000名已经失去家园的农民，随时都有可能葬身洪波，人在屋顶上树上哭喊呼

1998年8月，南京长江栖霞段汛期，漫到街道的洪水

救。晚上11时35分，解放军某部舟桥旅从武汉赶到，簰洲湾一片漆黑，冲锋舟、橡皮艇冲进洪流。舟桥32旅5营的一位战士被洪水冲至一棵大树旁，同时他又搜索到一个老农民正在水中挣扎，舟桥战士一把抱住老人并推上树，饱受惊吓的老人浑身颤抖，这名战士就一手抱着树一手抱住老农民，在水中坚持了近8个小时。

一个战士救了一个老人。

一棵大树救了这个战士和这个老人。

被淹没的簰洲湾，当房屋垮塌、电线杆倒下后，树便是最后的站立者了，淹没了根部淹没了主干，那树冠却依然飘摇呼喊："人啊，你要看见绿色你就得救了。"

簰洲湾的每一棵树都是救人的绿色使者。

毫无疑问，假如簰洲湾有更多的树，即便长江决堤也不会死那么多人。

簰洲湾是一个缩影。

在中华民族未来的跋涉之路上，当母亲河黄河、长江被重重捆绑而面临着断流、洪涝的危重病态时，只有绿色才是我们的希望所在。

长江本来不是一条多灾多难的江，长江以它的绵长闻名于世的漫长岁月里，还以支流、湖泊众多、自我调节的蓄泄功能强著称，并且还是一条不冻的黄金水道。唐代，长江水灾约18年1次；宋、元为6年1次；明、清4年1次；而1931年至1949年的18年间，仅江汉平原就有16年为洪灾所累。

长江水患以惊人的速度趋于频繁，这是有目共睹的了。

日益严重的水土流失，使长江更浑更浊地艰难流动。长江已经不再美丽，长江已经失去耐心……

长江生态环境的破坏，所导致的只能是：在暴雨之下洪水成灾的可能性绝对增加；当洪水发生时抗洪减灾的能力绝对降低。这一增一减，便把多少人推进了没顶之灾中。

当老树被连片砍伐时，林下植被和土壤已经被强烈的震动所损伤，脆弱的生态链受到破坏，土之不保，水何能安？肯定会同时发生的，还有山洪、山崩、泥石流。闭上眼睛一想便可看见，森林毁坏以后，大地是怎样破碎，长江环境又是怎样恶化的了。

　　在20世纪50年代开发伐木的热潮中，就连极少数专家提出的对山地森林开发规模和强度应有所控制，采取择伐方式等意见，也被实际否定。原因是：开发成本要低，收效要快，择伐需另辟林道，等不及了，太麻烦了，不如大片大片地砍，一起轰隆隆倒地。于是大量人口、机械进入林区，开始大面积、大规模、无约束地砍伐原始森林。

　　　　长江同时也开始了进入20世纪后最为恶劣的厄运，又有谁能说在我们以原始林木换得一大笔财产后，中国从此便交上了好运呢？

　　　　破坏正未有穷期。

　　20世纪60年代开始的三线建设进一步扩大和加深了天然林区的破坏，这就是名震一时的金沙江林区开发会战。作为国家建设的重大行动，从全国各地调集人力物力财力，会战于长江中上游仅存的原始森林中，这一疯狂行为说明：50年代的愚昧到60年代变本加厉了。

　　　　1998年长江大洪水的源区，恰恰是当年金沙江伐木会战处，大自然绝不阴损，报复得明明白白。

　　贵州省普定县，这里曾经是青山绿水之地，现在差不多可称之为"裸石县"了，石化面积正以每年8 000亩的速度扩大，目前已占全县总面积的22%还多。① 土地年复一年被侵蚀，坡耕地越种越薄，然后上尽石出，耕地不毛。长江流域9省10度以上的坡耕地面积约1.2亿亩，每年流失土壤9.2亿吨，

---

① 此数据为作者成书时说法。普定县岩溶地貌发育十分典型，目前石漠化仍严重。

相当于每年平均丧失8.5毫米厚的表土层。长江流域的上游和中游，山高、坡陡、地薄，土壤资源稀缺而又人口密集。如果这种恶化的势头得不到控制，50年后，这1.2亿亩坡耕地将彻底失去农用价值，也就是说1.2亿亩坡耕地成了1.2亿亩石化地。靠这1.2亿亩坡耕地为生的农民，到时候吃什么呢？滚滚山洪泥石流之下还能得到安居吗？

土壤本是可再生资源，在自然形态下，形成1厘米厚的土壤需要200～400年。当因为人类活动土层破坏的速度几百倍于成土速度之后，土壤便也成为不可再生的资源了。

> 失去土壤便意味着失去家园、失去生存的基本条件，失去土壤的命运又都源自人类掠夺行为。
>
> 人怎么了？人在舍弃生存求发展。

长江流域坡耕地在水土流失过程中跑水、跑土、跑肥。除了土层减薄之外，土地肥力下降，投入不断增多，产出不断减少。全流域每年在这恶性循环中损失的氮、磷、钾约2 500万吨。为了增产也为了使越来越多的人有饭吃，便大量施用化肥，成本提高，农民负担加重，而土地则更加贫瘠。四川省南部县1959年的化肥费用为66万元，占生产费的5.4%；到1979年时为1 180万元，占生产费的30.1%。湖南省每年流失有机质300万吨，氮、磷、钾200万吨，相当于化肥供应量的2.4倍。

> 太薄的耕地，太多的人口，太大的期望结合起来，便是太重的压力和负担。这一块贫瘠的土地，怎么承受得了呢？

土地沙砾化还使蓄水能力降低，水的流失量必然增大。土也流走了，水也流走了。笔者在采写长江中上游防护林时得知：四川省每年从坡耕地中流失的水量达33.7亿立方米，相当于1980年各项工程可供水量的58%！中国林学会1981年在《长江流域水土保持考察纪要》中说，仅四川省因坡耕地水土

簰洲湾。1998年这里曾是一片汪洋，现如今田野里绿意盎然

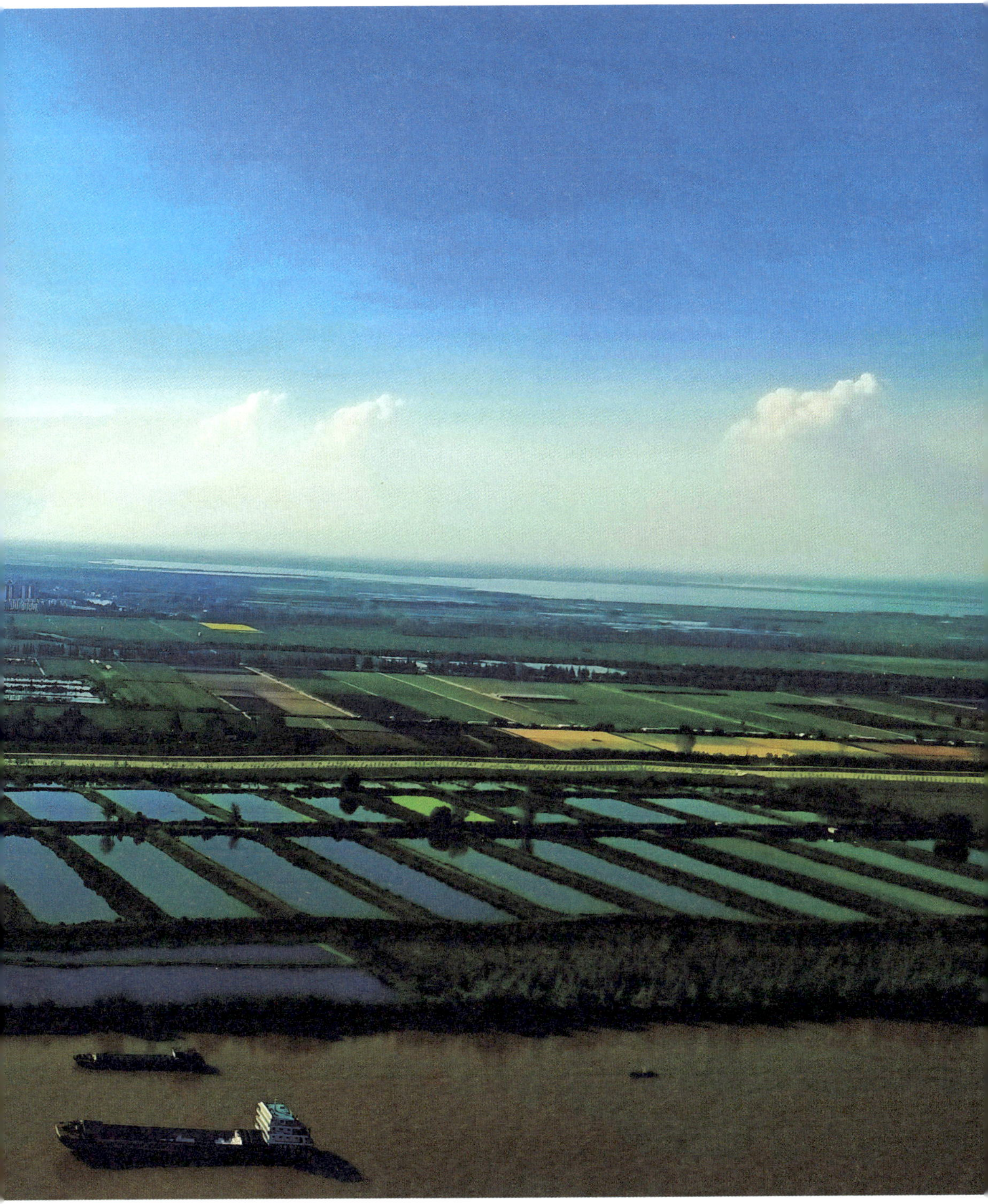

流失每年减产的粮食为49亿公斤，以此推算，长江中上游坡耕地因水土流失每年减产的粮食达到190亿公斤！

以上所记还远远不是水土流失所造成的危害终端，泥沙淤积正在一年比一年严重地窒息长江流域的水库。

四川省20世纪50年代初期有山塘68万口，总水量30亿立方米，至1980年减少蓄水53.3%。全省12 342座水库，报废28%。大渡河下游的龚嘴水电站12年淤积泥沙2.32亿立方米，占总库容的2/3。乌江渡水电站总库容21.5亿立方米，已淤积2亿多立方米，相当于设计时50年的泥沙淤积量。白龙江碧口水库建成蓄水于1978年，8年淤积1.15亿立方米，再过20年即可淤满。

> 不用怀疑水库设计者的初衷：为蓄水而建；同样不用怀疑长江流域诸多水库的结局：泥沙淤积之所。

到1982年为止，长江流域共建成大中小水库48 522座，总库容1 210亿立方米，每年都因泥沙淤积损失库容12.1亿立方米——相当于报废12座大型水库。长江中下游地区在1950年尚有天然湖泊面积25 828平方千米（包括内湖），到1997年仅剩10 473平方千米，减少了60%。也就是说中下游湖泊的蓄洪调节能力50年已经去其大半。仅洞庭湖、鄱阳湖、江汉平原湖群和云南高原湖泊，1950年以来因泥沙淤塞及围垦而丧失的淡水贮量达350亿立方米，相当于近两座三峡水库的防洪库容。

> 长江干流河道也在不断淤积中，荆江河段已经成为"悬河"。
> 40多年来，中国人为3 600千米长江干堤、30 000千米长江支堤所流的汗可以成为长江的另一条支流，所流的血所付出的生命代价更不知以何类比。扔进去的钱与物可以堆成高山，完成的土石方据不完全统计有40多亿立方米，却为什么仍然防不住长江洪水？

亲爱的朋友，让我们再一次回到长江源地区及其最上游，看那里的生态环境状况，能不能对我们的追问做出深入浅出的回答。

江源区位于盛行西风带，年平均气温低于0℃，日最低气温低至-40℃，冻土层最厚的为150米，是地球上最大的低纬度冻土区。区内降水量由西北向东南递增，由年平均250毫米以下至500毫米上下不等，成为三个有关联又有差别的气候区，即寒冷高原季风气候区、寒冷半干旱高原季风气候区、寒冷半湿润高原季风气候区。江源植被主要是高山草甸和高原沼泽，草甸植被以莎草科蒿草为主，沼泽植被中藏北蒿草、花葶驴蹄草、西藏报春占优。沱沱河地带主要是高山草原土，当曲河源为高山草甸土及大面积沼泽土类，楚玛尔河源区属高山荒漠土。

在空旷荒凉到时光似乎早已不再流动的源区，护林员告诉我："你要留心冰川和雪线，最好写到书里。冰川、雪线离开长江流域区内的人们很远很远，却是大江大河本身及源区环境状态的生命线。"

冰川、雪线既是历史时期地质运动气候变化的产物，又是气候变化的明显标志，在广大而神秘的长江源区，它们的位置移动，是对这一地区生命状态的说一不二的诠释。

唐古拉山各拉丹冬地区的现代冰川其冰雪覆盖面积广大，唐古拉山东段，冰川分布稀疏，长度多为1～3千米。众多冰川中，流出万里长江第一滴水的姜根迪如冰川为最大者，长12.5千米。由同一冰雪源地下溢，呈马蹄形分南北两支下伸到海拔5 400米和5 450米的高度。

1986年拍摄的航片与1969年相比，姜根迪如冰川厚度减少，退缩明显，17年后退150多米。而岗加曲巴冰川，更是退缩了约500米。

与此呼应或者可以视之为一体的环境变化是，各拉丹冬雪山的雪线不断上升，这种上升其实是在垂直高度上的后退，考察表明雪线已升到5 880米。

冰川雪线冷峻地告诉我们：气候正在变干，气温正在变暖。

唐古拉山雪景如画

长江源区分布有大量类型独特的高原沼泽地以及鞍形沼泽草丘。各拉丹冬雪山地区东坡与北坡的大片沼泽，因失水而枯竭，草丘退化之后砂石出露，无奈地展现着荒漠化景观。此种景观在沱沱河沿岸3～10千米间最为明显，并向丘陵低山扩大，形成荒漠地带。气候干旱化的另一种反应，是土壤的退化。1988年，中科院对西藏环境背景值的考察表明：西藏东部三江流域北段的褐土分布上线比20世纪70年代提高了400～500米，同时发现漂灰土已经消失，黑毡土和草毡土在退化之中。

高原湖泊正在缩小，或者消失。各拉丹冬雪山的北部山坡前，有的湖泊已经沉积出露，有的已经堆满砾石。

长江上游通天河、金沙江流域荒漠化的蔓延，使农耕地、牧草地锐减，并且在更短的距离上直接影响和威胁江河源区的环境。

在灯红酒绿的都市，有几人能想到那荒凉辽阔而又维系着大江命运的高地，正岌岌乎可危哉地默默存在？

长江上游最突出的，是人口、资源与环境的矛盾。曾经，各级地方政府所取的方法是，向土地要粮，向山地要柴、要财，靠山吃山不养山，靠水吃水糟蹋水。毁林开荒，陡坡垦殖，地表裸露，泥沙滚滚，已经是普遍现象了。

金沙江流域水土流失最为严重，面积达13.5万平方千米，占长江上游流失面积的38.4%。

金沙江山地灾害以泥石流、滑坡、崩塌为主，主要分布在干旱河谷1 858千米长的河段，面积达2 640平方千米。

金沙江，人们都知道这是一条产金子的江，挖金船曾经云集，淘金者数以万计，然而金沙江的灾难、病痛却少有人提及。

金沙江残酷而生动地告诉人们：人类给地球带来的多少灾难，均源于对森林的砍伐！当长江的上游不再有生机，为荒漠化逼迫，生态灾难便不再是一个或几个环节了，而是一切、所有、全部。水土流失不仅仅是水土流失，森林萧条才是生物物种灭绝的前提和条件，从江源到金沙江、雅砻江沿岸被猎杀的保护动物的骨架，控诉的是人类的野蛮。

另外，上游的生态破坏，必定会影响中下游；同样的道理，干热河谷也正向着金沙江上游延伸……

金沙江中下游还分布有滑坡、崩塌800多处，体积大于100万方的大型滑坡近百处。其主要特征是规模巨大，其中70%的滑坡处于活动状态。普福滑坡因巨型而著名，已经有过两次大滑动，估算体积为4.95×10^8立方米，成为长2.7千米、高179米的天然滑坡大坝，把普福河堵得严严实实。雨季来临，石坝崩溃，大型泥石流即形成。最近的观察表明，这个大滑坡后壁出现多道裂缝，有多种不稳定的迹象，跃跃欲滑。如再滑，那就不仅是普福河遭殃了，金沙江可能会又多一处"心肌梗死"。

长江本来是怎样的长江呢？在源区和上游，群山庄严地耸峙，高原宽阔地护卫，其上有雪山、冰川、森林和草甸、草原，出没着各种野生动物，以高峻寒冷为界线，提醒着这流出之地所需要的神圣的肃穆和宁静。

这独特的地理环境，原始的自然状态，已经被砍伐的斧子、偷猎的枪声彻底撕碎了。

长江现在是怎样的长江呢？在源区和上游，冰川雪线大踏步后退，高原草地荒漠化，明沙成堆地推进到了通天河、金沙江畔。大山在林木伐尽光秃之后岩剥石露，长江泥沙俱下，还要面对滑坡、崩塌、泥石流。

上游越穷越垦，越垦越穷。

下游越险越防，越防越险。

长江的灾难又何止于此！

长江上游的工业污染原来主要在攀枝花市以下，攀枝花矿务局矿区的矿井水、洗煤水、焦化废水，都在污染长江。还有数百家小煤窑，数十家小焦炉及洗煤厂，属乡镇企业，除了肆无忌惮地污染水与大气外，还在夜以继日地浪费资源。

长江的工业污染正在不断推向上游。

长江上游大约有5 000个污染源，每分每秒都在向长江排放大量工业废水和生活污水，并在岸边堆砌、向江中倾倒各种固体垃圾。谁来保护长江呢？即便仅仅从人的利益出发——那已经是相当自私的了——为了子孙后代，我们也应该面对这样的事实：

长江已经是第二条黄河！

以水土流失的面积论，长江已经远远超过了黄河。

长江清澈了亿万年，如果不采取有效措施，最后将毁于当代——尤其是前几十年——也可以说我们这代人手里！

就水污染而言，长江又在走淮河的老路，以长江径流量之大、自净能力之强，"长江流域污染河长已占评价河长的31%"。那么，假如长江枯水呢？长江断流呢？

自攀枝花而下，重庆、宜昌、武汉、南京、上海，从无间歇地向着长江倾泻的废水、污水，在长江干流形成了500多千米长的污染带，再加上各支流及太湖、巢湖的严重污染，那么从今日之日益污浊、苟延残喘的长江看见明天的黑臭汹涌的长江，当不是杞人忧天了。

千秋功罪，大江为证！

金沙江

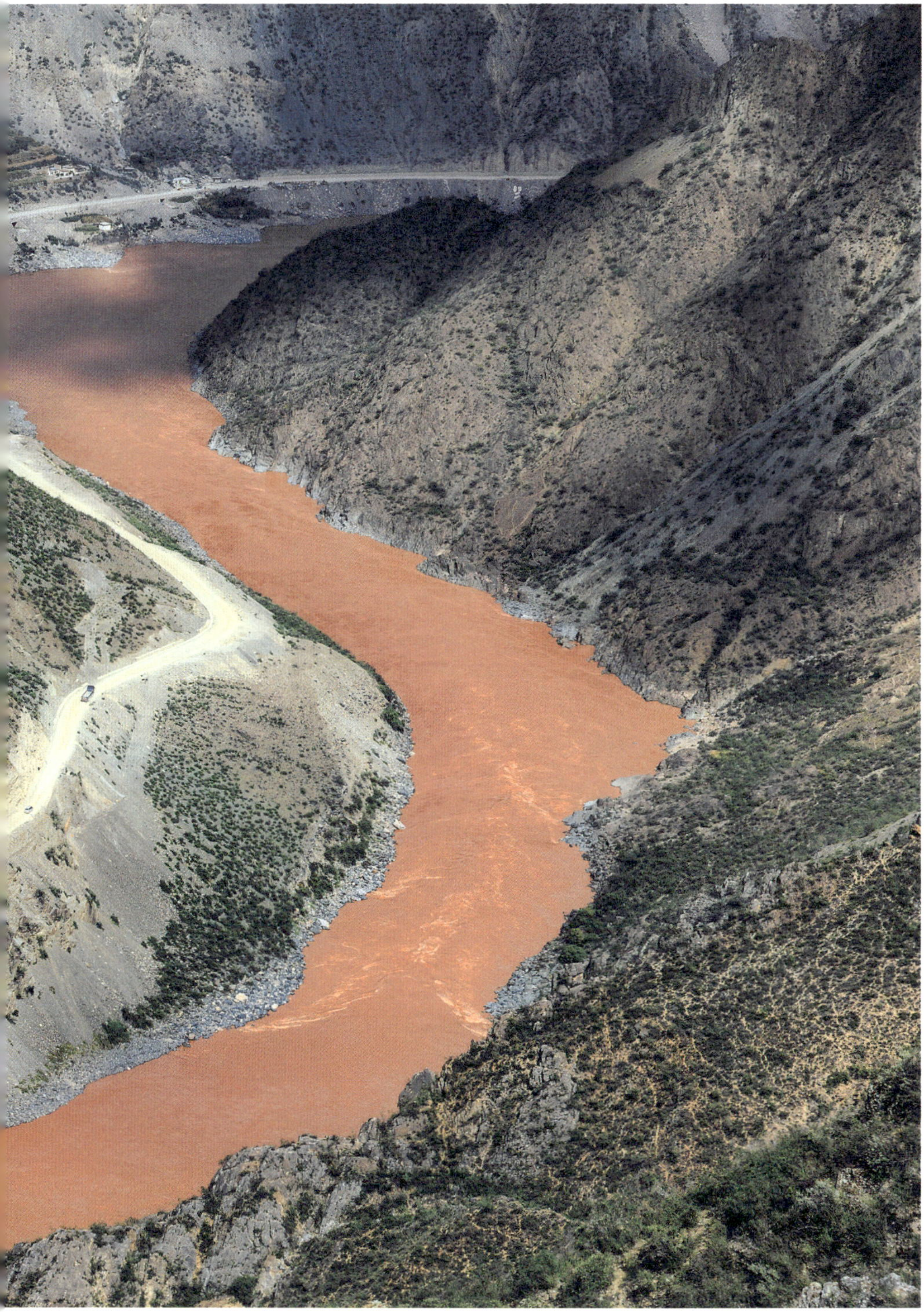

1998年长江大洪水之后,长江在未来岁月中可能会出现的生态灾变、环境状况,引起了中国乃至世界的关注。这一场大洪水对人类来说是灾难,对长江而言又何尝不是幸事?长江是积劳成疾、积污成疾、积怨成疾、胸有块垒,长江在大洪水之后无异于大病一场,长江太需要呵护了,长江太需要体谅了。

我们只是在唱歌的时候才说长江是母亲河,余下的时间里便如此翻脸不认账,糟蹋母亲河。如果长此以往,我们还将付出代价,惩罚还只是刚刚开始。

进入1999年之后,长江又出现了另一种极端水情:百年不遇的枯水。你不是诅咒洪魔吗?你不是还在说人定胜天吗?在三个多月漫长的枯水期中,荆江出现历史上最低水位,黄金水道经受着20世纪中最为严峻的枯水考验:

覆舟之水不见了,载舟之水也没有了。

于是长江的不少江段,由航管部门在水底实施剧烈爆破,以炸药强行在浅水区疏通航道,无数的大船小船鸣着焦虑的船笛,等待放炮排浅。这是更加直截了当地把长江当作敌人的战争行为,对长江河床的损害是永久性、器质性、无法修复的!

1999年1月5日,武汉长江大桥水域航道水深仅3.2米,过往船只不得不改道。2月16日,中国农历春节大年初一,顺流而下的江申2号轮,因九江水浅而不得不抛锚停航,900名乘客枯坐一夜后改乘小船。

万里长江最为险要的荆江河段,从来都是险在大水决溢,1999年却出现了枯水之险,3月14日下午2时,创下了自1903年荆江有水文纪录以来的最低水位:30.08米。沙市航道处管辖的198千米江段,从1998年12月起进入枯水期,7处水道出现严重浅情,水深仅2.9米。

长江航运怎么办?1998年夏季大水以来,沿江码头上待运的货物堆积如山，洪水退去后每天至少有10万吨货物通过荆江河段，拥挤而繁忙的水上运输，又遭遇到残酷的枯水浅情，黄金水道碧波万里顿时是另一种滋味了。沙市港上游江心有一沙洲高38米，人称"三八洲"，把长江水道分成南北二槽，北槽水深，以往船只都从北槽通过。大洪水时泥沙比往年更为大量淤积，北槽既浅又窄，已不再具备通航条件，被关闭。又在南槽挖泥、爆破，辟出新航道。

长江的老船工都会告诉你：一月晒滩，二月淹滩，三月四月不见滩。它说明长江在一年开始头4个月的涨落规律。可是1999年的3月，长江仍然在晒滩。

从1998年12月初至1999年3月，武汉航道局属下的两支爆破队，共用炸药80吨，实施爆破1 600次；两艘从日本进口的挖泥船，共挖出100多万立方米的泥沙，才使荆江段没有断航。

泛滥、枯水，我们不知道，长江还会发生些什么。对于长江的认识，仍然局限于为人而用的今天，无论什么样的专家学者都是片面的。

谁也不敢肯定长江在未来岁月里，还会发生什么样的灾难。

长江的清澈、美丽正在飘逝而去。

曾经拥有长江的中华民族，那是文采风流的鲜活历史；继续向着伤痕斑驳的长江索取的今天的中国人该清醒了。

在青海高原晚霞照耀的荒野，我长跪不起，在心里问：长江啊，母亲河，我们怎样才能得到你的原谅呢？

有尖利的枪声传来，藏羚羊和雪豹正在被偷猎者屠杀，长江源区天天在流血。

我泪流满面。假如没有水，哪有我眼泪的点点滴滴呢？但，也有可能人类流出的最后一滴眼泪，便是人类的最后一滴水。

长江的苦难真是一言难尽。1999年11月11日，《北京青年报》文章指出：被称为"长江女神""活化石"的白鱀豚，如不全力加以保护，将在今后25年内从长江从而也是从地球上彻底灭绝！

我们是在灭绝美丽和神圣啊！

长江鱼类资源日趋贫乏。

长江环境正愈来愈不适于鱼类的生存，而长江污染又正在加剧此一状况。

长江里白鱀豚的种群数量已不足100头，这是2 000万年前由海洋进入长江并唯一留存至今日世界的"长江女神"，它庞大而优雅，古老而美丽，但，很快它们将彻底、永久地告别长江！

就中华民族而言，一个刻不容缓的选择是：我们到底要一个荒漠中国呢，还是要一个绿色中国？

在越来越少的耕地上，怎样养活越来越多的人口？如是观之，中国日益严重的水土流失，关乎子孙与未来的命运，是一件真正的头等大事。所有的空谈都不会使中华民族在没有立足之地后，生出光荣和梦想。

中国国土面积不足亚洲的1/4，人口则超过了全球总数的1/6，中国拥有的淡水和耕地均为世界总量的7%，森林为3%，石油为2%。数字并非总是干巴巴的，数字与国情和一个民族的生存命运相联系时，便有声有色、有情有义、炽热如火、锋利似剑，我们能不为之心动心颤而登高一呼吗？中国的荒漠化正逼近北京，对于我们的首都来说，沙临城下绝非夸张。与北京延庆、昌平相邻的怀来、涿鹿两县，是中国西部风沙线进京的主要通道，这个通道已经敞开，怀来县官厅水库南岸近100平方千米范围内明沙流动、沙丘蜿蜒，是荒漠化的"先头部队"，距离北京市中心70千米！

中国人口之众，密度之高，莫过于长江流域。世界上没有一条长河巨川养育近4亿人口，在这一方面，长江甚至超过了亚马孙河、尼罗河、密西西比河的总和。可是这三条大河中有的径流量是长江的5倍，流域面积为长江的7倍。长江流域目前的平均人口密度约为220人/平方千米，人均占有耕地不足0.9亩，为全国平均水平的3/5，是世界人均数的1/5。

这就是长江，这就是忍辱负重、力不从心的长江！更何况这一点点耕地还在每分每秒的流失之中、污染之中、占用之中。按照每年24亿吨的流失量，300年后整个长江流域的耕地都将飘逝而去！

治水即治国，治水方略就是治国方略，爱我山河就是爱我中国，从这样一个爱国主义的高度出发，关于治水方略的调整和更新已经时不我待了。

那么，从长江流域整体生态环境的视角考量，为了走出人口与环境的双重危机，对于长江来说最紧迫的需要是什么呢？是另外一个三峡工程——长江绿色工程，这是能使长江长治久安有可持续流水的伟大绿色工程。

没有可持续流水，哪有可持续发展？哪有可持续未来？

"长江流域的原始植被已经丧失了85%，曾经吸纳雨季大量雨水的森林大半已不复存在。"长江绿色工程的战略思想之根本便是：治水的关键在治山，治山的根本是种树。长江流域所有水库的状况说明：治理长江水患，仅仅靠加高堤防修筑水库是行不通的。要从根本上解决水土流失问题，我们就得沿着水土流失的轨道上溯，根子明明白白在山上，在那些起伏连绵没有树木植被保护的光山秃岭上。

早有人发出警告了：再砍下去洪水滔天！洪水滔天时，我们还在砍！

江河咆哮对人言：人啊，你教我怎能不泛滥？

长江绿色工程所依据的是大自然的规律、森林无可替代的水文效应。森

三北防护林受到沙漠吞噬

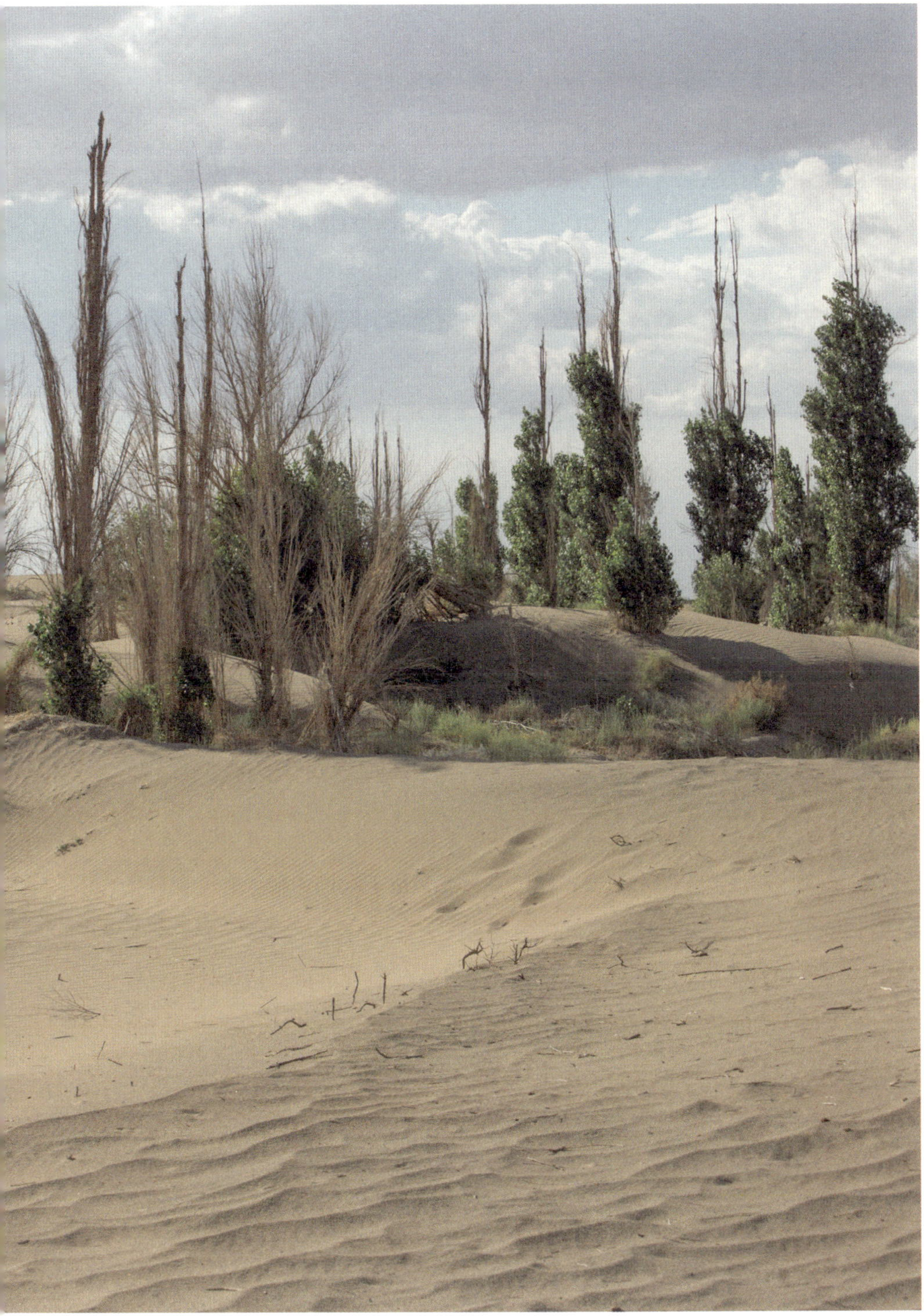

林是绿色天然水库，能吞能吐，吞吐适时；能泄能蓄，泄蓄得当。1亩有林地比1亩无林地多蓄水20吨，森林可削减洪峰70%～95%，并延缓洪水行进速度。在连续降雨过程中，林地可吸收70～270毫米的水，每小时下渗水200毫米左右，为裸地的10倍，对土壤的侵蚀率只是裸地的1/100。一个国家的森林郁闭度在0.6以上，森林覆盖率达到30%，且分布均匀，这一片土地便风调雨顺、空气清新，其上的河流安澜而清澈，河流边上的人们辛勤劳作，断无缺水之虞，能诗意地居住，有稳固的家园。

1万亩森林的蓄水能力，相当于一个蓄水量100万立方米的水库。

森林以根的方式存在，并作为陆上生态系统的中枢，维系着大地的完整集合。从这个意义上说，森林之根便是大地之根，也是一切生命的生存之根。

森林以及各种植物的根，根系在地下游走固定植株，并使地球的土石圈处在一个活生生的错综复杂的网络之中，从而互相连接、互通声气。大地的完整性不仅在大地之上，而且在大地之下，大地之上为美妙的显现，大地之下是神奇的蛰伏。

呵护森林就是严守我们的根，种植森林就是留下我们的根。有了森林我们几乎就有一切了，失去森林我们很快就会失去一切。

1949年10月1日，中华人民共和国成立之后，治淮治黄，从国计民生着想，以大量人力物力财力投入水利建设，可谓其功至伟。修大小水库8万余座，筑堤防20多万千米，旧中国洪水肆虐、民不聊生的局面得以改变。中国人民能在艰难困苦中走到今天，实为不易。

可是为什么治水不断，水旱灾害频率反而加快了呢？其原因是重治水、轻治山，治水还没有治到根本上，同时又长期忽略了山的庄严崇高，在大量砍伐森林之后，使活着的生机勃勃、绿波重叠的山，成为泥石流动的死去的山。

江河之水至清无沙，这是梦想而且不正常。我们能够、应该做的，是尽量减少人为的水土流失，实现综合治理，包括：合理的土地利用规划，林草生物长效措施，水保工程，水利设施及相应的政策、法规。

我国国情的重要一点是山地多，占国土面积的69%；森林少。

专家认为，日本也在季风区内，降水量相当大，但日本的森林覆盖率远远高于中国，植被条件相当好。不像中国江河上游水土流失如此严重，以致淤塞河道，逢雨即涝，无雨便旱。季风气候、大气环流非人力可以控制，灾害大小却千真万确地与森林植被有关。人可以保护森林还可以植树造林，也能轻而易举地毁灭森林，因此我们说人类行为与环境状况是密切相关的。加祸在人，减灾在人，毁灭在人，自救在人。

中国林业危机，既有资源因素也有投入太少的因素。1952年至1990年的39年中，为造林营林，国家共投入255.4亿元，占同期国家财政总支出的0.68%；而同期水利占3.79%。同期提供木材34亿立方米，按每立方米100元计，共3 400亿元，投取之比为1：13.3。

> 投入如此之少，索取如此之狠，只能说这是残酷掠夺，同时又是一个民族毁坏生存环境的自杀行为。

至1997年，被联合国称为"世界生态工程之最"的三北防护林体系工程，因为资金紧缺面临着无以为继的危险。历时18年的中国风沙线上艰苦植树造林的一、二期工程中，国家资金到位的不足计划下拨的1/2，每亩造林补助仅3.73元，为种苗费的1/10。如今病虫害严重，管理远远跟不上。

笔者从西部风沙线转而踏访长江中上游防护林时，建设者的困境与三北防护林相似：生态林建设每亩投入不足10元，少的仅3～5元；造林后的管护费未纳入各级财政经常性预算。粗放管理之下，或者有种无管，那将会前功尽弃。

森林与水的关系，在长江两岸到处都有实证，那是真正权威的发言。

长江绿色工程的可行性及其保持水土、减少流失的生态效益，实际上已经由长江中上游防护林得到了证实。人类为了弥补自己的破坏而修复生存环境的努力，是大地所喜乐的，而且大有可为。

地处嘉陵江流域的四川盐亭县，古时以森林茂密、巨木参天闻名，杜甫写有"马首见盐亭，高山拥县青。云溪花淡淡，春郭水泠泠"之句。直到20世纪50年代，盐亭县仍然青山绿水，森林覆盖率达28%。1958年开始大肆砍伐，砍光了东山又砍秃了西山，到1976年森林覆盖率仅为3.4%，山上不见树木只见风沙。农民没有柴烧，种了红薯煮不熟。鸟儿没有树枝做窝，只好在光石头上下卵，一阵风过，沙飞蛋打，那些找自己亲生卵的鸟呜呜地哀鸣，从此远飞他乡。干旱、大风、洪涝把一个原先的山清水秀之乡，折磨成了粮食亩产只有108公斤的贫困县。

盐亭下决心治山造林始于1983年，1989年又列为长江中上游防护林建设一期工程重点县，从选种到挖坑均有技术指标。县里的所有干部全部下乡蹲点包干，和农民同吃同住同挖坑。到1994年，全县绿化率达99.61%，森林覆盖率为54.64%，目光所及都是绿，山上山下空气湿润而清新。盐亭人以10多年的辛勤汗水，扎扎实实的劳动，大体恢复了生态平衡，创造了一个可以生存、可以安居、可以持续的家园环境。

1994年7月的水土测量表明：

> 盐亭县水土流失面积减少88.6%，表土流失减少98%，塘、库、堰增加蓄水561.6万立方米，滑坡垮塌减少98%，年平均最高气温降低1.7℃，最低气温上升0.6℃，相对湿度提高5.4%，风速降低90%，土壤含水量增加20%。
>
> 地下水每平方千米增加10万～16万立方米，灌木增加20种，草本类增加12种，鸟类增加72种，兽类增加15种。
>
> 有枯泉再发。仅林山乡就涌现新泉130处！

亲爱的朋友，在盐亭你已经看见了：只要荒山变绿，大地之上便开始了新的集合，有水、有鸟、有兽、有和风细雨、有诗情画意，盐亭人有福了！

作为长江绿色工程序曲的长江中上游防护林，自1989年以来成就斐然。这一计划需30～40年的时间，现在刚刚过去10年，到2000年增加森林面积

700万公顷。工程地跨长江中上游地区9个省，一期工程的任务是："在保护好现有森林植被的基础上，用10年左右的时间，建设起以防护林为主体，防护林、用材林、经济林、薪炭林和特用林科学布局，……森林生态效益、经济效益和社会效益相统一的新的森林资源群体。"工程全部结束后，长江中上游将增加2 000万亩森林面积。

中国森林资源的严重短缺以及长期大规模砍伐的历史所造成的后果，需要我们以新的思维方式，开拓林业之路。如果从此能醒悟到舍弃生存求发展的伐木之路是毁灭之路，没有比在中华大地上留下更多更茂密的森林更重要的了，把创造一个绿色中国作为共同的光荣和梦想，并为之努力奋斗的话，四川盐亭的榜样告诉我们：以20年到30年的时间，倾国家之力，集民族智慧，使中国的森林覆盖率上升到50%，是完全可能的。

> 这就要求我们首先从一切为了经济增长的浮躁中冷静下来，还要弄明白所谓生态危机，就是土地、家园和一个民族的生存基础的危机，而这个生存基础无论古今中外，都离不开森林的守望。正如国务院在1998年洪水滔天时发出的通知所言："决不能以破坏森林资源，牺牲生态环境为代价来换取短期的经济增长，决不能干那些急功近利而损害全局、贻误将来的事情。"
>
> 要让每一个中国人都懂得：我们今天所享受的一切，都是借用子孙后代的。我们砍光、挖光、吃光、用光了，中华民族的后代何以立足？怎样生存？

长江中上游防护林建设作为长江绿色工程的蓝本之一，已经走出了可贵的一步。但也有专家指出：它的覆盖面还远远不够，已经列入工程建设的县，只占三峡和长江上游总县数的46%，因为经济的亏缺，已造的林子质量不一，有的防护效能很低，而更让人忧虑的是种树之后的管理及养护。这里要特别提到三峡库区环境治理形势的紧迫和严峻，根据1985年调查，三峡库区共淹没耕地35.7万亩，库区有荒山2 782万亩，其中可以改造为耕地的至少

30万亩，而改造的前提是种草种树、涵养水土。

长江绿色工程要深入长江源区——亦即江河源区——青海省青南高原。这是长江、黄河的发源地，又是青海省最严重的土壤侵蚀区，侵蚀面积为10.6万平方千米，占江河源区总面积的41%，占青海省侵蚀土地面积的31.7%。其中黄河源区水土流失面积4.86万平方千米，长江源区水土流失面积3.22万平方千米。长江、黄河在青海境内多年平均输沙量分别为1 303吨和8 814吨。

江河源区植被覆盖率逐年减少，水土流失与日俱增，在大风和雨水冲击下，表土被毁，加上过量放牧，优质牧草的根茎部严重受创，高度、覆盖度及生长速度明显下降。

近几年来，数以万计的采金、采药和偷猎者进入江河源区。仅20世纪80年代因采金毁坏的草原面积即达3.3万平方千米。

青海的鼠害已经猖獗之极，1996年的统计说，全省发生鼠害面积797万公顷，占可利用草场面积的1/3，鼠洞密度最高的达每公顷1 334个，平均为每公顷412.2个。

青海千疮百孔，青海荒凉神秘。

我们千万要记住：水土流失与荒漠化，在江河源区便已经开始了。

青海干旱、缺氧、海拔高、气候寒冷、阳光充沛而紫外线强烈。喜马拉雅造山运动形成了青海严酷的自然环境，同时也改变了全球的大气环流，使长江流域成为世界同纬度带上少有的亚热带湿润地区。如果没有青藏高原，中国的荒漠化将会向东部地区更加迅猛地扩展，而青藏高原自身水土流失、荒漠化形势的日趋严重，也必将给中国东部地区带来更多的生态灾难。

繁荣不仅需要资源，而且需要拱卫，如果拱卫之地青藏高原、江河源区的环境继续恶化，黄沙就会埋压所有的东部家园。

青海的江河源区还是生物多样性的特殊地带，玉树隆宝自然保护区是黑颈鹤的故乡，青海湖是10多万只候鸟的栖息地，可可西里则是藏羚羊、野牦牛、野骆驼的出没之地，江河源区还有地球上已经不可多得的野生植物3 000余种。

  那些生存条件极为恶劣的、被称为"无人区"的苍茫高原，却又是生物多样性的展现地，巨大而宝贵的天然基因库。这些人类至珍的生命资源，现在正成为胆大妄为的偷猎偷挖者的滚滚财源。
  索南达杰就牺牲在这片土地上。
  索南达杰牺牲后，可可西里有了第一个简陋的民间环保组织自然保护站。

江河源区是江河的流出之初。
长江、黄河自20世纪80年代以来，从流出之初便是险象环生的了。长江流经青海境内河段的径流量不断减少，而泥沙大量增多。黄河上游连续7年出现枯水期，鄂陵湖与扎陵湖水位下降1米左右，1996年两湖之间出现断流。1997年第一季度黄河上游水量降至历史最低点，源头首次出现断流。

  长江、黄河从源头开始，便一路上向我们发出警报了。

  离开长江上游的贫困山区，告别那些食不果腹的老人、衣不蔽体的孩子以及荒山秃岭和荒漠草原，我知道我一回到大都市就有可能淡忘源区的警告，在喧嚣与污浊中变得麻木不仁。
  亲爱的朋友，让我们回到此前的发问：我们到底要一个荒漠中国呢，还是要一个绿色中国？
  我们不仅要追问别人，更重要的是追问自己，在这关乎中华民族生存基础、国土安危的历史性时刻，每一个人都应该挺身而出，成为绿色行动的志愿者。地无分东西，人不论贫富，我们期待着召唤，准备着奉献！
  绿色中国才是少年中国。

青海可可西里国家级自然保护区的藏羚羊

绿色中国才是富强中国。

绿色中国是风清月朗的中国。

绿色中国是大地完整的中国。

让我们告诉20世纪，中华民族有一个梦想：绿色中国之梦。

"绿水青山，就是金山银山。"所幸，今天我们的国家和人民看到了这一点。绿色中国梦，千秋家园梦，正一步步走向现实……

黄浦江：导源太湖的最后支流与上海

上海是大器晚成者。
在海洋文明的冲激下，青龙镇像一粒种子，
后来的上海正萌芽其中。
上海一直在创造自己的过程。
当辉煌时，要看到水危机的阴影。

習筆墨渾然深邪固耕畚妙艷不啻如曲
趙氏世居原曲絕少不習乃坡至豐諸意
象者稀得者甚真邪曲江考人丽題至襄
偈莫語初陽佳月旦云子態乃而吾下可
傷而桼形容之言真與圖之詔嫌此跋語
謂之嬝展武其家不遇達人發敗志吾娃
氏而今方篤金氏家物云ヮ謂德不出口
美披閱之須爲之張絃
成化丁未春正月二十四日慶武方洲嘩中苦
吳昌張寧書於一噗山拄類亭中

法書名畫廣棄沈浚何可勝紀
迎䰖兄此大幅巨軸尤為神護
而熙相之者𠰥逢子展武
家何甚幸歟一日焚香請觀之展
玩誇賞綴於以識而某琳䪸而寢
藏之𣴑武丁巳暮春上巳曲江
老人錢惟善書于客舍

宋趙歕雨畫江山萬里圖經營布置雖
出一筆其間煙雲風雨晴隂旦暮隨地
不同真渾萬里之遠奇作也泥畫家惟
風水尤難言之妙風檣可偃物睛見之以
平遠委頓

水出江阴，长江之浪已经能够听见海上涛声了。

长江不会停留，但我们要先放眼太湖平原，看江南水网怎样神奇地展开，交织而成"锦绣江南"这一片水乡大地。如果以这样的眼光读太湖，那么太湖就是一部波涛千层的大书了。

长江奔突万里，以柔顺的水连接起流域内高山丘陵、平畴沃野、万类万物，并汇合万千支流串联明星闪耀的湖泊，各司其职、吞吐有别而交流互利。在下游，平原辽阔，阡陌纵横，长江入海之前尽其所能地展示着对人类之爱，使土地湿润、肥沃，乱花浅草，桨声帆影，水村山郭酒旗风……太湖就是这鱼米之乡的中心。

这是天造地设的中心。

人不可能创造这样的中心，人类的掠夺行为却可以毁坏这样的中心。

太湖，古称"震泽""具区""笠泽"，位于长江下游，江苏省南部。波连江苏、浙江两省，浪挟常州、苏州、无锡、湖州四城，为中国第三大淡水湖。岸线长近400千米，面积2 400多平方千米，号称"三万六千顷太湖水", 有包孕吴越之概。西南纳苕溪、荆溪诸水，东由浏河、吴淞江（苏州河）、黄浦江注入长江。湖中大小岛屿48个，连同沿湖半岛群山，人称"太湖七十二峰"。湖西是层峦起伏的天目山，北、东、南三面是富饶的太湖平原。排涝、抗旱、灌溉与生活用水、工业用水，均离不开太湖。

太湖湖底的黄土层中，曾发现古洼地与古河道，并发掘出大量距今约6 000年的古文化遗址、街道及墓葬，说明今太湖一带曾经是陆地，早在五六千年前，古人就曾在这里以渔猎为生并向农牧过渡，直至定居农业生产。关于太湖的形成，《长江大辞典》说："湖西山区水流汇入荆溪，向北流入长江；南部山区水流经苕溪东流入海。后长江泥沙淤积形成南岸沙咀，荆溪入江水道被堵，改道东流与苕溪汇聚，积水形成早期的太湖。同时，东部的东江、娄江也相继淤塞，吴淞江河道束窄，出口受阻，湖面随之扩大。"一般认为，太湖原是离东海不远的一块陆地，在地质运动中地势渐渐低洼形成湖盆，可能有过海水入侵，曾经一度成为海滩。由于南面的钱塘江和北面的长江带有大量泥沙，还有其余江河的淤积，长江三角洲不断向东延伸，使这个海滩与大海的距离越来越远，最后与长江沟通而入海，形成淡水湖泊。这个过程显示着陆、海、江、湖的微妙关系，其互为更替说明大地之上曾经有过的自然调适与历史时期的沧桑巨变，它的方向性非常明确：

给人类安居之地。

这里将成为鱼米之乡。

当初，太湖之滨、锡惠山麓生长着茂密的原始森林，气候湿热，林中有大象缓缓巡行卷食枝叶，沼泽地带有"四不像"和野牛，灌木丛中活跃的是互相追逐的斑鹿，林间蛮荒气息，纯净自然。先民们以有孔石斧、石锄、石锛垦地耕作，并结网捕鱼。当中原地区夏商王朝进入奴隶制时代之际，太湖周边为原始社会瓦解的前夜，古太湖已经感觉到文明的曙光正悄然而至。

这时候，江河流域之间发生的一个故事却是意味深长的了：周王长子泰伯、次子仲雍为成全父亲将王位传给三子季历的心愿，以到终南山采药为名，带仆从跨骏马，不辞而别，从陕西周原长途跋涉到了江南。面对古太湖的烟波，接受了当地原始居民的一种习俗：断发文身。泰伯被推举为王，国号"句吴"，定都梅里（今江苏无锡市锡山区东南）。泰伯古城不再，梅里吴墟尚存。《史记·吴泰伯世家》记道，泰伯死，仲雍继位，以后仲雍的曾孙周章做了吴国之君，"荆蛮义之，从而归之千余家"。

黄河、长江各自奔流着，各领风骚各有辉煌，共同组成了华夏民族的壮丽篇章。北人南去如泰伯、仲雍，史有记载；更有不见经传的南来北往者，语言、习俗、耕作、制陶因而得以交流融合。

再看黄河、长江各自的归宿，在汪洋中河水与江水还分得开吗？

曾经拥有各自的过程。

太湖之水浩瀚坦荡。太湖是大型浅水型湖泊，平均水深不及2米，最深处仅3.33米，湖面开阔而深度不够，大风小风都容易形成波浪，并受湖底摩擦作用的影响，浪多浪阔声势浩大却不见其高危，有惊无险。近看重山复浪，远眺烟雾渺茫。帆影出而复隐，飞鸟去而忽归。晴空之下，黛浪连天，万顷泛金；风雨之日，船摇峰晃，波动云乱。

没有太湖水，哪来太湖美？

因为太湖有水，有清纯滋养的水，所以太湖七十二峰才峰峰皆有灵气。从天目山至宜兴，"茫茫复茫茫，中有山苍苍"。太湖西北部有山14座，马迹山为最大；向东又有山40余座，洞庭西山与洞庭东山最为有名。诸岛诸峰散漫罗列，隐现沉浮吞吐出没，形似虎豹状物无数。太湖附近是石灰岩地貌，宜兴多溶洞。

太湖山水，四季有别。春日山青水蓝羞怯稚嫩，夏日夕照湖光飞金流玉，秋日水汽芳香芦花吐白，冬日玉鉴冰壶凝华晶莹。

太湖物华天宝不可胜数。江苏为世界淡水珍珠的主要产地，占全国珍珠总产量的绝大多数，而尤为珍奇的是粒大晶莹的太湖珍珠。太湖中的莼菜是人间难得的美味，素炒淡煮，其味清香；烩鱼炖肉，汤汁鲜滑。当年西施

太湖越冬的群鸟

喜食莼菜，吴王夫差于灵岩山凿池，西施泛舟采莼，太湖佳话也。《耕余录》谓，莼菜无可比，"比亦无得当者，惟花中之兰，果中之荔枝，差堪作配"。

太湖银鱼与白虾、梅鲚合称为"太湖三宝"，其纤细之身，晶莹透体，俗称"面杖鱼""面条鱼"，其肉嫩味鲜，食之不忘。银鱼丰收时满网银光，农家以银鱼炖鸡蛋，或者用银鱼炒苜蓿。银鱼一湖皆是，苜蓿遍地皆绿，那是几十年前的景象了。

太湖碧螺春以洞庭山所出为最佳，有雪白茸毛，与所有的江南名茶不一样的还有泡茶程序，不是在茶杯中先放茶叶而是先倒大约六七成开水，然后置碧螺春于其间，迅即沉落，杯中一泓碧绿，清香四溢。

太湖寄畅园，江南一代名园。其初建距今已有500多年，前身"凤谷行窝"，为秦观长子秦湛后裔秦金的别墅，再传至秦燿，秦燿48岁离官回到太湖之滨，时在万历二十年（1592年）。秦燿寄情山水，修园植林，浚池塘，堆假山，种花草，几年后得二十景，为王羲之"寄畅山水阴"启发，遂有"寄畅园"之名。康熙初年，秦燿的曾孙秦德藻再加整修，南北名流一时云集。从惠山寺香花桥畔入园，门楣上有乾隆所书"寄畅园"匾额，大天井便道左右两侧老桂树枝叶交接，敞厅处取秦金原名：凤谷行窝。然后是庭院、小池、曲廊、月洞门、八音涧（悬淙涧）。山石谷道曲径通幽，石上苔痕映日月之光，树上藤蔓缠沧桑岁月。人行其间，心生一念：天地为大，我自为小。水借二泉，山倚惠脉，寄畅之意，淋漓如斯！

康熙与乾隆各六顾寄畅园，所谓帝宠之幸，江南园林中无出其右者。然帝宠必随帝亡而去，不朽的还是寄畅园中奇石古木。

寄畅园中有千年樟树，早已干枯，从老樟树的根上又旁逸新枝，而今也已百岁了。

荫庇后人的是叶也是根。

太湖花事，以梅为最。

雪中寄畅园，银装素裹美如画

梅园为荣德生出资兴建,太湖"七十二峰青未断",梅园"万八千株芳不孤"。古柏苍藤中有大石勒"梅园"二字。左侧为洗心泉,辟于1917年,泉侧石上有题跋十六字:"物洗则洁,心洗则清,吾浚此泉,即以是名"。

水可洗物也可洗心,但此水必须是泉水、清纯之水。

卢梅坡有《雪梅》诗,谓梅雪争春,后两句极佳,录以告别梅林:

梅须逊雪三分白,雪却输梅一段香。

导源太湖的黄浦江是长江入海前的最后一条支流。

黄浦江,旧称"黄浦",传为楚春申君黄歇所开浚,故又名"黄歇浦"(简称歇浦)、"春申江"(简称申江),明初称"大黄浦"。黄浦江东流经淀山湖,汇集浙江北部诸水,出淀山湖称"拦路港",汇园泄泾及大泖港后称"黄浦江",再东流经闵行至闸港折而北流,在上海市区外白渡桥纳吴淞江(苏州河)向东、弯北,至吴淞口注入长江,自淀山湖以下长113.4千米。

黄浦江是长江流程100千米上下的小小支流中的一条,且是长江所有支流中的最后一条,至此长江容纳千河百川的使命完成,它的万里奔行便也进入真正的尾声。

长江最末的创造是出人意料的,在黄浦江与长江汇合处,黄浦江畔、长江入海口南岸,是全国最大也是世界闻名的大都会——上海。通常,人们论及上海时都说,"松故吴之裔壤,僻远之乡也,然负海枕江,水环山拱,自成一都会"。其实,上海在漫长的历史时期,也只是渔村、聚落,它和别的支流与长江的汇合处一样,有港口古渡,却并未从一开始就显出大气来,甚至远远不及成都、重庆、武汉之初的繁华。

距今6 000年前,今天上海地区的西部已经是陆地。新石器时代遗址告诉我们,沿长江而下逐水草而居的先民,在这里从事渔猎和农耕,一切都和同期长江流域的文明状态差不多：打制石器，烧制粗陶，鱼鲜丰盛，稻作农业也相当发达。

不同的是，他们距离大海更近，是长江涌进海洋的最初的目击者，这样的江流如泻直倾大海的场面，对于启迪先民的心智和想象力，无疑是大有效力的。但与太湖周边相比，因为长江入海河道的不稳定，上海先民可能要花更多的时间观察潮水、迁移家园。

上海是此消彼长中的后起之秀。

上海是大器晚成者。

老上海告诉我，要说上海的历史得先说青龙镇，要说青龙镇得先说苏州河（鸦片战争后，上海通商开埠，称吴淞江在上海境内的一段为苏州河）。

吴淞江下游在六朝时称为"扈渎"，后改"扈"为"沪"（繁体字为"滬"）。六朝时，吴淞江下游已有渔人渔火渔村，东晋时为防范海盗，在江口缘海处筑有沪渎垒，此垒很有可能是上海地区用于攻防的最早的堡垒，其位置在今上海市区西北的小沙渡。到唐代，吴淞江已是苏州境内重要的出海航道，沪渎已是有一定规模的渔港。而位于苏州河南岸，在今日上海青浦区旧青浦镇的青龙镇因为滨河临海而成为上海最早的海上贸易港。

这是海洋文明对上海最初的冲激。青龙镇就像一粒种子，后来的上海正萌芽其中。

唐宋时，苏州由青龙镇、福山镇沟通海外，尤以青龙镇为重，远洋而来的船只及"珍货远物"大多经青龙镇"毕集于吴市"。至北宋元丰年间，已是"海商辐辏之所"。南宋绍兴元年（1131年）于青龙镇设市舶务，次年将两浙市舶司从临安迁至华亭，青龙镇市舶务是所辖中最重要的一个。南宋时青龙镇有36坊，街道堂馆、坊巷桥梁与一县城相仿。四海百货云集，海内海外人口杂处。其时青龙镇已小有洋气，但为求海上平安又广建寺庙，佛教盛行，出港进港必烧香火。上海地区中外文化的最早交流碰撞处，当首推青龙镇。

繁忙近一个世纪的青龙镇日渐衰落，却是因为苏州河的逐渐淤浅，河之不畅，水之日浅，航道阻隔，青龙镇能不黯淡？苏州河下游入海段东高西低的地势，导致河曲众多，夏秋漫溢，水灾频频，海潮倒灌，来时汹涌，去时势缓，泥沙沉积江口。1038年为治理苏州河开凿盘龙江，1061年再凿白鹤江，此段苏州河便有了新旧之分，新江即今苏州河，旧江临青龙镇因非主流所经而更加束狭，成为岔流，叫青龙江，渐湮，大船无法进港。元末，青龙镇已不能停船，到明代萧条沉寂。

青龙镇日渐衰落，上海镇悄然兴起。

上海镇位于青龙镇下游苏州河南岸，因东临苏州河支流上海浦而得名，为一天然港湾，比青龙镇更近海。南宋咸淳初年，上海建为镇，并设市舶务。1291年上海建县。上海镇的海运商务未能发达到青龙镇的程度，根本原因是苏州河既浅又狭，并在下游河段时有淤塞。《上海县志》载，宋初诸番市舶直达青龙镇，后江流渐隘，在今县治登岸，故称"上海"。

历史上吴淞江的淤积主要在下游。上游昆山青阳港以西，江面依然宽阔；而下游江口段宽仅50米，太湖排水已很艰难，何况海船来往。1287年开浚太仓境内通海河港，将太湖水引往浏河入海，浏河代替吴淞江成为太湖主要泄水道，从而也成为太湖地区出海的主要航道。元代漕运航路在江南开辟过三条，均从浏河口刘家港出海。刘家港临江水深，可泊万斛之舟，成为长江口的主要港口而繁荣一时。吴元年（1367年）在太仓设市舶司，永乐、宣德年间郑和下西洋，都从太仓刘家港出发，时称"六国码头"。其通洋外贸地位，显然已超过上海港。不过太仓的迅速繁荣从一开始就埋伏着危机，由于浏河口长期受海潮顶托，口门外渐渐形成一条横5 000多米长的拦门沙，严重影响了船舶的进出。

上海港依然在等待中。上海在走向繁荣之初是不急不躁、小心谨慎的。

上海一直处在创造自己的过程中。

上海港的再度兴起，为以后的大上海奠定格局，却是因为15世纪初黄浦江的开浚。

黄浦江原先是吴淞江下游的一条支流，南宋始见记载。元时，黄浦江很窄，阔不过"尽一矢之力"，约50～70米。元中叶以后，两岸涨淤成沙滩，长芦苇，农民也开荒耕种，使河道更形瘦小。明初，范家浜阔不过百米左右。永乐二年（1404年）开范家浜接通大黄浦，淀泖之水自南而北通流入海，水量充沛江面渐宽，并吞了上海县城东面的上海浦，范家浜从此也不再与闻。黄浦江成为太湖下游的主要泄水道，吴淞江反而成为其支流，对江河而言也是此一时彼一时也。黄浦江下游江面宽度超过600米。在吴淞江淤塞日益严重之后，明正德十六年（1521年），李允嗣率领民工废弃吴淞江下游故道——今上海虬江路一线，拓宽宋家港70多里河道，引吴淞江（苏州河）水在陆家嘴汇入黄浦江。

黄浦江开浚后，上海的通江达海、水陆要津的地理优势，已经无有竞争者，在明代便成为全国最大的棉纺织手工业中心，吴松江所织的布畅销全国，有"衣被天下"之称。康熙二十四年（1685年），上海设江海关，黄浦江中樯桅林立，资本主义兴起的欧洲，为寻找市场，已经把资本的锐利而贪婪的目光瞄准了上海，当时上海已有20万人口。1842年，英国强迫清政府签订《南京条约》，上海为五个通商口岸之一。美国、法国相继而入，从此西方列强在上海强占租界，到1915年，租界范围北至今虹口公园，南到十六铺、旧城及肇嘉浜，东临周家嘴一带，西及徐家汇与中山公园一带，面积达46平方千米。在中国的国土上，殖民者霸占海关、驻扎军队、设立巡捕房，并获得领事裁判权。上海外滩树立着这样的招牌：华人与狗不得入内。江海要津、东南都会，自此更加迅猛发展，繁华而畸形，成为冒险家的乐园。

20世纪30年代，上海，苏州河

炮舰与侵略的战火之下，中国的国门被轰毁，轰毁之后便是无奈的洞开了。欧风美雨纷纷登陆上海，形成震荡，西方文化和东方文化开始了碰撞、摩擦与交汇的历史过程。

黄浦江畔的一个小渔镇，经过千百年的寂寞之后，至此已经是个大都会了。

也许历史学家不会同意这样的说法：大上海是一夜之间崛起的。

上海，有自己的筚路蓝缕的过程，这一过程始终是华夏先人在长江流域的生存活动的一部分，就连它的更容易为海洋文明吸引、熏染，也是长江带来的，因为长江就要入海了。从这意义上说，所有的大河文明都要面对海洋，不能不、不得不面对着海洋文明。作为过程，文明的冲突与文明的交汇都是不期而遇、不得不然并贯串始终的。

崧泽古文化遗址位于青沪公路旁的崧泽村，原为土丘，相传是晋时将军袁崧墓地。1958年发掘出古墓群和一批文物，年代距今约6 000年到5 000年。文化层为三层：上层出土的几何彩纹硬陶与彩陶为春秋战国的遗物；中层是5 000年前的各种石器；下层为马家浜文化，有6 000多年前人工栽培的稻谷和兽骨制成的农具。福泉山古文化遗址位于今青浦区，是一土山，状若覆舟，又名覆船山。1977年起开始发掘，清理了崧泽文化、良渚文化墓葬及战国、西汉、唐、宋墓150多座，出土陶、玉、骨器及象牙雕刻等2 000余件，文化层次完整，上海史前历史生动呈现：早在6 000年至5 000年前，长江下游的先人已经在这里劳作生息，缔造上海家园了。

长江文化的源远流长，在长江下游入海口，便体现为上海地区中土文化的源远流长了。

史书有载的"云间二陆"，即西晋文学家陆机、陆云两兄弟，吴郡（今苏州）人。自其祖父东吴大将陆逊被封为华亭侯，陆家就一直居住在松江九峰一带。陆机、陆云在九峰攻读12年，诗赋文论名震海内，陆机的《文赋》为文学批评经典。太康末年兄弟俩应召同赴洛阳，因文采风流轰动一时，时称"云间二陆"，与"三张"——张载、张协、张亢三兄弟——同为太康文学的代表作家。

陆机思乡写有《怀土赋》，序中谓："余去家渐久，怀土弥笃。方思之殷，何物不感？"陆机兵败受诬，为成都王司马颖杀害，临刑前还留下一叹：

华亭鹤唳，岂可复闻乎？

徐光启（1562—1633），上海人，明代著名科学家。43岁中进士，官至礼部尚书、文渊阁大学士，以毕生之力研究天文、历法、水利、数学、农学、测量。其最重大的成就，是与利玛窦等西洋传教士合作，把西洋的科学知识介绍到中国，实为西方文明传播中国的大无畏的先行者，近代科学的伟大先驱。与利玛窦等共同翻译的欧几里得的《几何原本》前6卷，是西方传教士来中国后翻译的第一部科学著作。徐光启还对利玛窦带来的第一张世界地图惊喜有加，并参照西方天文学理论重新修订历法，编《崇祯历书》。1617年，徐光启因为与外国传教士过从甚密，为政敌攻击后离开京城，到天津海河边带领农民种植水稻，获得丰收。晚年辞官回到故里，编写60卷70多万字的《农政全书》，分农本、田制、农事、水利、农器、树艺、蚕桑、种植、牧养、制造等若干项，集我国古代农业科学之大成。

当中国古代科技由鼎盛辉煌走向停顿没落之际，徐光启是最后闪烁的几颗星星之一。

旧上海有民谣道："潘半城，徐一角。""潘半城"者，指明朝抗倭大臣潘恩及其后人，潘家产业几乎占了当时上海城的一半，"豫园"即为其中之一。"徐一角"指徐光启家，徐为官几十年旧庐依然，只占城之一角。按

上海豫园

古例，以籍贯称呼名人为表尊敬，如康南海、李合肥等。上海名人多矣，以"上海"为称号的独独只有徐光启，因而老上海尽知徐上海却少有人说徐光启之名的。

徐一角残址位于上海大南门乔家路徐光启故居，称"九间楼"。故居大门原在太卿坊，明末毁于火灾，仅存九间。徐光启谢世，葬于南丹路光启公园，子孙世居周围。这里是肇嘉浜与法华泾的汇合处，遂名徐家汇。

愿上海人不忘徐一角、徐上海。

自清道光、咸丰至同治、光绪年间出现的上海画派，上承唐宋以来的传统，受扬州八怪之影响，并吸收了维新思想，融汇西洋画派的用色、投影、解剖技巧，画风清新，笔势豪放，他们多流寓上海，落款中常署"作于海上"，称为"海派"。

海派艺术家中的佼佼者任伯年，少小时便从浙江到上海，在扇庄当学徒，后得任熊指授，画艺精进。任伯年一度造反，在太平天国军队中司执军旗，战斗时冲在最前线。城隍庙茶馆是他常坐之地，世间百态及各种人物都到了他的画笔下，他对山水、人物、花卉、翎毛、虫鱼、走兽、肖像画，均有极高造诣，从工笔到泼墨写意皆已出神入化。尤其是任伯年的人物画，选择民间传说题材，描画现实生活，是另辟蹊径的开创之作。

自1843年上海开埠，它的五光十色以及海洋气息吸引了众多的仁人志士。1882年，康有为途经上海小住，从租界这一西方大国掠城夺地强抢在手的窗口，看到了西方工业文明的欣欣向荣，遂求购新书，订阅上海出版的《万国公报》，"自是大讲西学，始尽释故见"，开始踏上向西方探究中国封建落后根源、寻求救国救民之策的征程。1896年《时务报》创刊于上海，梁启超出任该报主笔。青年梁启超以其昂扬激情、滚烫发热的文字揭露黑暗，呼唤变法，由此而创造时报新义体，影响了整整儿代人。梁启超在《时务报》写的《变法通议》痛快淋漓，风传全国，其中写道：

> 法者天下之公器也，变者天下之公理也。大地既通，万国蒸蒸，日趋于上。大势相迫，非可阏制，变亦变，不变亦变。

因为《时务报》，梁启超在上海滩声名鹊起，本是康门弟子，左右奔走，忽而康梁并称，平分秋色。

鲁迅，浙江绍兴人，生于1881年，1936年在上海辞世。鲁迅先生奔波南北，最后定居上海，以自己的文字，在十里洋场垒起了中华儿女可以引为自豪的丰碑。在先生写于上海的著作中，有一篇短文正随着时代的演进，而越发显示出夺目光彩。这就是1930年5月，鲁迅在大陆新村寓所写的《〈进化和退化〉小引》。《进化和退化》是周建人的译著集，其中涉及人类破坏森林而导致沙漠南徙及当时国人普遍的营养不良问题。据此，鲁迅先生发出惊人预见，于今读来依然字字金玉掷地有声，他说："我们生息于自然中，而于此等自然大法的研究，大抵未尝加意。"世界和中国土地荒漠化并非始于今日，鲁迅先生以天才的目光看到了这一问题的严重性：

> 沙漠之逐渐南徙，营养之已难支持，都是中国人极重要，极切身的问题，倘不解决，所得的将是一个灭亡的结局。

极为省俭笔墨的鲁迅先生，这一次大约觉得意犹未尽，不吐不快，又写道：

> 林木伐尽，水泽湮枯，将来的一滴水，将和血液等价，倘这事能为现在和将来的青年所记忆，那么，这书所得的酬报，也就非常之大了。

怎样解决沙漠扩大的问题，鲁迅说，在自然科学的范围，"那给与的解答，也只是治水和造林。这是一看好像极简单、容易的事，其实却并不如此的"。鲁迅先生引了史沫特莱在《中国乡村生活断片》中的两段话作证，因为军阀混战加上自然灾害，北京南苑农民"没有收成，没有粮食，没有工做"，"南苑在那时（军阀混战时）除了树木之外什么都没有了"，饥民去剥树皮，被警察捉进监牢。可见一个混乱的、腐败的、贪官污吏横行的不公正社会，林是造不起来的，水是治不好的，"结果是增加剥树皮，掘草根的人民，反而促进沙漠的出现"。

实际上鲁迅先生已经指出：所有的环境问题都是社会问题。

上海日趋繁华的过程中，环境压力也在日益加重。

首先是人口。近100年来上海人口的增长速度一直位居中国乃至世界大城市的前列，除了自然增长因素外，主要是来自全国各地的移民增多。1855年上海的租界只有2万人口，至1862年租界人口增加到50万人。此后，政局动荡，战火连天，灾害不断以及上海经济发展对劳动力的需求，使外来人口源源涌入。1927年，国民政府在上海设特别市，辖区包括现在的市区及近郊一带。"至1928年7月，特别市政府实际接收上海县属上海（沪南）、闸北、蒲松、洋泾、引翔港、法华、漕河泾、高行、陆行、塘桥、杨思等市乡和宝山县属吴淞、殷行、江湾、彭浦、真如、高桥等市乡，共17市乡，统一改称为区。"1948年的全市人口为520万，相当一部分市民住在闸北、南市、沪西及浦东的棚户陋舍中，污水横流，臭气四散，环境极为恶劣。

到1990年，开发开放浦东，上海市人口已经达到1 300万。几年时间上海便以蓬勃生机和历史性的巨变，吸引了中国和世界的目光。浦东地处中国黄金海岸的中腹，为辽东、山东、闽东、广东之中，正确的可持续的战略将使浦东牵动长江流域纵深的发展，改变中国西部经济相对落后的状况，形成沿海开放、沿江开发、东西互动、沿边渗透的态势，为21世纪中华民族的生存发展打下基础。

但是，如同上海迄今为止获得的所有成就均有赖于长江的支持一样，未来岁月关于经济开发的全部蓝图，又怎么离得开长江自身的状态呢？

也就是说，假如长江中上游的沙化得不到控制，森林禁伐只是一纸空文；假如长江中下游河道的挖沙船仍然横行霸道；假如每天仍有5 000多万吨废水排进长江；假如洞庭湖继续萎缩，……那么，关于长江未来的各种可能中，就绝不能排除长江生态环境全面恶化的可能，人类的宏伟设想将——付之东流。

我们还将向长江索取多少？索取多久？人啊，多少才算够？我们什么时候才能有一部《长江宣言》，向苍天大地布告中华民族呵护长江这条母亲河的精神和行动？

人口之外，水的话题是上海的生命话题。

世界十大超级大城市中，中国占两席：上海位居第六，北京为第八。上海与北京都被联合国列为严重缺水的都市，上海还是"水质性缺水"。

截至1997年，上海全市内河保有一、二类水质的几乎为零，而五类水或比五类水更恶劣的河道占67.9%。上海岂止一条又黑又臭的苏州河，30多千米长的虹口港是直通黄浦江的上海市区骨干河道，1999年河底淤泥超过1米，各种垃圾纷纷倒入其中，流经虹口区的河段已经成为黑臭河段。

上海郊区，那是有3 000多条乡村河流沟通环绕的江南水乡，是浇水灌溉、种稻养鱼之地，现在已经被严重污染了，百分之百在三类水质以下，不可饮用。

在乡下，我的农民朋友无奈而自嘲地说："阿拉此地，所有的河流都快成苏州河的支流了！"

即便苏州河，原先也是清水粼粼、游鱼历历的啊！

1883年，上海开埠后第40个年头，中国第一座现代化水厂杨树浦水厂落成，60岁的清廷总督李鸿章拧动阀门开闸放水，哗哗流水声中，近代中国城市供水史翻开新的一页。杨树浦水厂日供自来水3 000余吨，其取水口正好在今天号称"亚洲第一桥"的杨浦大桥下的黄浦江江段。那里曾是黄浦江污染最严重的江段。

1910年，日供水量9 000吨的闸北水厂落成，这是上海历史上第一个也是最后一个以苏州河为水源的水厂,当时的苏州河水清可饮。闸北水厂的寿命是14年,14年后苏州河污染加剧水厂关闭。从此,苏州河作为一条生命的河流,实际上已被废弃,成为地球上所有大都市中,一条流经市区河段最黑最臭最脏的河。

为了饮用水,上海不得不一而再再而三地寻找新的取水口。

20世纪80年代中期,上海市区的自来水取之于黄浦江中下游。1987年,黄浦江上游引水工程竣工,取水口移往一处城郊接合部,不到10年废弃。耗资30亿元的二期引水工程又往上游推进了几十千米,至此离黄浦江源头已是咫尺之遥了。

黄浦江源出太湖,关于太湖污染前文已经写到。水啊水,中国从根本上说是一个严重缺水的国度,同时又是水土流失惊人的国度,而且对不少河流来说还是源头都已经污染的国度!

黄浦江,长江的最后一条支流,从某种意义上说,也是最辉煌的一条小小支流。

今天,负载过重的黄浦江的污浊,它的污染,都是对人们的一种深切警醒:当辉煌时,要看到水危机的阴影。

长江就要流进大海了。

一个春日细雨蒙蒙的早晨,我从上海宝山登上去崇明岛的客轮,看着浑浊的长江之水波涛涌动时,不禁喜极而泣。一个久别的远方归来的游子,把一句诗永远地刻在了回乡路上:多么好啊,我听见长江涛声依旧……

长江尾声

所有的深刻都深刻在海洋中了,烙印在沙洲上的是浅显,每一粒沙子都是细节。

长江的尾声依然在流淌……

一夕下金陵石首城連鐵甕城英雄割
據雖已矣至今江浪猶未平十載舊游
今見畫妙手信能通造化驚濤翻空
鮫鱷橫平沙無人鷗鷺下悠悠物色氣
境同天機到處非人工恍疑身在拖樓底
令人一見開心胸
萬曆乙亥仲春朔日雲間平泉居士
陸樹聲書于適園修竹齋

長江上接三巴水下際滄溟萬里餘
誰將束絹寫成圖渺渺茫茫生眼底君
從何處得此奇滄波渾欲濕我衣五
湖四海在胷臆然後筆端能發之我
昨狂游走淮甸中間景物半曾見黃
州喚渡過武昌江北江南古戰塲遙望
烏江叫項羽醉登赤壁酹周郎即凡此
一行經歷處長記潯陽秋日雨掀蓬

长江经过江阴，江面走向宽阔，从宽近1千米扩张到临近入海口的80多千米，这最后的铺张是长江为了从容面对大海。万里长江一路奔突时的穿山裂石，接引支流，汇纳千川以及需要在冲突中调适的江湖关系，到这里成为江海关系。海洋是如此大，长江是如此长，此种关系一旦确立就会发生各种故事，我们看见的便是入海口的沧桑巨变。

所有的深刻都深刻在海洋中了，烙印在沙洲上的是浅显，每一粒沙子都是细节。

大约6 000年前，在大海的进逼之下，长江入海口退到今天的镇江、扬州一带。河口江面宽松，坡度低缓，江海际会，互为托顶，大量泥沙因流速减慢和海水盐分的凝聚而沉积河口内外，悬沙沉淤，底沙推移，分秒不息，日积月累，发育了长江三角洲。

4世纪起，长江南岸沙嘴开始向东推进。东吴征服山越及晋室东渡后，人口增多，环境压力增大，大量山地被开发，长江入海河道两岸森林遭到大规模破坏，随之而来的水土流失使泥沙更大范围地沉积河口。据《太仓州志》载，两晋时，海岸已伸展至太仓东北20千米。到10世纪以前的唐代，今上海市区除杨树浦东端及复兴岛外，均已成陆。

有宋一代，海岸线又有大幅度的向东增长。北宋时，海盐至松江（吴淞江的古称）有75千米长的捍海塘。又据明曹印儒《海塘考》说，南宋乾道八年（1172年），再建"起嘉定之老鹳嘴以南，抵海宁之澉浦以西"的里护塘，其塘址河口段大体上在今高桥以东，南经川沙、祝桥、南汇、大团、奉城以迄柘林一线，"说明从四世纪到十二世纪的八九百年间，海岸线从冈身东侧附近推向里护塘，达三十多公里"。

宋代以后江岸向东伸展的幅度不大，14—18世纪，长江主泓在崇明岛北沿的北支入海，长江口南岸因泥沙沉积量有所减弱而涨速趋缓。明万历十二年（1584年）修筑的外捍海塘，位于黄家湾以南至南汇以东，川沙东北处伸展最大部分约5千米。清雍正十一年（1733年），南汇知县钦连重修海塘，世人念其治水功德又名为"钦公塘"。19世纪之末的光绪年间，在钦公塘外增筑外圩塘。

长江口南岸的伸展时快时慢，泥沙涨淤的位置也不尽相同，呈自由散漫状。长江口的流向由西北往东南入海，这一指向使南岸的所有沙带、贝壳带、江岸、江堤，也由西北而往东南井然罗列。

  长江的方向，就是这一区域中人类活动的方向。自然的涨淤坍塌，人为的护岸堤坝，成为微妙而又脆弱的平衡，为依存而制约，因制约而依存。

  距离给家园以美感。

长江北岸江口及位于此一江口的崇明岛，也因长江主泓道的南北游动，而在风波浪涛中游动着。

唐朝武德年间，两个面积仅10多平方千米的小沙洲，怯生而又羞怯地冒出长江口水面。无以名之，根据其位置称之为"东沙""西沙"。这两个小沙洲不断变大，其上有野生的芦苇，春夏时晃动着青枝绿叶。不知道最早的踏访者姓甚名谁，渐渐有渔民和农民聚集在东沙与西沙上了，先是筑堤修岸，再把生田垦成熟田，用秋天收割的芦苇搭起"环洞舍"，这就是最初的崇明岛和岛上最初的家园。《舆地纪胜》称，五代时杨吴在西沙设崇明镇，"崇明"之名由此而来沿用至今，顾名思义取其"崇高光明"之意。以万里长江流沙之遥，累积之难，却能高耸江面，为日月之光所照耀而成为田园，岂非崇而明之？明正德年间《崇明县志》载：宋天圣三年（1025年），与东沙接壤处又涨出一沙洲，名为"姚刘沙"。建中靖国元年（1101年），在姚刘沙西北25千米处的江中，又出现三沙，并向北淤涨。1222年，曾在姚刘沙建盐场，有流放犯在这里烧盐。元至元十四年（1277年）改置崇明州，在三沙岛上设三沙镇。

作为崇明岛初始显现的东沙、西沙，已经相继坍塌淹没于江中，在托举出"崇明"二字之后，它们退隐了，让新的沙洲重新聚集。

江流摆动，此消彼长。

14世纪中叶以后，长江主泓改行北道，海门江岸全线崩溃，全县只余下39顷54亩土地，不得不废县为乡。同时，姚刘沙及三沙的北侧土地也大量陷落。明洪武二年（1369年），崇明降州为县，姚刘沙与三沙全部坍没，但马家浜、平洋沙、长沙又先后升出江面。崇明岛屡涨屡坍，坍而复涨，这是一个名副其实的漂流沙岛。崇明县治先后于嘉靖八年（1529年）迁马家浜，21年后再迁到平洋沙，万历十四年（1586年）又迁至长沙，即今天崇明岛所在地。随着泥沙的大量淤积，先前隔水而望的各沙洲互相靠近，最后连接。明末清初，已初步形成今日崇明岛的基本轮廓。

入海之前的长江是充满激情的，而且不安分，因为它就要涌进汪洋大海了。猜想此时此地的长江，不知是踌躇满志呢还是更多绵延回想？

18世纪中叶以后，长江入海主流重归南泓道，北面江岸沙洲大涨，海门县（今为海门市）得以恢复，还淤出了启东地面。到1940年后，崇明岛为潮流牵引伸向西北，把江流挤向北岸，启东、海门两县（启东、海门两县今为启东市、海门市）江岸又连续崩毁。今日崇明岛北沿的芦滩线，正是1940年时北岸青龙港的江岸。崇明岛向北岸并岸的趋势延续至今，与海门、启东之间最窄处的江面，只有1.5千米。崇明岛面积在1954年为600多平方千米，现在东西长70千米，南北宽13～18千米，面积为1 083平方千米，是中国第三大岛和最大沙岛。

崇明岛南岸的不断崩坍，历经200多年。最初，县城离南岸有20千米，到1949年仅剩500米，崇明县城再一次岌岌可危。20世纪50年代开始修筑环岛大堤，并兴建了1 000多个丁字坝，南岸的崩坍得到控制，绿树成荫的堤防使岛上家园得以稳固。长江挟带的大量泥沙，有一部分淤积在长江口，成为崇明岛的滩涂资源。崇明岛北沿广大而密集的芦苇荡，是一道难得的绿色风景线，是数以百万计的候鸟及别的野生鸟类的聚居地。崇明岛临海的东滩不断有新淤涨的滩涂，芦苇迎风摇曳，已辟为候鸟保护区。

江水又东……

一江滔天巨浪在崇明岛西端分作两股洪流，拍打着南沿与北沿的长堤，汹涌而去，于崇明岛东端涌入大海。这是源源不断的倾泻与汇流啊，雪山嵯峨，江源寂寞，初始融冰，万流汇集，翻山越岭，九曲回肠，都是为了这一时刻吗？然后是汪洋鼓荡，潮汐涨落，涛声轰鸣，又雨云堆砌，雷鸣电闪，在大自然的水、气循环中，大地渴盼雨水。

雨云飘来飘去，雨线时放时收。

回家的路有时很近有时很远，当我漂泊10年，又一次踏上故乡沙岛，迫不及待地用手拨开沙土寻找芦根的瞬间，仿佛听见了已经不在人间的母亲的呼唤，我知道我在亲近本源。在那涛声可以涌到枕畔的梦里，我成了一粒长河之沙，寻找着天使驿站，感觉海陆边缘……

   万里奔波，一万里涛声都在问：崇明岛的儿子啊，你怎样用心灵去言说长江入海呢？

崇明东滩鸟类国家自然保护区

回首一望吧，我亲爱的朋友，看长江在源源不断地流出和接纳的过程中成为长江，并且怎样与大海相邻相接而有别。长江以它丰盈的流水和同样丰盈的启示，曾经滋润历史，现在走向未来。

未来是不确定的，如果我不用汤因比的话说，"未来很黑暗"，至少我要说：未来太严峻了！

21世纪是炎热而干渴的世纪。

21世纪的水将要决定地球、人类及地球上所有国家、族群和一切生物的命运。

对于严重缺水的中国来说，哪还有比长江、黄河以及所有沟川细流更为珍贵的呢？如果我们现在还沉浸在泡沫的眼花缭乱中，而不是倾全国、全民族的力量和智慧，去拯救所有的河流，那么将会铸成历史大错，我们自己便是不可拯救者！

呵护长江就是呵护生命。

祝福长江就是祝福人类。

我站在崇明岛最东端，目送着长江入海。

现在我可以说了，长江是有使命的，长江的使命决定了长江的方向和长江的性格。概言之，她初始于涓滴，汇合壮大，曲折奔突，蓄雷霆万钧之力，然后浩浩东去。长江有时温柔，静若处子；长江有时咆哮，声震九天；长江是中华民族的先行者，在开山辟岭、穿插迂回间启示着某种方向；长江是华夏大地的播种者，在水涨水落、草木枯荣时暗示了某种创造；长江是古老文明的酿造者，在往复循环、刚柔相济中吐露出神圣的东方哲学。

长江啊长江，为了荡涤这个奢华年代的坚硬的腐败与麻木，你掀起滔天巨浪吧！

洪水也是水。

我们还来得及洗心革面吗？

后　记

　　我很难表述儿时每天晚上都会涌进茅屋、涌到枕头边的长江的涛声，是怎样开启了一个顽童的心智。可以肯定的只是我为此而惊讶，有一种莫名的兴奋，由此还生出了各种疑问。正是这涛声，把我带进了崇明岛长江北沿的大堤上，那是个坑坑洼洼的堤岸，对一个孩子来说它又是高大的，我和我的小伙伴们爬上去，眼前的景色就完全不一样了：大芦荡起起伏伏，连接着长江浑浊的波涛，还有船和帆……有时会碰到涨潮，一层一层的波涛把这几十里、几百里的大芦荡全部淹没了，涛声就在堤岸脚下轰然作响。我多少有点惆怅，为那些青青的芦苇，为那些在芦苇丛中巧妙地做窝而居的一种无名小鸟，但不知道害怕和可能决堤的危险，直到母亲一路大呼小叫把我从堤岸上叫回家里。

　　终于有了发大水的经历和记忆：大水一直汹涌进屋里，我被放在吃饭的桌子上，我的母亲和姐姐则蹚着水搬东西，屋子里能抓到鱼还能拾田螺。

　　我的血管里的血，其实就是长江水。

　　我的血脉是长江的延伸，是最细小的长江的支脉。

　　从我初学写作开始，便试图把笔触伸向长江了。大江、土地和母亲，是我取之不尽的源头活水。我也曾一次又一次地溯流而上，在心里累积着长江的若干细节，直到1995年秋天踏访长江中上游防护林，1998年走进青海高原的苍茫荒野，回想各拉丹冬雪峰下姜根迪如冰川的初始流出。十多年来，环境文学的写作，使我有了一个始所未料的收获，即读了大量的自然、地理、环境乃至哲学的著作，生出了对地理和历史的亲近感。在我看来，文明的历程也相对具体了：总是一条或几条大河孕育着一时文明，总是一方水土养育着一个族群。文明的初创者从来不以为自己在创造文明，而只是为了繁衍生息，有一处可以安居的家园。文明发展到今天的悲哀恰恰在于：一方面我们仍然无可替代地依赖着地理大势、江河流水；另一方面，人类对这一切的敬畏之心越来越少，而只是贪婪索取、肆意践踏。

文明的光怪陆离之下，又怎能掩盖得了生存危机呢？比如水，我们缺水，我们污染水，短短几十年的时间污染了整整一条淮河、一座太湖、一座巢湖、一座滇池，中国的所有河流都在被污染之中，与此同时我们还在浪费水。

数字化生存的年代，可以不喝水吗？

在《长江传》的构想完成之后，我去了浙江温州永嘉县境内的楠溪江，在夏日39℃的骄阳下，踏访了它的源头山区。那是一些海拔近1 000米的低山丘陵，山体多为火山凝灰岩、流纹岩和花岗岩。楠溪江是瓯江下游最大的一条支流，为东边的雁荡山、西边的括苍山所挟持。上游河谷深切，茂林葱郁，多峡谷激流、断崖飞瀑。中游以下河谷宽展，多曲流、阶地、河漫滩，水深1米左右，清澈见底。楠溪江水质优良，所有指标均达到或超过国家一级水标准，江水中的最小含沙量仅为每立方米0.0001克。我在源区爬山涉水走了大半天，带的水喝光了，便捧楠溪江的水喝，清冽甘甜，如饮醇酿。

为使楠溪江水保持纯净，永嘉县不允许任何有污染的企业染指江畔，与此同时又在上游和江岸封山、造林，大片的亚热带阔叶林和次生阔叶林在西北山谷里保持着原生状态，其余的均为人工林，因为无霜期长，水分充足，山青树绿，花开不败。楠溪江源头地区的森林覆盖率达90%以上。

楠溪江是一条完整的江。

一条完整的江，至少在它的流域范围之内，是大地完整集合的标识。

楠溪江畔有保存完好的宋、明、清的山村古宅，古朴而典雅。这里民风淳朴，楠溪江人好读书，并且以这一条江，以这一块土地的历史自豪。他们告诉我："没有绿水青山，哪有金山银山？"楠溪江人对这一方山水看得特别重，因为那是家园之地、立身之本。从金钱来说，永嘉县在温州属贫困县，但从生态环境而言，他们的享受已属少见。当夕阳西下，一天的酷热之后，竹排在江上漂流，孩子们在水中嬉戏，还有抱着婴儿的年轻母亲也在水边铺一枕凉席，以待凉爽的夜风从江上吹来……自东晋以降，楠溪江流经的永嘉境内出过不少知名太守，如谢灵运等。谢灵运在永嘉招士讲学，民风为之一变，同时又芒鞋竹杖陶醉山水，成了中国山水诗的万代宗师。

楠溪江使我激动，也使我怅然。

永嘉以一县之力，保护了一条干流为145千米的楠溪江，中国也应该能倾全力，保护6 300千米长的中华民族的生命之河长江！

在青海，我看见了江河源区的破碎，此种破碎与亘古以来的荒凉完全不是一回事。这里的高原荒野受自然法则支配，太荒凉与太宁静的无人区，正是源头所需要的环境与氛围，然后才有点点滴滴的初始流出。曾经，偷猎的、盗伐的、挖金的人群横行可可西里，羌塘高原几无宁日。20世纪，部分国人破坏江河源区、灭绝其他物种的战争，一直打到了世纪末，并且延续到了21世纪。说是战争，指其残酷而言，其实不确，因为对方只有恩泽于我们而且手无寸铁。贪婪和丧尽天良，把这些人无可分辩地钉到了大地的耻辱柱上。

长江不仅破损而且沉重。

在我一次次提笔又搁笔的写作过程中，沉思默想间愈是走近长江，愈能感觉到她的神妙与神圣，她是天造地设的，她是大地母亲的形象的流动，她负有使命从而具有明确的方向和高程，她的奔突万里舍身而下是一种怎样的启示啊！长江把源头隐匿在西部冰山雪峰的怀抱里，她不乏山的阳刚之气却又浸润着冰雪柔情，是圣洁和庄严的至善至美。雪的重叠，冰的凝固，亿万斯年后奇迹出现了：冰清玉洁，江河万里……

  亲爱的朋友，这就是我们的长江、我们的源头的长江、我们的曾经的长江。我一点也不想掩饰我的杞人之忧：我们正走在一条离物质财富越来越近、离江河大地越来越远的不归路上。但愿今天，它只是杞人之忧，长江会像楠溪江一样焕发出她古老而年轻的生命力。

图书在版编目（CIP）数据

长江传 / 徐刚著 . —长沙：岳麓书社，2023.1
ISBN 978-7-5538-1614-2

Ⅰ.①长… Ⅱ.①徐… Ⅲ.①散文集—中国—当代
Ⅳ.① I267

中国版本图书馆 CIP 数据核字（2022）第 061478 号

CHANG JIANG ZHUAN

长江传

著　　者：徐　刚
责任编辑：蒋　浩　田　丹
监　　制：秦　青
责任校对：陆有骥
策划编辑：草　鱼
营销编辑：王思懿
封面设计：利　锐

岳麓书社出版
地址：湖南省长沙市爱民路 47 号
邮编：410006

版次：2023 年 1 月第 1 版
印次：2023 年 1 月第 1 次印刷
开本：700mm×995mm　1/16
印张：25
字数：383 千字
书号：ISBN 978-7-5538-1614-2
定价：98.00 元

承印：北京中科印刷有限公司

如有质量问题，请致电质量监督电话：010-59096394
团购电话：010-59320018